Charlton / Käppler / Wetzel
Einführung in die Entwicklungspsychologie

W0039003

Die Reihe »Beltz Studium« wird herausgegeben
von Jürgen Oelkers und Klaus Hurrelmann.

Michael Charlton / Christoph Käppler /
Helmut Wetzel

Einführung in die Entwicklungspsychologie

Beltz Verlag · Weinheim, Basel, Berlin

Michael Charlton, Dr. phil., Jg. 43, Diplompsychologe, Professor
für Entwicklungspsychologie und Pädagogische Psychologie
an der Universität Freiburg.

Christoph Käppler, Dr. phil., Jg. 62, Diplompsychologe, leitender
Psychologe im Zentrum für Kinder- und Jugendpsychiatrie
der Universität Zürich.

Helmut Wetzel, Dr. phil., Jg. 46, Diplompsychologe, Leiter der
Kinder- und Familienambulanz am Institut für Psychologie
der Universität Freiburg.

Lektorat: Peter E. Kalb

© 2003 Beltz Verlag · Weinheim, Basel, Berlin
www.beltz.de
Herstellung: Lore Amann
Satz: Agentur Lange, Hirschberg
Druck: Beltz Druckpartner, Hemsbach
Umschlagfoto: Image Bank, München
Umschlaggestaltung: Federico Luci, Köln
Printed in Germany

ISBN 978-3-407-25278-4

Inhaltsverzeichnis

Einleitung

Unser Buch ist eine praxisorientierte Einführung in die Entwicklungspsychologie mit einigen wichtigen Bezügen zur Familienpsychologie. Es ist getragen vom gemeinsamen Interesse der Autoren an Kindern und Familien und im Rahmen unserer Zusammenarbeit am Psychologischen Institut der Universität Freiburg entstanden. In der Arbeitsgruppe für Klinische Entwicklungs- und Familienpsychologie haben wir gemeinsam gelehrt und geforscht. In der Kinder- und Familienambulanz haben wir gemeinsam unsere therapeutische Tätigkeit besprochen und wechselseitig supervidiert.

Das Buch ist aber auch das Werk von drei Personen, die sich hinsichtlich ihres Alters, ihres Familienstandes, den wissenschaftlichen und therapeutischen Traditionen, denen sie sich zugehörig fühlen, unterscheiden. Im Buch werden ihnen diese Unterschiede des Denkens und Schreibens auch an manchen Stellen wieder begegnen. Und obwohl es eine Gemeinschaftsarbeit ist, haben wir nicht versucht, unterschiedliche Auffassungen zu vereinheitlichen oder unseren individuellen Denk- und Schreibstil mehr als notwendig zu glätten.

In unser Buch sind sehr verschiedene Lebenserfahrungen als Männer, Väter und Partner mit eingeflossen, ebenso wie manchmal divergierende Auffassungen von Wissenschaft. Durch unsere unterschiedlichen Berufserfahrungen war es möglich, Beispiele aus allen wichtigen Feldern der Jugendhilfe, der Erziehungsberatung, der Kinder- und Jugendlichenpsychotherapie, der Klinischen Psychiatrie und aus vielfältigen Projekten heranzuziehen.

Wir – die Autoren – wünschen Ihnen beim Lesen viel Freude und hoffen, dass unsere Gedanken und Anregungen, Ihre Arbeit und Ihren Alltag mit Kindern und in Familien bereichern und erweitern.

Michael Charlton / Christoph Käppler / Helmut Wetzel

1. Kind und Familie

Was bringt eine Tierärztin, die sich vormittags liebevoll um kranke Hamster und Hunde sorgt, abends dazu ihren 10-jährigen Sohn zu schlagen? Warum pinkelt ein 8-Jähriger Nacht für Nacht ins Bett und wirbelt die Schlafgewohnheiten einer ganzen Familie durcheinander? Wozu weigert sich eine 14-Jährige hartnäckig zu essen, obwohl sie ihr Idealgewicht längst unterschritten hat? Wie schafft sie es immer wieder, im trauten Zusammenspiel mit ihrer Familie, Essen zum Dauerstreitpunkt zu machen?

In unserer Arbeit mit Kindern, Jugendlichen und Familien begegnen wir täglich jungen und alten Menschen, die sich mit ihren Sorgen und Nöten an uns wenden, die sich von uns und unseren Kolleg/innen Hilfe, Verständnis und Unterstützung erhoffen. Es sind Eltern, die sich um ihre krebskranke Tochter oder ihren »kiffenden« Sohn sorgen. Jungs und Mädchen, die von ihren Eltern geschlagen worden sind – möglicherweise werden sie ihr ganzes Leben unter den seelischen Folgen leiden. Vor uns sitzen Mütter, die sich mit der Erziehung ihrer heranwachsenden Söhne von deren Vätern im Stich gelassen fühlen. Sie sind hoffnungslos damit überfordert, gleichzeitig den Lebensunterhalt der Restfamilie zu sichern, die Kinder liebevoll zu begleiten und auch noch jenseits der Mutterrolle als Frau »lebendig« zu bleiben. Wir suchen mit Elternpaaren, deren Liebe zueinander erloschen ist, nach Lösungen, wie sie der Verantwortung für ihre gemeinsamen Kinder gerecht werden können. Wir begegnen Kindern, die völlig verschüchtert oder wütend sind, die sich niedergeschlagen und mutlos fühlen, Familien, die nicht mehr weiter wissen, die sich miteinander verrannt haben, Teenagern, die ausgeflippt oder »durchgeknallt« sind, die so verrückte Dinge tun, wie nachts um halb drei auf Baukräne zu steigen, Passanten mit Bierdosen zu bewerfen oder Polizisten mit Harpunen zu bedrohen.

Bei jedem Kind stellt sich die Frage, warum gerade sie oder er? Warum bleiben manche Heranwachsenden trotz ausgeprägter Belastungen und familiärer Risiken gesund, werden glückliche Liebhaber und liebevolle Eltern? »Warum ist Huckleberry Finn nicht süchtig geworden?« (Schiffer 1993) – obwohl sein Vater ein Trunkenbold und seine Tante, die ihn aufzog, eine herzlose Alte war? Warum stürzen einige Kinder in der Pubertät ab, nehmen Drogen, spielen verrückt, trotz scheinbar bester Startbedingungen, vielfältiger Begabungen, familiärer Geborgenheit und emotionaler Sicherheit? Wann wollen wir von gelingender oder misslingender Entwicklung sprechen?

In diesem Buch möchten wir einigen dieser Fragen nachgehen, versuchen, einige Antworten zu finden. Wir werden psychologische Theorien und Denkmodelle vorstellen, die uns als Therapeuten und Wissenschaftler helfen, Kinder und Familien besser zu verstehen, die unsere Handlungsspielräume in der therapeutischen Situation erweitern, die einen nützlichen Hintergrund bilden, die professionelle Arbeit mit Kindern und deren Familien zu reflektieren und zu begründen.

1.1 Was ist heute schon normal?

Die Frage nach der Normalität lässt sich weiter auffächern: Sind es unsere Familienbeziehungen, in denen wir Autoren, drei Männer, leben als Partner und Väter, oder die Familienstrukturen, in denen wir groß geworden sind? Sind wir Vertreter einer männlichen, deutschen »Normalbiografie«, haben wir die typische Entwicklung von Jungs in den 50er- bzw. 70er-Jahren durchlebt? Sind wir der Normal- oder der Ausnahmefall? Was verbindet uns mit anderen Männern und Frauen, was unterscheidet uns? Sprechen und Schreiben über Kindheit und Familie kann weder geschlechtsneutral, werteindifferent und schon gar nicht generationen- und zeitunabhängig erfolgen. Erwartet werden kann also nicht, dass wir uns vollständig von uns selbst distanzieren, um im strengen naturwissenschaftlichen Sinne objektiv zu sein. Selbst wenn wir es wollten, wir könnten nicht von uns absehen. Wir können unsere Biografien nicht einfach ablegen wie einen alten Hut oder so tun, als hätte gerade uns selbst unsere Familiengeschichte nicht geprägt, als könnten wir unseren Körper einfach abstreifen und verlassen wie unseren Geburtsort. Also schreiben wir als Männer, Väter von eigenen Kindern, als Söhne von Eltern, die selbst wieder Söhne und Töchter von unseren Großeltern sind, die wiederum Söhne und Töchter waren. Wir schreiben als erwachsene Jungs, groß geworden im Nachkriegsdeutschland und als Zeitgenossen des beginnenden 21. Jahrhunderts. Auf dem Hintergrund und aus dem Horizont unserer persönlichen und professionellen Erfahrungen werden wir versuchen, aus verschiedenen Perspektiven einen Blick auf die Entwicklung von Kindern und ihre Familien zu werfen. Dies ist umso schwieriger, als Kinder von jeher auch Projektionsflächen für Eltern und Gesellschaften sind. An Kindern machen sich elterliches Wohlbefinden und ihre Fantasien über die Zukunft fest: Kindheit ist weder eine wissenschaftliche noch eine gesellschaftliche Konstante. Kindheitsbeschreibungen waren häufig Ausgangspunkt für den abendländischen Traum vom guten Leben. Wie Kindheit ist auch Familie ein gesellschaftliches Konstrukt, das in jedem Jahrhundert neu entworfen und gelebt wird. Familie ist immer gelebtes Leben und kollektive Sehnsucht. In den westlichen Industriegesellschaften der 50er-Jahre wurde das hohe Lied der Familie gesungen. Nach dem totalen Zusammenbruch der staatlichen Ordnung erfolgte vor allem in Mitteleuropa der Rückzug auf das einzig Verlässliche, die Familie, die einzige soziale Struktur, die scheinbar unbeschadet die Jahre entfesselter (männlicher) Gewalttätigkeit überlebt hat. So wurde im Grundgesetz der jungen Bundesrepublik die Familie unter den besonderen Schutz des Staates gestellt. Die Familie war das anerkannte und von den meisten angestrebte Lebensmodell. Für die damals vorherrschenden sozialwissenschaftlichen Theoretiker galt sie unhinterfragt als notwendig für das Funktionieren von Staat und Gesellschaft. Die späten 60er-Jahre mit der Studenten- und Frauenbewegung brachten den Aufstand gegen die traditionellen familiären Werte und Strukturen. Die Familie wurde als Zwangs- und Anpassungsinstrument der herrschenden Klasse angesehen. Staatliche und familiäre Repression bedingten und stabilisierten sich gegenseitig. 1972 verkündete der Engländer David Cooper wortgewaltig den Tod der Familie. Aber bereits Mitte der 70er-Jahre riefen die ersten Gegenkräfte zur Verteidigung der bürgerlichen Familie auf. Auf den Abgesang folgte eine Renaissance. Plötzlich war sie nicht mehr ein Ort alltäglicher Gewalt und Unterdrückung, sondern das hohe Lied der bürgerlichen Familie wurde wieder neu angestimmt. »Die Familie ist und bleibt der Ort der personalen Entfaltung des Menschen. Eine gesicherte Beständigkeit innerfamiliärer Beziehungen, die auch Belastungen durchsteht, gibt Kindern das notwendige Vertrauen, in den Wert der eigenen Person wie in die Zukunft. Sie vermittelt die Erfahrung, dass der einzelne Mensch nicht schutzlos ist und dass Belastungen gemeinsam tragbar werden. Im Erleben individueller Geborgenheit werden Kinder gleichzeitig hingeführt zur Toleranz, Verantwortungsbewusstsein und Rücksichtnahme.« (Bundesministerium für Familie und Senioren 1994, S. IV) Trotz der auch noch heute anhaltenden Idealisierung von Familie ist der tief greifende Wandel nicht mehr rückgängig zu machen. Es ist nicht mehr klar und selbstverständlicher Konsens, wer oder was Familie ausmacht. Welche Beziehungsformen wir als Familien bezeichnen und welche nicht. Welche Familienformen sollen staatlich gefördert und unterstützt werden, welche sind als normal und welche als abweichend zu bezeichnen?

Strukturen und natürliche Ordnung lösen sich auf. Es gibt immer mehr Familien, die sich nicht mehr einigen können, wer überhaupt zur Familie gehört. Für die Mutter von zwei Töchtern gehören die beiden erwachsenen Söhne ihres neuen Partners selbstverständlich und auch aus Solidarität mit ihm dazu, jedoch der in Hamburg lebende leibliche Vater, der Mann, von dem sie sich vor 10 Jahren schmerzvoll getrennt hat, im eigentlichen Sinne nicht mehr. Mit ihm stimmt sie seit Jahren nur noch Besuchstermine für die Kinder ab. Die 12-jährige Tochter dagegen meint, sie hätte inzwischen zwei Väter, die natürlich zu ihrer Familie gehören. Die beiden Stiefbrüder aber, da sie längst erwachsen sind, rechnet sie nicht mehr dazu. Für ihre 15-jährige Schwester dagegen existiert als Familie immer noch die ursprüngliche Kernfamilie mit Mutter, Vater und der kleinen Schwester, obwohl sie längst nicht mehr zusammen unter einem Dach wohnen.

Fragen Sie die drei Kinder einer Mutter, von denen jedes einen anderen Vater hat, wer für sie zur Familie gehört, so werden Sie drei verschiedene Antworten hören. Und trotzdem, Familie, egal wie sie konkret gelebt wird, ist immer die primäre Erfahrungswelt des Kindes, in der sich die ersten emotional und körperlich geprägten Beziehungserfahrungen eines Menschen herausbilden und strukturieren. Familie ist für ein Kind Nährboden, Ressource und Stützsystem, sie kann aber auch – weil sie so bedeutsam ist – zur Bedrohung und zum Störfaktor einer gesunden Entwicklung werden. Die scheinbar fest gefügte Welt der Institution Familie ist ins Wanken geraten. Was die Soziologen so nüchtern »sozialer Wandel« nennen (vgl. Beck/Beck-Gernsheim 1990; Beck-Gernsheim 1993), erleben die Betroffenen als bedrohlichen Bruch ihrer Biografie, als dramatischen Einbruch oder Auflösung ihrer so sicher gefügten familiären Welt, als Zerfall familiärer Solidarität. Was so verharmlosend als Struktur- oder Wertewandel daherkommt, erschüttert in Familien lange gepflegte Selbstverständlichkeiten des Zusammenlebens und der Erziehung. Andererseits begreifen viele, vor allem Frauen, dies auch als eine große Chance, das immer schon Gewohnte und Eingeschliffene in Frage zu stellen, sich von überkommenen Zwängen der zu eng gewordenen, bürgerlichen, patriarchalen Strukturen zu befreien.

Das Jahr 1994 wurde von den Politikern zum Jahr der Familie proklamiert – von den meisten Familien unbemerkt und für den politischen Alltag, wie wir heute sehen, folgenlos. Auch wir werden also nicht umhin kommen, Farbe zu bekennen, zu klären und offen zu legen, was wir unter »normal« bzw. seelisch gesund verstehen wollen, was wir glauben, was einem Kind zuzumuten ist und wodurch es geschädigt wird. Ist es schon in der Organmedizin nicht immer ganz leicht, körperliche Gesundheit zu bestimmen, wie viel schwerer ist die Frage nach seelischer Gesundheit zu beantworten. Die Definition einer gesunden Entwicklung ist ohne Vorgriff auf Perspektiven und Werte überhaupt nicht leistbar. Schmerzfreiheit bzw. das Fehlen von Krankheitssymptomen hat etwas mit Gesundheit zu tun. Dies wäre schnell konsensfähig, aber ob zu einer gesunden Entwicklung nicht ein Mindestmaß an emotionaler Belastung und psychischem Leid gehört oder ob Leidensfreiheit das Ziel von Entwicklung ist, darüber würde sich trefflich streiten lassen. Also, Kindheit wozu? (Herzka 1984)

Im vorliegenden Buch versuchen wir eine Vorgehens- und Sichtweise zu entwerfen, in der die Entwicklung des Kindes und seiner Familie im Mittelpunkt der Aufmerksamkeit stehen soll. Nach Rutter (1994) ist Entwicklung eine systematische, organisierte, individuelle Veränderung, die einhergeht mit einem altersbedingten körperlichen Wachstum bzw. Abbau, deren Qualität Auswirkungen auf das spätere Leben eines Menschen hat. Zur Reifung und Entwicklung benötigt ein Kind eine hinreichend gute und fördernde Familie, die es unterstützt und die ihm verschiedene Möglichkeiten und Modalitäten anbietet, sich zu anderen Menschen in Beziehung zu setzen. Familie ist der emotionale Ort, an welchem die Mitglieder, insbesondere die Kinder, die grundlegenden Gefühle wie Liebe und Hass entdecken und am eigenen Leib erfahren können, ein Ort, an dem Sympathie, Respekt, Achtung und Toleranz erwartet werden dürfen, aber auch ein Ort, an dem man Ärger und Wut zu spüren bekommt und die ganze Palette an so genannten negativen Gefühlen austragen kann.

Die Familie als Lebensform kann unter vier Blickwinkeln betrachtet und erforscht werden (vgl. Buchholz 1995):

- Wir können von außen auf die Familie blicken und die Familie als »Institution« beschreiben. Man versucht sie so zu verstehen, wie sie faktisch geworden ist, in ihrer biologischen, natürlichen Ordnung, die Art und Weise, wie sie die Rollen aushandelt, differenziert und verteilt, wie sie ihren Alltag organisiert und die Familienzyklen durchlebt, wie sie die Biografien der Mitglieder bestimmt, wie sie jeden bei seinen Entwicklungsaufgaben und -schritten begleitet.
- Für alle Mitglieder ist Familie »Erfahrungsraum«. Jede/r sieht auf eine je eigene Weise, praktisch von innen her, seine Familie, wie sie sich inszeniert, nach welchem Rhythmus und welcher Melodie sie Nähe und Distanz, Intimität und Trennung »tanzt«, welche erfahrbaren, affektiven Bindungs- und Beziehungsstrukturen sich herausbilden.
- Jede Familie hat ihre Geheimnisse. Es gibt Ereignisse, die voreinander verschwiegen werden, es gibt Dinge, die unaussprechlich sind oder nicht angesprochen werden dürfen, schon gar

nicht gegenüber Fremden. Jede Familie hat ihre heiklen Themen, die sie gerne umschifft oder gar ausblendet und abwehrt. Unter jedem Dach lebt auch eine erst auf den zweiten Blick sichtbare Schattenfamilie, die unbewusste Familie.

● Keine Familie lebt isoliert von Gesellschaft und Kultur. Nach Erdheim (1986) kann das Verhältnis zwischen Familie und Kultur auf zwei verschiedene Arten betrachtet werden: als Kontinuum oder als Antagonismus. Die patriarchale, arbeitsteilige Familie und die Industriegesellschaft haben über die beiden vergangenen Jahrhunderte eine stabile Koalition zum wechselseitigen Nutzen gebildet. Die vordringlichste Aufgabe von Familie ist es, Kinder auf das Erwachsenenleben, ihre Rollen als Männer oder Frauen in der Gesellschaft vorzubereiten. Man kann aber genauso gut Familie und Kultur als Formen menschlichen Zusammenseins sehen, die nicht bruchlos ineinander überführbar sind, die in einem unversöhnlichen Widerspruch gegeneinander stehen. Sie gehorchen jeweils verschiedenen Grundprinzipien. Die Menschen werden immer zwischen ihnen hin- und hergerissen bleiben. Der Übergang von einer Sphäre in die andere ist immer mit Krisen, Schmerzen, Schwierigkeiten, Konflikten verbunden. Familienleben bewegt sich immer im Spannungsfeld zwischen kulturellem Relativismus und »natürlicher biologischer Ordnung«. Ob Familie unverzichtbar und ohne Alternative ist, mag dahingestellt bleiben. In der modernen Industriegesellschaft jedenfalls ist aber Kinder zu zeugen und großzuziehen weder eine ökonomische Notwendigkeit noch eine natürliche Selbstverständlichkeit. Elternschaft und Familienleben stehen in heftiger Konkurrenz zu anderen Lebensentwürfen und -möglichkeiten.

1.2 Wie ist es heute, ein Junge oder ein Mädchen zu sein?

Kennzeichen unseres Lebens hier in Europa am Beginn des dritten Jahrtausends sind:

● Ökonomischer Wohlstand für eine Mehrheit der Bevölkerung, bei einer sich öffnenden Schere von Reichtum und Armut.

- Eine arbeitsteilige, hoch spezialisierte und dadurch eine große Abhängigkeit erzeugende Gesellschaftsform.
- Eine staatlich gewährleistete soziale Absicherung im Falle von Krankheit, Alter, Armut und Arbeitslosigkeit.
- Eine hohe Mobilität und Mobilitätserwartung.
- Die wachsende Globalisierung mit ihrer internationalen Verflechtung wirtschaftlicher Kreisläufe.

Dem relativen Wohlstand und der Sicherheit, die wir erleben, steht merkwürdigerweise eine eher pessimistische globale Zustandsbeschreibung der Welt gegenüber. Kinder in Frankfurt oder Chicago sind nicht zwangsläufig glücklicher als Kinder in Colombo, Kairo oder Rio de Janeiro.

Von den düsteren Prognosen des Club of Rome Anfang der 70er-Jahre sind viele eingetroffen, von den umwälzenden Veränderungen unserer Umwelt über die ersten großen technisch-industriellen Katastrophen bis hin zu den schrumpfenden, zwischen den Nationen extrem ungleich verteilten Ressourcen bei einem gleichzeitigen, bedrohlichen Wachstum der Weltbevölkerung.

So oder so ähnlich wird sie gesehen unsere heutige Welt, in der wir leben, Sie, wir und unsere Kinder. Man mag sie je nach Interesse diagnostizieren wie man will, die tief greifenden Veränderungen mögen Zweifel, Pessimismus oder Hoffnung schüren. Jedenfalls sind wir Augenzeugen und Zeitgenossen einer Zeit, die geprägt wird von heftigen ökologischen und politischen Krisen, einer schnell wachsenden Menschheitsbevölkerung mit vielen neu aufbrechenden nationalen und ökonomischen Konflikten. Wir erleben, wie die in den letzten Jahren so erfolgreich geschlossene und funktionierende Allianz von Industriegesellschaft und bürgerlicher, patriarchaler Kleinfamilie langsam zerfällt. Grundsätzlich stellen sich auch für uns als Psychologen, Therapeuten, Wissenschaftler als Männer und Väter die gleichen Fragen, die sich jeder nachdenkliche Zeitgenosse bzw. jede Zeitgenossin stellt: Wie orientiere ich mich in einer Welt sich wandelnder sozialer Strukturen und Auflösung bisher verbindlicher Werte? Welche Rolle spielt dabei der Einzelne als Individuum und welche Rolle messen wir hierbei der Familie und der Erziehung bei? Was ist heute schon eine normale, intakte Familie? Was ist ein richtiger Junge und was ein typisches Mädchen? Was brauchen Kinder und was wollen Kinder eigentlich, wenn man sie wirklich fragen würde?

Wir möchten dazu die Geschichte eines kleinen Mädchens nachzeichnen, das Gesagte praxisbezogen vertiefen und dabei einige wesentliche und zentrale Begriffe der Entwicklungs- und Familienpsychologie erläutern.

Wir möchten aber auch zeigen, wie man Einzelfallarbeit und wissenschaftliche Forschung aufeinander beziehen und verflechten kann, wie man Forschungsergebnisse als Begründung und Anregung von praktisch-psychologischer Arbeit verwenden kann, aber auch wie Fragen aus der Praxis auf Forschung rückwirken können.

1.3 Sandra W.: Eine zunächst fast alltägliche Anfrage an Fachfrauen und -männer

Als früher in einem heilpädagogisch-therapeutischen Kinderdorf tätiger Psychologe erhalte ich nach einer mündlichen Aufnahmevoranfrage eine kurze Beschreibung des Kindes und seiner momentanen Lebenssituation. Die zuständige Sozialarbeiterin schickt mir die Akte des Mädchens mit einem ausgefüllten Erhebungsbogen, der die Biografie von Sandra und die Geschichte der Familie W. routiniert auf vier Seiten verkürzt. Es wird ihre Odyssee durch die Institutionen beschrieben. Neben den üblichen Daten wird auch vermerkt, dass Sandra bereits mit 9 Jahren ihre erste Regel bekommen hat. Eigentlich ist die Menarche ein ganz normaler Vorgang im Leben eines jeden Mädchens. Was mag die Kollegin auf dem Jugendamt bewogen haben, ein solch höchst intimes Ereignis zu veröffentlichen? Geht es im Grunde nur Sandra und ihre Familie etwas an? Aber offensichtlich hat die zuständige Fachfrau dies für so wichtig erachtet, dass sie es mir später sogar noch einmal mündlich mitteilt. Würde dies Sandra wissen, sie wäre sicher auf die Mitarbeiterin des Jugendamtes sauer, sie wäre höchst peinlich berührt und außerdem mir gegenüber befangen, wenn sie überhaupt noch mit mir reden würde. Was hat also eine solche Information in der Akte eines Jugendamtes zu suchen? Ich merke, dass meine Unvoreingenommenheit beeinträchtigt ist, dass ich diese Tatsache nicht einfach übergehe. Da ich die Kollegin gut kenne und ich sie nicht für leichtfertig halte, nehme ich an, dass sie glaubt, dass diese Information für unsere therapeutische und erzieherische Arbeit von Nutzen ist, zu wissen, dass Sandra bereits körperlich sehr viel weiter entwickelt ist als die Mehrzahl ihrer Altersgenossinnen.

1.3.1 Welche Sprache wollen wir sprechen?
Grundbegriffe, Metaphern, Wahlverwandtschaften

Als Therapeutin begegnet frau einem Kind und seiner Familie. Früher oder später, irgendwann sitzen sie leibhaftig im Raum. Als Wissenschaftler kann man sich entscheiden, ob man sich einem Problembereich oder einem Einzelfall zuwendet, wie nah oder fern man einem Kind sein will. Trotz unterschiedlicher Kontexte müssen sie viele ähnliche Entscheidungen treffen: Was will ich in den Mittelpunkt stellen, was kann im Hintergrund bleiben oder vernachlässigt werden, wovon will ich absehen, was muss ich unbedingt notwendigerweise beachten, worauf will ich mein Augenmerk richten, in welcher wissenschaftlichen Tradition bewege ich mich und worüber will ich schließlich sprechen oder schreiben? Denn weder Wissenschaftler noch Therapeuten bewegen sich im luftleeren, im geschichtslosen Raum.

Welche Glaubenssätze über die »Natur des Menschen« und damit auch über uns selbst teilen wir, welche Wahlverwandtschaften erkennen wir an, um die Entwicklung eines Kindes und seiner Familie besser zu beschreiben und zu verstehen? Schließlich ist zu klären, aus welchem Standort und aus welcher Perspektive wir versuchen, das Phänomen Kindheit zu betrachten.

Dazu ein kurzer Ausschnitt aus einer anderen Geschichte: In der 3. Stunde einer Familientherapie will der Vater von uns wissen, wie wir es so schnell geschafft haben, dass seine vierjährige Tochter, die sich buchstäblich mit Händen und Füßen gewehrt hat, alleine im Kindergarten zu bleiben, nun doch wieder wenigstens stundenweise allein dort verbringt. Ich habe ihn gefragt: »Was würde es denn für einen Unterschied machen, wenn Sie es wüssten?« Daraufhin er:

»Dann könnte man ja den Prozess noch etwas beschleunigen.« Mit einem gewinnenden Lächeln nimmt er dieser Antwort ein wenig die Schärfe. Bereits im Sprechen spürt er wohl, wie wichtig es ihm ist, dass seine Tochter wieder schnell, reibungslos »funktioniert«, dass sie so bald wie möglich wie jede »normale« Vierjährige morgens problemlos in den Kindergarten gehen soll. In seiner prompten Antwort versteckt sich sein Auftrag an mich, sein Kind möglichst schnell zu »reparieren«, implizit beschreibt er auch sein momentanes Verhältnis zu seiner Tochter, unüberhörbar schwingt seine Ungeduld mit. Da er als Ingenieur in der Autobranche arbeitet, ist für ihn diese funktionale Betrachtungsweise von Therapie und Beziehung durchaus nahe liegend. Er ist lange dafür trainiert worden, die Dinge der Welt in ihrer funktionalen Bezogenheit zu sehen, schnell Störungen zu entdecken und zu beheben. Also warum sollte das nicht auch bei zwischenmenschlichen Problemlagen ein gutes Modell sein?

Eltern, Therapeuten, Wissenschaftler, wir alle gebrauchen Metaphern, Sprachbilder, Analogien, um uns zu verständigen. Im Grunde ist auch jede wissenschaftliche Theorie, jede Diagnose, eine Akte, ja jede einfache Beschreibung eines Sachverhalts schon eine Geschichte, die erzählt wird, eine Transformation in Sprache, von dem, was man gesehen, erlebt hat und zu verstehen glaubt. Dies kann eine sehr bildhafte, ja fast poetische Sprache wie bei Sigmund Freud sein. Man kann sich aber auch einer sehr abstrakten Wissenschaftssprache bedienen, die sich ganz bewusst von unserem alltäglichen Sprachgebrauch entfernt hat, um unmissverständlich zu sein. Aber auch dann brauchen wir Metaphern, Bilder, Theorien, Geschichten, Skizzen und Entwürfe, die unsere Theorien und Modelle vom Menschen ergänzen, abrunden und die eine Brücke zum alltäglich Erfahrbaren und zur Selbstverständlichkeit unseres In-der-Welt-Seins bauen. Dieses Spektrum wird sich auch in diesem von drei verschiedenen Personen in unterschiedlichen Stilvarianten geschriebenen Buch widerspiegeln.

Zurück zu Sandra: Wir möchten ihre Geschichte weiter erzählen, aber welche? Sie kann in viele Facetten aufgefächert werden. Es gibt für sie bereits abgegrenzte Zuständigkeitsbereiche: im Jugend- und

Oberschulamt existiert eine Akte »Sandra«, Forschergruppen haben
sich längst Kohorten solcher Kinder wie sie angenommen, ihre Lebenssituation findet Entsprechung im Kinder- und Jugendhilfe-
gesetz (KJHG), auf ihr Verhalten treffen Diagnoseziffern zu: Es beginnt die Geschichte eines auffälligen und verwalteten Mädchens,
erzählt in der Amtssprache von Juristen, im Jargon von Sozialarbei-
tern, Psychologen oder Ärzten, in der Wissenschaftssprache unterschiedlicher Fachbereiche. Wir versuchen also weiter, zwischen
Skylla und Charybdis, zwischen Komplexität und Unübersichtlichkeit und Trivialisierung, zwischen dem Einzigartigen und dem Allgemeinen hindurchzuschippern, den schmalen Grat zu erwandern,
zwischen einer Kartografierung der individuellen Gene, einer Analyse komplizierter biochemischer Funktionskreise, der Beschreibung persönlicher Erfahrungsräume und Verhaltensweisen und der
Rekonstruktion einer Familiengeschichte, die wie alle, genau betrachtet, wohl vor drei Millionen Jahren in Afrika begonnen hat
(s. Kapitel 2.2).

Wichtige Orientierungspunkte und Wegweiser sind dabei auch
verschiedene Theorien oder Konzeptionen des Menschen, wie sie in
den letzten Jahrzehnten in der Psychologie formuliert wurden.

1.3.2 VaterMutterKind

Das Leben beginnt immer zu dritt. Das Kind als Fantasie beider Eltern existiert längst, bevor es geboren wird, häufig auch schon lange, bevor es gezeugt wird (vgl. Bauriedel 1998). Dabei ist es zunächst imaginiert und wird mit seiner Geburt sofort leibhaftig in
die Geschichte seiner Eltern eingebunden und verstrickt. Die familiäre Welt, die sich für ein Kind öffnet, von der es empfangen wird,
wird wesentlich von der Qualität der Beziehung des Eltern-Paares
geprägt. An der Lebensgeschichte des Kindes strickt ein Paar längst,
bevor es das Licht der Welt erblickt. Kinder, also wir alle, werden
schon vor unserer Geburt in ein Netzwerk von (familiär- und kulturell geprägten) Kommunikations- und Interaktionsmustern eingebunden und verflochten. Ein Kind kommt zur Welt, in eine Welt,
die mit Idealisierungen, Hoffnungen und Befürchtungen, mit

Wünschen und Ängsten der Eltern bevölkert ist. Es ist der Horizont, in den sich jedes Kind hineinbewegt und in dem es sich weiter entwickelt (vgl. Bürgin u.a. 1998; Stern 1998).

Für die Weitergabe menschlichen Lebens sind, rein biologisch betrachtet, mindestens drei Personen – und für die Erhaltung der Art deren Zusammenspiel als ein offenes System –notwendig. Die Triade ist für ein Kind die kleinstmögliche Überlebenseinheit. Ob Junge oder Mädchen, es ist immer der/die Dritte in einem ganz besonderen Bunde. Kindergeschichten sind immer Dreiecksgeschichten. Die Welt eines Kindes ist von Anfang an und grundsätzlich triadisch vorstrukturiert und Entwicklung vollzieht sich immer im triangulären Raum.

Selbst während einer Zeit engster Beziehung zwischen Mutter und Kind, während der Schwangerschaft, Geburt und Stillphase, ist der Vater als Dritter, als »Erzeuger«, als Geliebter und als tragender, unterstützender Partner präsent – oder wird als solcher schmerzlich vermisst. Bauriedel (1998) hat mit Recht darauf hingewiesen, dass die Mütter am wenigsten daran interessiert sind, sich als einziges »Objekt« ihres Kleinkindes vorzustellen. »Das macht uns Mütter zwar allmächtig und unentbehrlich, gleichzeitig aber auch verantwortlich für und eventuell schuldig an allen Problemen des Kindes.« Mütter wollen weder als gute noch als böse abgestempelt werden, sie wollen weder idealisiert noch verdammt werden. Jede Konzeption von Mütterlichkeit verweist auf alle anderen Mitspieler, also auch auf Vaterschaft. Jede Mutter, die verschlingende, die überfürsorgliche, die versagende wie auch die gute hat ein Pendant: den schwachen, bindungsvermeidenden oder verantwortungsvollen Mann. Individualistische oder dyadische Sichtweisen, das vaterlose Kind, der abwesende Mann, die allein erziehende Mutter werden zum Fantasma einer Psychologie, die vorwiegend patriarchale Strukturen »wissenschaftlich« reproduziert. Der systemische, triadische Blick ist kindgemäßer, verantwortungsvoller und im Wortsinne verbindlicher (vgl. auch Buchholz 1993).

Mit Triade bezeichnet man ein grundlegendes Modell für die Sozialisation eines Kindes zum autonomen, bezogenen Subjekt. Zu unterscheiden ist dabei zwischen dem allgemeinen Strukturmodell und der tatsächlich empirisch gegebenen Erscheinungs- und Beziehungsform innerhalb einer Familie. Dieses Strukturmodell darf nicht als eine normative Vorgabe verstanden werden, das bestimmte Realisationen bevorzugt oder andere defizitär betrachtet. Der Begriff »Triangulierung« stammt aus der psychoanalytischen Literatur und wurde zuerst von Margret Mahler (s. Kapitel 4) im Anschluss an Freuds Ödipus-Komplex eingeführt.

Die möglichen Beziehungen innerhalb einer Triade sind keineswegs gleichwertig, nicht jeder hat gleich viel Macht und Einfluss. Deshalb ergeben sich zwei grundverschiedene Typen von Sozialbeziehungen, die sich ständig verändern und entlang ihrer Grenzen neu ausgehandelt werden müssen:

- Die Paarbeziehung mit der Geschlechtsgrenze.
- Die Eltern-Kind-Beziehung mit der Generationengrenze.

Die Aufgabe der Familie ist es, gemeinsam entsprechend dem Entwicklungsstand der einzelnen Mitglieder einen passenden Generationen- und Geschlechtervertrag auszuhandeln und ihn mit Leben zu erfüllen.

Ein Kind braucht für seine Entwicklung eine sog. »bezogene Individuation« (Stierlin u.a. 1980), die in einer Triade möglich wird. Bezogen auf das andere Geschlecht und auf eine andere Generation bedarf jedes Kind als Lernfeld zwei verschiedener Interaktionspartner. In seiner Entwicklung vom abhängigen Baby hin zum Subjekt, zum autonomen, bezogenen Erwachsenen lernt das Kind die wichtigsten Lektionen seines Lebens.

Es lernt, Eigenes und Fremdes voneinander abzusetzen und dabei Nähe und Ferne zum anderen auszuhandeln, ohne sich zu isolieren oder verlassen zu fühlen. Der Eigenbereich eines kindlichen Selbst setzt sich von der Fremdheit der erwachsenen Eltern ab. Erst so kann der oder die Andere erfahren werden, erst so wird Begegnung möglich. Nur wenn es eine bedeutsame, dritte Person gibt, kann sich ein Kind dem vereinnehmenden Zugriff, dem vollständigen Besitz oder der Abhängigkeit entziehen.

«Man kommt nicht als Frau zur Welt, man wird es.« (de Beauvoir 1992) Die Familie ist der Ort, an dem wir auf unserem Weg zum Erwachsenwerden lernen, dem jeweils anderen Geschlecht zu begegnen, und so reif werden für eine Partnerschaft. In der Familie lernen wir auch Muster und ein Verhältnis, wie sich die Geschlechtsrolle entwickelt und entwickeln könnte, rückwärts und vorwärts gewandt. Dies kann überhaupt nur in einer Struktur geschehen, die uns reale Interaktionspartner bietet, die das eigene und ein anderes Geschlecht sowie Menschen aus einer anderen Generation anbietet. Die Triade ermöglicht Auseinandersetzung und Identifikation sowohl mit dem gleichgeschlechtlichen als auch mit dem gegengeschlechtlichen Elternteil. Die triadische Beziehungserfahrung ist die Vorbereitung auf eine kommende Paarbeziehung. Das Kind erlebt nicht nur seine Eltern als Vater oder Mutter, sondern auch die Art, wie sie miteinander ihre Beziehung als Mann und Frau leben. Wie gestalten sie ihre Paarbeziehung, wie entwickelt und verändert sich Paarbeziehung im Laufe der Zeit?

Obwohl die Triade als Struktur erhalten und lebenslang wirksam bleibt, ist sie einer beständigen Metamorphose unterworfen. Die Besetzung mag sich ändern, aber das Stück bleibt gleich.

Familie ist eine soziale Gemeinschaft von Menschen, in der sich Menschen in ihrer Ganzheit begegnen und die füreinander in ihrer Einzigartigkeit nicht ersetzbar und austauschbar sind. »Familien sind das einzige System der funktional differenzierten Gesellschaft, in dem die Menschen ausschließlich als Personen behandelt werden.« (Baraldi u.a. 1997, S. 56; vgl. auch Luhmann 1988, 1990) Mit diesem Zitat ist ein wichtiges Strukturmerkmal der Triade in Familien umrissen: Die Notwendigkeit, der Anspruch und der Wunsch, von den anderen Familienmitgliedern als Subjekt, als ganze Person behandelt und gemocht zu werden. Die Mitglieder einer Familie sind grundsätzlich nicht austauschbar. Und schließlich ist keine der innerhalb der Familienstruktur zugewiesenen Rollen umkehrbar. Vier spezifische Strukturmerkmale bedingen und sichern die Einzigartigkeit familiärer Beziehungen:

> »Für sie ist eine Körperbasis konstitutiv, d.h., sie werden wesentlich durch die Beteiligung der Körper bestimmt. Sie werden als unkündbare Beziehung gestiftet. Eine Trennung ist immer ein Scheitern. Vertrauen gilt in ihnen bedingungslos und wird durch bedin-

gungslosen Vollzug hergestellt. Vertrauensbildung durch formalisierte, abstrakte Kriterien wie in Vertragsbeziehungen wäre schon eine Perversion dieser Beziehungen. Sie sind geprägt durch eine generalisierte, bedingungslose affektive Bindung.« (Oevermann 1979, S. 113)

Familie wird von allen ständig gelebt und verändert, sie wird praktiziert und kann so von allen auch wahrgenommen werden. Es gibt die Familie aber auch, wie sie in jedem Mitglied repräsentiert wird, wie sie im Gedächtnis der jeweils beteiligten Personen weiterlebt. Diese erfahrene und imaginierte Familie kann bis zur Unvereinbarkeit verschieden sein.

1.3.3 Das Genogramm

Das einfachste Verfahren, die vielfältigen Wechselbeziehungen innerhalb einer Familie grafisch zu visualisieren, ist sicherlich das Genogramm. Es ist ein Strukturbild der Familie in Symbolen, das die wichtigsten Familienmitglieder umfasst, ihr verwandtschaftliches Verhältnis zueinander beschreibt sowie die einschneidendsten Lebensereignisse dieser Familie enthält (vgl. McGoldrick/Gerson 1990). Schon die Aufnahme eines Genogramms ermöglicht einen ersten Erkundungsgang durch die Familiengeschichte.

Alle wichtigen Familieninformationen können zusätzlich im Genogramm festgehalten und so zeitlich lokalisiert werden: z.B. ethnischer Hintergrund, Religionszugehörigkeit, Ausbildung, Umzüge, Arbeitslosigkeit, Militärdienst, freiwilliges soziales Jahr, Konflikte mit dem Gesetz, Inzest, Alkoholismus, Drogenmissbrauch, Ablösung vom Elternhaus, chronische Krankheiten, Adoption.

Ein Genogramm ist auch eine Heuristik, ein Art Finderegel für die Therapeutin. Die bildhafte Darstellung gibt viele Hinweise auf die Eigenheiten dieser Familie. Sie zeigt Muster und gelebte Familienentwürfe, die über die Generationen weitergegeben werden. Gibt es Berufe, die bevorzugt gewählt werden? Gibt es erkennbare Strategien der Partnerwahl? Welche Bewältigungsstrategien werden bei Krisen oder in bestimmten Familienzyklen bevorzugt? Die Last, die auf dem

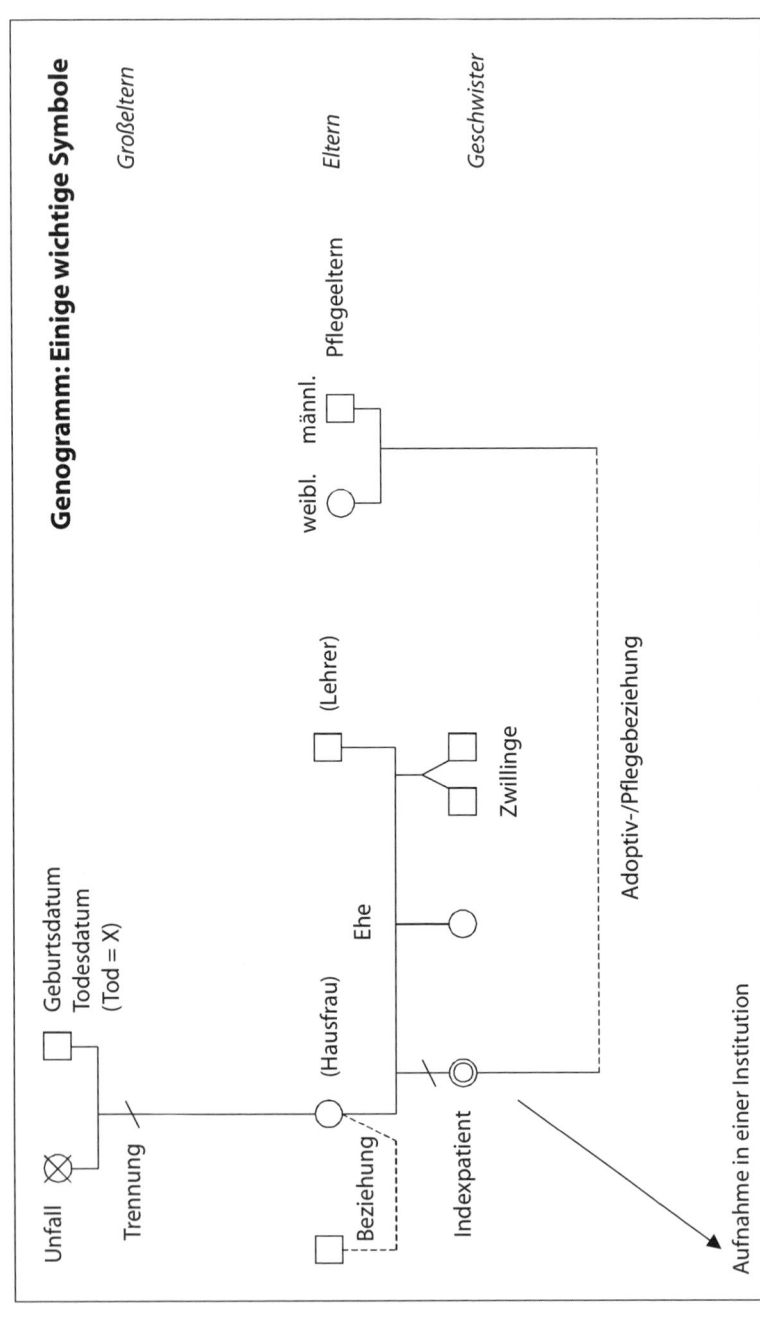

Genogramm: Einige wichtige Symbole

›schwarzen Schaf‹ der Familie liegt, wird gemildert, wenn er bzw. sie sich im Kontext einer Geschwisterreihe, eines über mehrere Generationen sich fortschreibenden Familienschicksals sehen kann. Im Genogramm wird auch transparent, wie eine Familie mit einem bestimmten Lebensthema zurechtkommt: z.b. mit der Abwesenheit des Vaters, mit der engen Verbindung von Mutter und Großmutter; mit den Emanzipations- und Freiheitswünschen einer 40-jährigen Ehefrau und Mutter. Das Genogramm liefert Hinweise auch auf die Stärken und Ressourcen einer Familie. Es zeigt die wichtigsten Krisen oder Konflikte, die eine Familie bisher bewältigen musste (z.b. Tod eines Mitglieds; Trennung der Eltern; Geburt eines Kindes; Verselbstständigung eines Jugendlichen). Ein Genogramm hat den großen Vorteil, dass jeder Einzelne sich nicht nur im Kontext der gesamten Familie, sondern auch vor dem sozialen, kulturellen und gesellschaftlichen Hintergrund der Familiengeschichte sehen und darstellen kann. Für alle Beteiligten erweitert sich die Sichtweise der Familienprobleme. Im Genogramminterview rekonstruiert und entwirft sich die Familie selbst. So kann die Erzählung einer Familie mit der »Biografie« einer »typischen« Familie zu dieser Zeit, in dieser Region, aus diesem sozialen Milieu verglichen werden.

Auch die Biografie von Sandra und ihre Familiengeschichte lassen sich so mit einem relativ einfachen Verfahren kurz und übersichtlich darstellen. Grundlage ist dabei ein Familiengespräch und die bereits vorliegende Akte. Auffälligerweise erzählt der Vater, der als Fernfahrer oft wochenlang abwesend ist, die Familiengeschichte. Seine Frau ergänzt sie eher beiläufig. Sobald jedoch die Sprache auf Sandra kommt, unterbricht sie ihn und übernimmt das Gespräch.

Wir haben bereits gesehen, dass es eine heikle Frage nicht nur theoretischer Natur ist, wer im Grunde zu einer Familie gehört und wo die Grenzen eines Familiensystems sind. Konkret heißt das, man muss sich entscheiden, wie lang man eine Familiengeschichte zurückverfolgen will. Als praktikabel in der Familientherapie hat sich eine Betrachtungsweise, die mindestens drei Generationen umfasst, erwiesen. Falls man einmal versucht, das Genogramm der eigenen Familie zu zeichnen, wird man schnell sehen, dass selbst in »kleinen« Familien ein Drei-Generationen-Genogramm schnell mehr

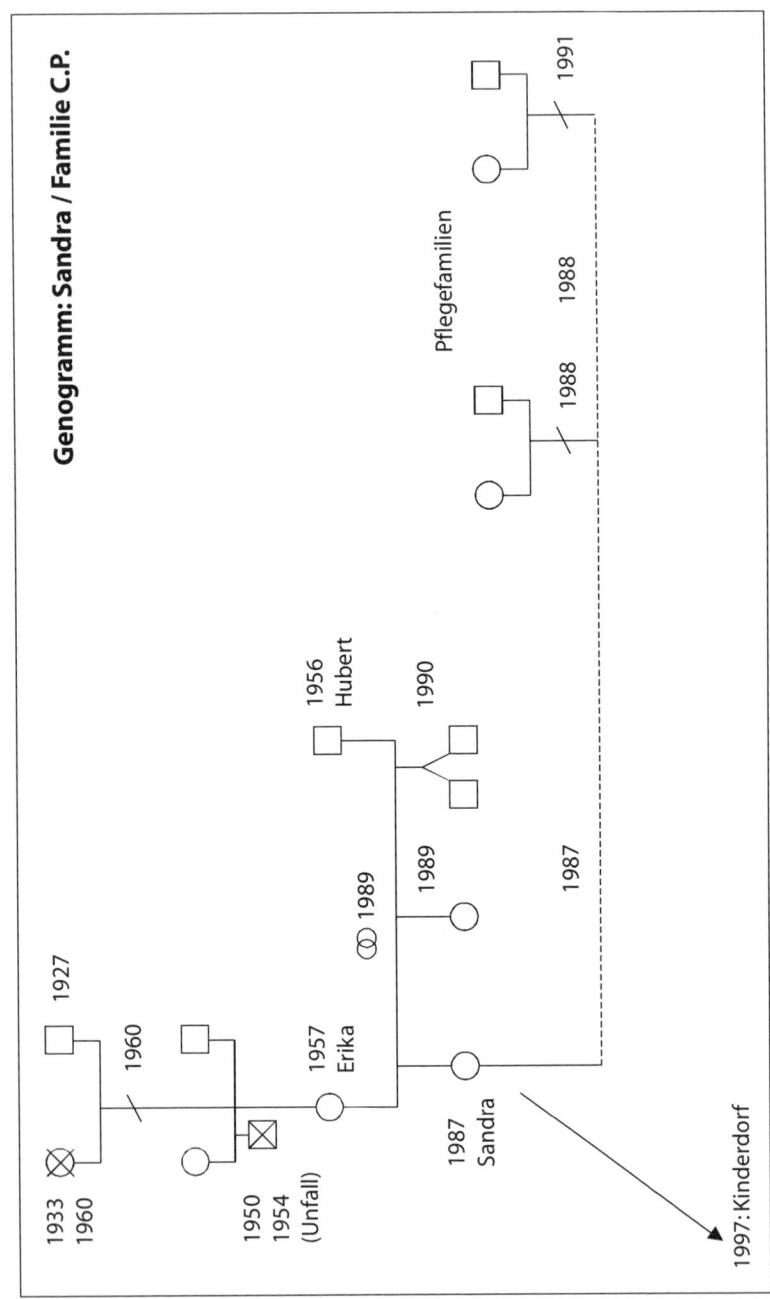

Genogramm: Sandra / Familie C.P.

als 20 bis 30 Personen umfassen kann. Im Falle Sandras, die zum Zeitpunkt der Anfrage in einer Pflegefamilie lebte, ist evident, dass das Genogramm zwei Familien umfassen muss. Denn nur in diesem Kontext ist die zentrale Frage zu beantworten, warum Sandra weder von Geschwistern der Eltern noch von ihren nächsten Verwandten betreut und erzogen werden kann.

1.3.4 Die professionelle Sicht der »Dinge«

Wie viel Information ist überhaupt notwendig, um eine für Sandras Entwicklung und Leben bestimmende Weichenstellung verantwortungsvoll mittragen zu können? Was muss man alles wissen, um eine gute pädagogisch-therapeutische Entscheidung treffen zu können? An dieser Stelle spätestens wird deutlich, dass sowohl die Sozialarbeiterin als auch wir selbst nicht mehr anonyme Instanzen sind, die auf eine Familie von außen einwirken, sondern dass wir bereits mitwirken und als Lotsen im gemeinsamen Boot sitzen.

Wer stellt ein Faktum, einen Befund oder eine Diagnose über ein Kind fest? Wer markiert ein Verhalten als bedeutsamer als ein anderes? Wer darf überhaupt mitreden, und welches Gewicht hat das ihm erteilte Wort? In unserem Beispiel ist es unwahrscheinlich, dass Sandra ihr intimes »Geheimnis« preisgegeben hätte.

Damit steht eine weitere Frage im Raum: Wann ist ein Aspekt kindlicher Entwicklung noch im Rahmen des normalen, und wann wird dieses Verhalten auffällig, Besorgnis erregend, bedrohlich oder gar pathologisch, d.h. so auffallend, dass man zu einer medizinischen Metaphorik wechselt?

Die Menarche eines Mädchens ist im Grunde für sich allein genommen ein normaler Vorgang. Das Alter, in dem ein Mädchen ihre erste Regelblutung erlebt, markiert für alle das Ende der Kindheit. In unseren Breitengraden ist es normal im Sinne von durchschnittlich, dass dies irgendwo zwischen elf und dreizehn Jahren geschieht mit einer Bandbreite von etwa neun bis fünfzehn Jahren. Sandra liegt am unteren Ende der Verteilung und fällt deutlich aus dem Mittelfeld heraus. Rein biologisch gesehen, ist die Menarche ein sehr fein aufeinander abgestimmtes, sich wechselseitig beeinflussendes, kompliziertes Zusammenspiel hormoneller und neuronaler Prozesse. Die wichtigste Umschaltstelle zwischen zentralnervösen und hormonellen Regelkreisen ist ein Zentrum im Hypothalamus. Damit öffnet sich das Organ-Funktions-System »Menstruationszyklus« für psychische Beeinflussungen und macht den biologischen Prozess an vielen Stellen extrem störanfällig. Nach einem schweren psychischen Trauma oder sexueller Misshandlung kann trotz völlig intakter hormoneller Regulation ein biologisches System ganz aus den Fugen geraten und die erste Regelblutung viel zu früh oder erheblich zu spät eintreten. Wann aber eine Menarche als früh bezeichnet wird, hängt letztlich von kulturellen und gesellschaftlichen Bewertungsmaßstäben ab. Die Menarche ist für jedes Mädchen und für jede Familie ein wichtiger Wendepunkt der Entwicklung, der mehr oder weniger wahrgenommen werden kann und der neben anderen Einflussgrößen das Selbstbewusstsein einer Frau mitprägt. Seltsamerweise macht sich die Sozialarbeiterin mehr Gedanken zu dieser Auffälligkeit als die Eltern.

Wie für jeden Befund oder für jedes Symptom ist es jetzt einerseits rückwärts gewandt wichtig zu verstehen, wie es gekommen sein könnte, welche biologisch-organischen, welche psychischen und familiären Einflussfaktoren diese frühe Menarche Sandras ausgelöst haben könnten, wie Sandra bei ihrem körperlichen und psychischen Reifegrad diese Erfahrung verarbeitet und, vorwärts gewandt, was das für ihre weitere Entwicklung bedeuten könnte, was Eltern und alle Fachleute, die Sandra in nächster Zukunft begleiten werden, mit zu berücksichtigen haben werden.

Eine organisch-funktionelle Auffälligkeit verweist sofort auf die generelle Gesundheit bzw. Krankheitsanfälligkeit eines Kindes, auf seine körperliche Konstitution, auf die familiäre Fürsorge und den Umgang mit den elementaren körperlichen Bedürfnissen eines Kindes. Sandra ist insgesamt ein gesundes und eher kräftiges Kind. Bisher sind keine körperlichen Anomalien beobachtet worden, und sie war bis auf die üblichen Kinderkrankheiten noch nie ernsthaft erkrankt. Dadurch rücken die Einflussfaktoren des psychischen und familiären Systems, ihr allgemeiner Entwicklungsstand und die Beziehungsentwicklung innerhalb des primären Beziehungsdreiecks von Mutter, Vater, Tochter stärker in den Vordergrund der Analyse.

1.3.5 Entwicklungsräume

Sandras Entwicklung ist laut Akte bereits an einigen Stellen erheblich gestört worden und in der Beziehung zu ihren Eltern und Pflegeeltern ist bereits einiges gravierend schief gelaufen. Welche erzieherischen und therapeutischen Entscheidungen können und müssen nun getroffen werden? Welche Maßnahmen sind heilsam oder verhindern zumindest eine weitere Schädigung? Neben dem entwicklungspsychologischen Grundwissen wird man auch Ergebnisse aus zwei Forschungstraditionen hinzuziehen: Der klinischen Entwicklungspsychologie oder Entwicklungspsychopathologie und der sehr viel jüngeren Gesundheitspsychologie. Wie würde es mit Sandra bei dieser Vorgeschichte, nach allem, was man aus Längsschnittstudien weiß, mit hoher Wahrscheinlichkeit weitergehen?

In mehreren Longitudinal-Studien ist nachgewiesen worden, dass Mädchen, die ihre erste Regel ungewöhnlich früh hatten, eine zunehmende Tendenz zu normverletzendem Verhalten zeigen. Dies verstärkt sich insbesondere dann, wenn sie sich im weiteren Verlauf ihrer Entwicklung eher an einer älteren Jugendlichen orientieren (vgl. Stattin/Magnusson 1990; Caspi u.a. 1991, 1993). Diese Mädchen verlassen eher die Schule, oder sie beenden sie frühzeitig mit einem Abschluss, der unterhalb ihrer Bildungsmöglichkeiten liegt. Dies wiederum bedeutet, dass ihnen der Zugang zu höheren Schulabschlüssen weitgehend verschlossen bleibt, was ihre Lebenschancen deutlich mindern kann. Übereinstimmend kommen die Forscher zu dem Schluss, dass bei einer frühen Menarche unter ungünstigen Umständen die Entwicklungsmöglichkeiten für die betroffenen Mädchen deutlich eingeschränkt werden können. Auch Sandra, ihre Eltern und alle Pflegepersonen sehen sich plötzlich mit »unzeitgemäßen« Themen wie Schwangerschaft und Verhütung konfrontiert. Sandra muss Entwicklungsaufgaben bewältigen, die sie sowohl kognitiv-emotional als auch sozial überfordern. Im Grunde muss ein »normales« Ereignis vor der Zeit, unter prognostischen, erzieherischen und therapeutischen Aspekten neu bedacht werden.

Kann Sandra mit ihrer kognitiv-emotionalen Reife diese Erfahrung überhaupt verarbeiten, mit wem kann sie darüber sprechen, welche Sprache hat sie in Bezug auf körperbezogene Veränderungen, sexuelle und intime Lebensbereiche? Ist sie überhaupt gewohnt, mit jemandem über solche Dinge zu sprechen, hat sie dafür Vorbilder? Woher weiß sie überhaupt um sich als Mädchen und Frau?

Die frühe Menarche hat bei Sandra unmittelbar dazu geführt, dass ihre Kindheit »verkürzt« wird. Im Grunde bräuchte sie wieder einmal in ihrem noch kurzen Leben dringend eine Vertraute – dies wäre natürlich in erster Linie ihre Mutter – mit der sie ihre Erfahrungen, ihre Befürchtungen, vielleicht ihren Stolz, schon so erwachsen zu sein, teilen könnte. Da sie aber von ihr und auch von der Pflegemutter allein gelassen wird, hat dies ihre Sprachlosigkeit und Enttäuschung gegenüber Erwachsenen gefördert. Sie ist verständlicherweise noch verschwiegener geworden, was von Fremden vorschnell als verstockt erlebt werden kann. Es gibt aber weit und breit keine vertraute Erwachsene, die darauf einigermaßen adäquat reagieren könnte. Also wird sie sich an ältere Mädchen wenden. Und im Gefolge dieser Orientierung an der Peer-Gruppe wird natürlich auch ihr Interesse an Jungs frühzeitig geweckt – wie es für diese Mädchen zwischen 13 und 18 »normal«, für Sandra wiederum eher früh ist.

Ihre Art zu reden, sich zu kleiden und wie sie Beziehungen zu Menschen aufnimmt, hat inzwischen immer eine leicht sexualisierte Färbung oder zumindest einen solchen Unterton bekommen. Da in diesem Moment auch alle familiären Ressourcen mehr oder weniger zusammenbrechen, muss Sandra mit dieser Situation weitgehend alleine klarkommen. Sie versucht, möglichst viel »erwachsene« Informationen über Frausein, Verhältnis zwischen Männern und Frauen durch vermehrtes Fernsehen zu bekommen. Als ich darüber mit ihr spreche, »gesteht« sie mir, dass sie im letzten halben Jahr durchschnittlich drei Stunden pro Tag und an den Wochenenden deutlich mehr vor der Glotze gesessen sei und heimlich auch alle verfügbaren Videos der Pflegefamilie angesehen habe. Wie haben diese Bilder ihre Vorstellungen und Sprache geprägt? Wie orientiert sie sich in einer ungewöhnlichen Situation, an wen wendet sie sich, wie strukturiert sie ihre intimsten Erfahrungen?

1.3.6 Wie alles gekommen sein könnte

Natürlich ist ein singuläres leibliches Ereignis nicht allein ausschlaggebend, wohin die weitere Entwicklungsreise Sandras gehen wird. Erst eingebettet in die gesamte Familiengeschichte wird Sandras Verhalten besser verständlich und prognostizierbar, können Risiko- und Schutzfaktoren gegeneinander abgewogen, können Entscheidungen besser begründet werden. Eine nicht alltägliche Familiengeschichte:

Sandra wurde im November 1987 als nicht-eheliches Kind von Frau E.C. (geb. 1957) geboren. Bereits im Dezember bittet die Mutter um Vermittlung des Kindes in eine Pflegestelle, da sie und der Vater aus beruflichen Gründen wenig Zeit für einen Säugling hätten. Noch im Dezember wird Sandra von einer Familie in Dauerpflege genommen. Im Mai 1988 holt Frau C. Sandra plötzlich wieder zu sich nach Hause, da sie mit den Pflegeeltern nicht mehr einverstanden sei. Zwei Monate später, im Juli, wird Sandra abermals zu einer anderen Familie M. in Dauerpflege vermittelt. Im November 1989 heiratet Frau C. den Vater von Sandra, Herrn Hubert P. (geb. 1956). Im September 1991 beendet das Jugendamt mit Einwilligung der leiblichen Eltern das Pflegeverhältnis bei Familie M., da der dringende Verdacht besteht, dass das Mädchen dort misshandelt wird. Sandra wird kurzfristig in ein Kinder-Erholungsheim gebracht. Herr und Frau P., die in den letzten beiden Jahren so gut wie keinen Kontakt zu ihrer Tochter hatten, bestehen darauf, dass das Kind zu ihnen zurückkommen solle. Sandra begegnet ihren Eltern wie Fremden. Die familiäre Situation hat sich gravierend verändert. Inzwischen hat Frau P. im Juni 1989 ein Mädchen und ein Jahr später Zwillinge, zwei Jungs, zur Welt gebracht. Die zuständige Sozialarbeiterin des Jugendamtes zweifelt an, ob die Eltern in der Lage sind, Sandra mit ihren erheblichen Zuwendungsbedürfnissen und Bindungsdefiziten gerecht werden zu können. Sämtliche Versuche, eine einvernehmliche Lösung zwischen Jugendamt und Eltern zu finden, scheitern. Die Eltern bestehen auf ihrem Recht und wollen, so wie die Mutter es ausdrückt, endlich eine ganz normale Familie werden:»Sandra würde dann doch wohl dazugehören.«

Das Jugendamt verzichtet auf eine rechtliche Klärung und besteht aber darauf, dass die Familie P. eine Unterstützung und Begleitung durch eine Familienhelferin akzeptiert. Im Juni 1992 kehrt Sandra mit fünf Jahren in ihre Herkunftsfamilie zurück. Jedoch zwei Jahre später eskaliert die Situation. Die Familienhelferin sieht sich außer Stande, Sandra und die Familie weiter zu begleiten. Beide Eltern seien mit den sich verstärkenden Verhaltensauffälligkeiten völlig überfordert. Sandra nässt ein, reißt sich büschelweise Haare aus und attackiert ihre kleinen Geschwister so heftig, dass die Eltern sie nicht mehr alleine zusammenlassen können. In ihrer Hilflosigkeit sperren sie Sandra in ihr Zimmer ein und drohen ihr, sie jetzt endgültig zur Adoption freizugeben. Dies tue ihnen zwar hinterher wieder Leid und sie nehmen es mit großem Bedauern wieder zurück. Vater und Mutter haben Sandra bereits mehrfach geschlagen, wenn sie den Kleinen wehgetan hat. Im April 1994 wendet sich die Leiterin der Kindertagesstätte, die Sandra seit September 1992 besucht, mit einer dringlichen Anfrage an das Jugendamt. Die Leiterin beschuldigt die Eltern, dass sie Sandra körperlich und auch seelisch schwer misshandeln. Alle Versuche der Leiterin, mit den Eltern ins Gespräch zu kommen, scheitern. Daraufhin wird das Jugendamt aktiv und ein Sozialarbeiter besucht die Familie und überzeugt sich davon, dass die Eltern tatsächlich nicht in der Lage sind, mit Sandras erheblichen Auffälligkeiten umzugehen. Sandra zerstört Möbel, reißt die Tapeten von den Wänden und schlägt weiterhin alle drei kleinen Geschwister. Die Gründe und die Schuld für Sandras auffälliges Verhalten weisen die Eltern sowohl dem Kindergarten als auch dem Jugendamt zu, das das Kind damals trotz Bedenken der Eltern viel zu spät aus der Pflegefamilie herausgenommen habe. Der Sozialarbeiter schildert Frau P. als eine sehr harte Frau, der es für die kleinen Kinder an einer notwendigen Feinfühligkeit fehle, die durch die permanente Beanspruchung der drei kleinen Kinder völlig überfordert wäre und nervlich ziemlich am Ende sei. Sie versuche mit Mühe, die Ordnung und die Grundversorgung innerhalb der Familie aufrechtzuerhalten. Von Seiten ihres Mannes erfährt sie wenig Unterstützung. Sandras Vater ist bei einer großen internationalen Spedition angestellt und die meiste Zeit auf Achse. Auf Grund der Beobachtungen während des Hausbesuchs, der Stel-

lungnahme der Familienhelferin und des Schreibens der Kinderta-
gesstättenleiterin plädiert der zuständige Sozialarbeiter des Jugend-
amts dafür, Sandra aus der Familie herauszunehmen, sie erneut in
eine Pflegefamilie zu geben, die ihr genügend Geborgenheit und Sicherheit vermittelt und die außerdem in der Lage sei, mit ihren erheblichen Verhaltensauffälligkeiten zurechtzukommen. Da mit einem erheblichen Widerstand der Eltern gegen diese Maßnahme zu
rechnen sei, ist es zum Wohl des Kindes erforderlich, auch unter
Einsatz aller juristischen Mittel das Kind und die Eltern zu trennen,
falls notwendig, ihnen vorläufig das Sorgerecht zu entziehen. Daraufhin bricht die Familie den Kontakt zum Jugendamt ab und
verbietet per Anwalt jeglichen Hausbesuch. Es kommt zu einer ge-
richtlichen Auseinandersetzung. Sandra wird im Februar 1997 mit
Zustimmung der Eltern in einem heilpädagogisch-therapeutischen
Kinderdorf aufgenommen.

1.3.6.1 Risikofaktoren

Zehner u.a. (1997) haben eine ausgewählte Liste risikoerhöhender
Faktoren, die innerhalb der ersten drei Lebensjahre mit hoher
Wahrscheinlichkeit zu einer ungünstigen Entwicklung und zu einer
späteren psychischen Störung beitragen, zusammengestellt:

- **Biologische Faktoren:**
  - Frühgeburt, Geburtskomplikationen, schwere Erkrankungen
    des Säuglings, niedriges Geburtsgewicht;
  - problematisches mütterliches Stillverhalten;
  - Substanzmittelmissbrauch oder Abhängigkeit seitens der
    Mutter;
  - Temperament des Kindes (sehr unruhig oder extrem impul-
    siv.
- **Eltern-Kind-Interaktion:**
  - Babys mit einer unsicher vermeidenden, unsicher ambiva-
    lenten oder desorganisierten Bindungserfahrung;
  - Vernachlässigung der Kinder durch die Mutter;
  - psychische Störungen der Eltern.

- **Familiäre und soziale Faktoren:**
  - chronische Konflikte und schwere Auseinandersetzungen des Elternpaares;
  - problematisches Erziehungsverhalten der Eltern;
  - Gewalt und Misshandlung innerhalb der Familie;
  - Elternschaft vor dem 15. Lebensjahr;
  - niedriger sozioökonomischer Status und Armut.

Vergleicht man diese empirischen Befunde mit der bisherigen Lebensgeschichte von Sandra, so wird deutlich, dass es sowohl biologische, familiäre und soziale Faktoren gibt, die die Entwicklung von Sandra bereits stark belasten. Sieben von zwölf Risikofaktoren treffen auf sie zu, ihre Gesamtbelastung geht über das Normalmaß deutlich hinaus. Die bisherige Geschichte spricht so für eine ungünstige Prognose.

Es gibt im Verhalten und im Erleben von Sandra genügend Signale, die auf eine beginnende pathologische Entwicklung hinweisen, die sogar für eine Verschlechterung ihrer Befindlichkeit sprechen. Wie versucht Sandra ihre sehr große Gesamtbelastung zu bewältigen, welche Anstrengungen unternimmt sie, ihre schwierigen Startbedingungen zu kompensieren? Welche Kräfte muss sie, müssen die Menschen, die sich um sie kümmern, denen sie anvertraut ist, mobilisieren, um ihrer Lebensgeschichte und ihrer Entwicklung eine günstigere Wendung zu geben? Welche Möglichkeiten hat sie trotz eines erhöhten Risikos, sich zu fangen, sich einigermaßen normal zu entwickeln und zu entfalten? Was könnte im allergünstigsten Falle geschehen, und was müsste auf jeden Fall unternommen und getan werden? Können wir überhaupt individuelle Entwicklungsprognosen aufstellen? Wie kommen wir von einer Risikoabschätzung zu einer guten, professionellen Entscheidung? Aus ethischen Gründen und aus Verantwortung für das Kind sollten alle Maßnahmen wohl begründet, nachvollziehbar und im Prinzip auch empirisch nachprüfbar sein. Eine große Hilfe dabei ist der psychosoziale Belastungsindex (Family-Adversity-Index), den Rutter/-Quinten (1977) entwickelt haben und der folgende risikoerhöhenden Faktoren besonders hervorhebt:

- Eine Hauptbezugsperson ist bereits »psychisch« erkrankt. Der Vater ist oder war bereits straffällig. Der Vater hat keinen qualifizierten Schulabschluss und ist ohne abgeschlossene Berufsausbildung. Mutter oder Vater sind allein erziehend. Die Partnerschaft der Eltern ist häufig gespannt und konfliktreich. In der Familie leben vier oder mehr Kinder in beengten Wohnverhältnissen. Das betroffene Kind war bereits oder ist immer noch fremd untergebracht.

Wie wir heute wissen, erhöhen diese Faktoren generell das Risiko einer späteren psychischen Erkrankung. Auch hier zeigt sich im Vergleich zu der bisherigen Entwicklung Sandras, dass die 10-Jährige ernsthaft gefährdet ist, dabei ist es zweitrangig, ob sich einzelne Faktoren summieren oder sogar multiplikativ aufschaukeln.

1.3.6.2 Schutzfaktoren, die eine psychisch gesunde Entwicklung von Kindern fördern bzw. unterstützen

Jedem von uns fallen genügend Beispiele von Heranwachsenden ein, die trotz ähnlicher Belastungen und familiärer Risiken seelisch gesund blieben. Warum also stürzen Kinder und Jugendliche ab trotz scheinbar bester Startbedingungen, trotz vielfältiger Begabungen und Gaben, trotz einer Familie, die Geborgenheit, Sicherheit und Unterstützung gewährt? Warum lässt es einige Kinder völlig »cool«, wenn ein Lehrer eine dumme Bemerkung über sie macht oder sie eine schlechte Note bekommen, andere irritiert es, und Sandra bringt es völlig aus dem Häuschen? Warum sind Kinder wie Sandra so leicht verwundbar? Warum kann sie nicht so wie andere in besonderen Belastungssituationen ihre Kräfte und ihre Möglichkeiten mobilisieren und daran wachsen?

Offensichtlich gibt es in unserer Psyche ähnliche Mechanismen, wie wir sie aus der Biologie unseres Körpers kennen. Manche Kinder sind offenkundig gegen manche bedrohlichen Einflüsse immun, können sich gut verteidigen oder wehren. Analog zur Wundheilung können sie traumatische Erfahrungen und Kränkungen wohl leichter neu bewerten und verarbeiten, können sie im Gespräch wieder heilen lassen. Wir alle haben ein ausgeprägtes Regenerationssystem, das uns hilft, wieder neue Kräfte zu sammeln, das wie ein erfrischender Schlaf auf unsere Seele wirkt. Bender/Lösl (1998) haben das Pferd von der anderen Seite aufgezäumt. Sie haben nicht nach krank machenden Belastungsfaktoren geforscht, sondern die gesundheitserhaltenden Schutzfaktoren zusammengetragen. Sie haben alle einschlägigen Untersuchungen der Gesundheitspsychologie analysiert und zusammengefasst. Dabei haben sie eine Reihe ziemlich konsistenter Befunde entdeckt, und sie in sechs Bereiche personaler und sozialer Ressourcen katalogisiert:

- **Temperamentsmerkmale.** Als Temperament bezeichnet man charakteristische Verhaltensweisen, die ein Kind aufgrund seiner angeborenen Disposition in der Auseinandersetzung mit seiner Umwelt zeigt. So hat sich gezeigt, dass die Regelmäßigkeit der biologischen Funktionen, z.b. Schlaf-Wach-Rhythmus oder Essen-Ausscheidungs-Rhythmus, und eine geringe Irritierbarkeit, kombiniert mit einer Tendenz zur Annäherung gegenüber unbekannten Personen und neuen Situationen, sich günstig auf die weitere Entwicklung des Kindes auswirken. Ein eher schwieriges Temperament dagegen kann sich leicht in Kombination mit elterlicher Reizbarkeit, Feindseligkeit oder Überforderung zu gravierenden Störungen hochschaukeln. Kindliches Temperament und elterliches Erziehungsverhalten beeinflussen sich, so gesehen, wechselseitig, gleichen sich aus oder eskalieren. Schüchternheit eines Kindes hat sich als eine relativ stabile für ein Kind charakteristische Disposition erwiesen. Aber gerade hier zeigt sich die Janusköpfigkeit verschiedener Merkmale. Schüchternheit ist Risikofaktor und Schutzfaktor zugleich. Entwicklungspsychopathologisch erhöht sich das Risiko für verschiedene Ängste und depressive Störungen, andererseits schützt sie ein Kind eher vor delinquenten und aggressiven Verhaltensweisen.
- **Kognitive und soziale Kompetenz.** Eine andere wichtige dispositionelle Variable mit protektiver Wirkung sind kognitive Kompetenzen, kommunikative Fähigkeiten. Was aber nicht heißen muss, dass Intelligenz schon allein ein Faktor ist, der sich güns-

tig auf die kindliche Entwicklung auswirken muss. Die Haupt-
wirkung besteht wahrscheinlich darin, dass die damit verbundenen besseren (Schul-)Leistungen eine Quelle der Selbstbestä-
tigung sein können und dem Kind helfen können, negative Erfahrungen in der Familie, in der Schule und bezüglich Gleich-
altriger zu kompensieren. Aber auch hier gilt es, dass kognitive
Kompetenz, wenn sie zu übersteigertem Leistungsstreben und
Ansprüchen führt, Versagensängste und in Einzelfällen psycho-
somatische Störungen provozieren kann.

- **Selbstvertrauen und Selbstwertgefühl.** Es gibt etliche Studien,
  die darauf hinweisen, dass Kinder und Jugendliche belastende
  Lebensereignisse besser verarbeiten, wenn sie in der Lage sind,
  sich innerlich zu distanzieren, diese einordnen können und
  wenn sie Sinn und Struktur gebende kognitive Muster entwickelt haben. Ereignisse können dadurch als weniger belastend
  wahrgenommen und rekonstruiert werden. Ein gutes Selbstwertgefühl befähigt ein Kind, aktivere und weniger vermeidende
  Bewältigungsstrategien zu aktivieren. Die Möglichkeit, auch unangenehmen Erfahrungen Bedeutung zuzuschreiben oder ihnen
  einen Sinn zu geben, hilft den Jugendlichen, sich in der Welt
  besser zu orientieren und sich aktiver mit ihr auseinander zu
  setzen. Religiöse Orientierungen oder politische Überzeugungen
  fördern aktive Betätigung in Gemeinschaft, die wiederum Sicherheit, wechselseitige soziale Unterstützung und stabile Strukturen für den Jugendlichen bietet. Aber auch hier gilt wie bei
  anderen Schutzfaktoren, dass Extremformen eher dysfunktional
  wirken werden.
- **Bindungsverhalten und Bindungsstile.** Eines der am besten untersuchten Merkmale der Entwicklungspsychologie ist die emotionale Bindung an primäre Bezugspersonen. Eine stabile emotionale Beziehung zu einem Elternteil ist einer der wichtigsten
  Schutzfaktoren gegen Stress und Traumata. Eine unsichere Bindung wird als solche noch nicht als Störung konzipiert, sondern
  disponiert allenfalls dazu. Auch dies ist in vielen Untersuchungen bestätigt worden: Eine emotional positive, zugewandte und
  akzeptierende sowie normorientierte, angemessen fordernde

und kontrollierende Erziehung hat eine fördernde Funktion für die psychische gesunde Entwicklung von Kindern.

● **Soziale Stützsysteme außerhalb der Familie.** Für die Entwicklung eines Kindes ist es sehr förderlich, dass es ein Mindestmaß an sozialer Unterstützung in und außerhalb der Familie gibt. Ein Netz von guten Beziehungen ist für jedes Kind risikomildernd, wenn diese auch angenommen und genutzt werden können. Risikomildernde Faktoren ermöglichen es dem Kind, sich auch an gravierende Belastungen oder widrige Umstände flexibel anzupassen und sich trotzdem gesund zu entwickeln. In der Literatur hat sich dafür der schwer zu übersetzende amerikanische Begriff Resilienz eingebürgert. Dieser Begriff lässt sich am besten umschreiben. Ein Kind besitzt genügend Widerstandkraft gegenüber pathogenen Umständen, es kann sich flexibel oder elastisch adaptieren, in Belastungssituationen kompetent und handlungsfähig bleiben, sich auch von Traumata und Kränkungen in angemessener Zeit erholen und das seelische Gleichgewicht wieder herstellen, wenn es aus der Balance geraten ist.

Zusammenfassend lässt sich Sandra als ein Kind mit hohem Risiko, bei gleichzeitig geringen Protektivfaktoren und wenig risikomildernden Einflüssen beschreiben. Die Dringlichkeit von pädagogischen und therapeutischen Maßnahmen von professioneller Hilfe und Unterstützung ist mehr als gut begründbar. Diese sollten darauf abzielen, weitere Belastungen oder gar Traumatisierungen des Kindes zu verhindern und auf der anderen Seite Ressourcen und risikomildernde Kräfte beim Kind zu mobilisieren und weitgehend familienanaloge, verlässliche und stabile Strukturen aufzubauen, die es Sandra ermöglichen, sich einigermaßen zu regenerieren, um ihrer Entwicklung wieder eine offenere Richtung zu geben.

1.3.7 Wie könnte es also weitergehen?

Ob sich dieses einschneidende Ereignis »frühe Menarche«, diese kritische Lebensphase auf dem Hintergrund ihrer Familiengeschichte langfristig für Sandra nachteilig auswirken wird, hängt tendenziell auch von eher günstigen oder ungünstigen Lebensumständen der nächsten Jahre ab. Deutlich ist auf jeden Fall, dass eine Heimeinweisung zunächst nicht, wie man verständlicherweise erhoffen und annehmen könnte, lindernd wirkt, sondern ein weiterer erheblicher Belastungsfaktor sein wird. Sandra wird noch weiter aus ihrem familiären Lebensfeld herausgerissen. Sie wird viel Zeit und ungeheuer viel Energie aufwenden müssen, um zu Erwachsenen wieder eine vertrauensvolle Beziehung aufzubauen. Sie muss sich zwangsläufig in einem Kontext von Jungs und Mädchen bewegen, die einerseits überwiegend älter als sie sind und gleichzeitig auch mit einer Vielzahl eigener Entwicklungsdefizite und persönlicher Schwierigkeiten zu kämpfen haben. Ein scheinbar rein biologisch-körperlicher Vorgang wird, da er für Sandra eindeutig zu früh kommt und ihre Lebensumstände im Moment eher ungünstig sind, zu einer weiteren Belastung und möglicherweise zu einer dauerhaften Beeinträchtigung ihrer Beziehungsfähigkeit führen. Ohne eine sensible pädagogische und therapeutische Begleitung wäre die Prognose für Sandras weitere Entwicklung – zumal sie auf die ohnehin schwierige Phase der Pubertät zugeht – nach all dem Gesagten ziemlich düster.

Jede Fremdplatzierung eines Kindes ist risikoverstärkend. Es ist immer unmöglich, für die leiblichen Eltern einen vollwertigen Ersatz zu finden. Schlimmste Fälle ausgenommen, gibt auch eine nachlässige Mutter dem Kind Nahrung und Wohnung, tröstet es in seinem Kummer und lehrt es einfache Fertigkeiten. Sie stellt ein Mindestmaß an beständiger Fürsorge zur Verfügung. Bowlby (1995) geht sogar so weit zu sagen, dass »kleine Kinder bei schlechten Eltern besser gedeihen als in guten Heimen«. Es gibt mindestens zwei gewichtige Gründe für die durch nichts zu erschütternde Loyalität von Kindern. Auch »schlechte« Eltern sichern meist die Grundversorgung. Und außerdem haben wir alle unseren Eltern das größte Geschenk zu verdanken, das ein Mensch überhaupt je erhalten kann, nämlich unser Leben. So ist auch Sandras sehnlichster, ganz normaler Wunsch, wieder in die Familie zurückzukehren. Die Entscheidung, ein Kind wie Sandra aus welchen Gründen auch immer zuerst aus ihrer Familie zu nehmen und nun aus ihrer Pflegefamilie, an die sie sich mühselig angepasst hat, ist immer schwerwiegend. Sandra hat die ungeheure Leistung vollbracht, sich mit ihren Pflegeeltern zu arrangieren und abzufinden. Jetzt soll sie sich zum dritten Mal auf Ersatzeltern einlassen. Wahrscheinlich wird sie niemand Erwachsenem mehr zu nahe kommen. Die Angst, wieder zurückgewiesen zu werden, und die Angst, von ihren Wut- und Hassgefühlen überwältigt zu werden, ist groß und hindert sie möglicherweise – unabhängig davon, wie liebevoll und offen die neuen Kinderdorf-Eltern sind – zu ihnen eine kind- und altersgemäße intime Beziehung und Bindung aufzubauen.

1.3.8 Das Wohl des Kindes

Wie Sandra gibt kein Kind freiwillig die Beziehung zu seiner primären Bindungsperson – das sind in der Regel die leiblichen Eltern – auf. Jede Trennung von ihnen ist für das Kind ein schmerzliches und fast immer dramatisches Erlebnis, das die Entwicklung eines Kindes in eine neue Richtung treibt.

Je früher eine Trennung zwischen Eltern und Kind erfolgt, desto folgenreicher ist sie, je später die Trennung, desto weniger existenziell bedrohlich wird sie für die Entwicklung des Kindes sein. Unser bisheriges Wissen befähigt uns allerdings nicht, genaue Vorhersagen für die Zukunft und Entwicklung eines Kindes zu machen. Die Entscheidung, ob ein Kind in seiner Familie bleiben soll oder in einer Adoptions- bzw. Pflegefamilie oder gar in einer professionellen stationären Einrichtung besser aufgehoben ist, bleibt immer mit einem hohen Unsicherheitsfaktor behaftet. Da Eltern für ein Kind prinzipiell nicht ersetzbar sind, geht es im Grunde genommen nur noch darum, die am wenigsten schädliche Alternative zu finden. Dies gelingt am ehesten durch die Integration der Meinung unterschiedlicher Fachleute, in einem Konsensgespräch von Entwicklungspsychologen, Pädagogen, Kinder- und Familientherapeuten, Kinderärzten und evtl. Kinder- und Jugendpsychiatern.

Mit einer Heimeinweisung (und in einem geringeren Umfang während eines jeden Klinikaufenthalts) werden elterliche Aufgaben an verschiedene Personen delegiert. Diese übernehmen mit ihrem professionellen Handeln all die Aufgaben, für die normalerweise und selbstverständlich Vater und Mutter zuständig sind. Dies verlangt für ihre professionelle Arbeit zweierlei: Sie müssen strikt unterscheiden zwischen fachlich begründeten Überzeugungen und persönlichen Wertvorstellungen, damit sie nicht im Namen von Wissenschaft oder Professionalität ein Erziehungsdogma oder ihre eigenen Familienentwürfe oder -erfahrungen einem Kind aufzwingen. Wir wissen aus unserer Arbeit, wie schwer es ist, professionelles Handeln und eigene Biografie immer wieder reflexiv zu trennen und nicht der Versuchung zu unterliegen, für ein Kind doch Vater- oder Mutterersatz zu spielen. Trotz aller Kompetenz, Autorität und Erfahrung müssen wir die Begrenztheit unseres psychologischen, pädagogischen oder medizinischen Fachwissens akzeptieren und dürfen den Handlungsspielraum unserer jeweiligen Profession nicht überschreiten. Es ist für uns eine zentrale ethische Forderung, dass unsere handlungsleitenden Theorien und Kenntnisse ausdrücklich und erkennbar gewertet werden müssen, dass ihre Richtigkeit und Anwendbarkeit einer Nachprüfung zugänglich sind, dass unsere Tätigkeit für alle Beteiligten transparent bleibt und jederzeit in Frage gestellt werden kann.

Ein weiterer wichtiger Grundsatz in der Arbeit mit Kindern ist es, dass wir als Professionelle natürlich mit Verständnis, mit Feinfühligkeit, Wärme und Empathie handeln, aber dabei keinesfalls die elterliche Autorität untergraben oder gar mit den Eltern in Konkurrenz um das Kind, um seine Liebe und Anhänglichkeit treten dürfen. Es dient immer dem Wohl des Kindes, wenn alle beruflich Beteiligten anerkennen, dass sie weder einzeln noch zusammen die Eltern – auch nicht durchschnittlich unvollkommene Eltern – ersetzen können (vgl. auch Goldstein u.a. 1986). Jedes Spezialwissen bezieht sich auf Kinder im Allgemeinen und ist damit nur mit Abstrichen im Einzelfall anwendbar. Professionelle Arbeit dient dazu, die Chance der günstigen Entwicklung für jedes einzelne Kind zu erhöhen. Die Eltern sind jedoch die Einzigen, für die das jeweilige Kind etwas ganz besonderes ist und bleiben wird. Zwischen Eltern und Kind hat sich eine ganz besondere, durch nichts zu ersetzende Beziehung und Bindung entwickelt. Wir müssen bei jeder Entscheidung anerkennen, dass es eine ganz schwerwiegende Angelegenheit ist, ein Kind – insbesondere wenn es noch unter drei Jahren ist – von seiner Mutter zu trennen. Nur aus guten und schwerwiegenden Gründen ist man dazu berechtigt. Auch dann, wenn eine Trennung unumgänglich ist, auch wenn das Kind in seiner Entwicklung oder gar seiner physischen Existenz bedroht wird, muss die Trennung mit großer Sorgfalt geplant und vorbereitet werden. Erst wenn ein Kind älter als drei Jahre alt ist, können gefahrlos längere Trennungen überstanden werden, vorausgesetzt, es wird von jemandem versorgt, der es gern hat und dem das Kind vertraut, der die mit der Trennung verbundene unvermeidliche Angst, Wut und Trauer anerkennt und respektieren kann. Die Gefahr von schwerwiegenden Schäden nimmt mit dem Alter von fünf Jahren noch weiter ab, man muss sich aber bewusst bleiben, dass Kinder zwischen fünf und acht Jahren noch nicht die Fähigkeit besitzen, sich einer vollständigen Trennung von den Eltern befriedigend anzupassen.

Diese Prinzipien scheinen aus verschiedenen Gründen in Sandras Leben immer wieder unzureichend beachtet worden zu sein. Deshalb wird man mit sehr hoher Wahrscheinlichkeit bei ihr mit heftigsten Reaktionen rechnen müssen. Neben der Sehnsucht nach Familie, ihrer bemühten Anpassung, wird sie ihrer Mutter auch extrem feindselig begegnen. Sie wird exzessive Ansprüche nach Nähe, Geborgenheit und Sicherheit an die Mutter bzw. an jede Ersatzfigur stellen. Sie kann aber auch zunächst jeder Person, die ihr nahe kommt eine merkwürdig oberflächlich-freundliche Anhänglichkeit entgegenbringen. Völlig unvorhersehbar wird sie aber auch genau das Gegenteil zeigen: eine apathische Verweigerung und Vermeidung jeglicher gefühlsmäßigen Beziehungen. Deshalb scheint es umso wichtiger, (diesmal) einige Grundprinzipien der Unterbringung von Kindern, wie sie z.B. Bowlby (1995) formuliert hat, zu beachten, um den bisherigen Traumatisierungen von Sandra nicht eine weitere schwere Kränkung hinzuzufügen. Eine völlige Trennung zwischen Sandra und ihrer Familie sollte gar nicht erst versucht werden. Dies ist, wie sich auch bei ihr gezeigt hat, ohnehin unmöglich. Auch die besten Kinderdorf-Eltern können Sandra nicht die Geborgenheit und Zuwendung geben, nach der sie sich sehnt, auch wenn ihnen optimale personelle und finanzielle Ressourcen zur Verfügung stünden. Und welches Heim hätte dies schon? Alle Beteiligten müssen sich bewusst sein, dass eine Unterbringung außerhalb seiner natürlichen Herkunftsfamilie immer nur ein Notbehelf sein kann. Kurzfristige Unterbringungen verunsichern jedes Kind und Sandra mit ihrer Geschichte ganz besonders. Enttäuschungen und Groll auf beiden Seiten sind unvermeidbar. Deshalb kann nur einer Regelung auf lange Sicht, die die Familie mit einschließt, zugestimmt werden, will man dem Kind nicht weiteren Schaden zufügen.

2. Zur Genetik und Naturgeschichte des Menschen

Nicht nur in einem speziellen Einzelfall, sondern auch im allgemeinen, übergreifenden Sinne hat die Geschichte der Menschheit immer schon die Frage begleitet, welche Faktoren bei der Entwicklung eines Individuums entscheidend beteiligt sind. Die Einflussfaktoren lassen sich dabei in die beiden übergeordneten Kategorien der genetischen Anlagen und vorliegenden Umweltbedingungen einteilen. Es wurden im Spektrum dieser Alternativen auch Extrempositionen eingenommen, unter denen etwa die von dem englischen Philosophen John Locke bekannt ist, der den Menschen in seinem Ausgangszustand bei Geburt als »Tabula rasa« (leere Tafel) bezeichnete, auf die letztendlich – je nach Umwelterfahrungen – Beliebiges eingraviert werden könne. In der Psychologie ist eine ähnliche Auffassung vom Lerntheoretiker John Watson vertreten worden, der mit der Behauptung, aus jedem ihm anvertrauten Kind auf Wunsch eine beliebige Person – etwa einen Professor oder Verbrecher – machen zu können, Aufsehen erregte.

Auf der anderen Seite ist aus evolutionstheoretischer Sicht argumentiert worden, dass es in der Menschheitsentwicklung nicht überlebensförderlich gewesen wäre, wenn nicht – wie bei allen anderen Arten – zumindest einige basale Verhaltensmuster über genetische Übermittlungswege weitergegeben würden.

2.1 Der Einfluss der Gene

Für all unsere Reifungs- und Entwicklungsschritte sind unsere Gene eine Art Verhaltenskorridor oder ein »Erwartungswert« (Bowlby 1969), eine Vorstrukturierung, an die wir gebunden sind, oder eine gerichtete Linie, entlang derer wir uns als Individuen bewegen. Unsere Gene bilden die biologischen Rahmenbedingungen für eine gesunde Entwicklung. Sie sind unser »evolutionäres Gedächtnis« (Pesso 1999), Baupläne, gemäß deren wir uns entfalten. Sie fixieren Entwicklungsaufgaben, indem sie unsere organischen Grundlagen und basalen Bedürfnisstrukturen vorgeben. Wir alle haben diese grundlegenden Schritte zu gehen, die betreffenden Entwicklungs- aufgaben zu erfüllen und unsere basalen Bedürfnisse zu befriedi- gen. Dies muss im richtigen und angemessenen Alter mit dafür vorgesehenen Bezugspersonen, meistens den Eltern, geschehen. Die basalen Bedürfnisse sind möglicherweise hierarchisch ge- ordnet, d.h., sie müssen auch in einer spezifischen Sequenz befrie- digt werden, zuerst wörtlich und in einer konkreten physikalisch erfahrbaren Weise, dann auf einer symbolisch-metaphorischen Ebene mit symbolischen Beziehungen und erst sehr viel später kön- nen sie autonom auch von uns selbst befriedigt und reguliert wer- den (vgl. Pesso 1997).

Die Schwierigkeit ist nun, dass biologische Anpassungs- und Se- lektionsprozesse in anderen Zeiträumen »denken« und funktionie- ren als der individuell psychische. Unsere Umwelt und die Anforde- rungen an uns haben sich in den letzten Jahrtausenden so rasant verändert, dass die Diskrepanz zwischen unserer genetischen Grundausstattung einerseits, die unsere Kontinuität und unsere Stabilität als Menschen über Jahrtausende gewährleistet hat und der Welt, in der wir uns als Individuen einrichten müssen, gewaltig geworden ist. Das heißt, wir sind biologisch optimal an eine Welt angepasst, die in dieser Form nicht mehr vorhanden ist (vgl. auch Chasiotis/Keller 1993). Vielleicht ist infolge dieser immer tiefer werdenden Kluft das Anlage-Umwelt-Problem überhaupt erst zu einem nachdenkenswerten Problem geworden und hat zu vielen Einseitigkeiten und Missverständnissen zwischen umweltoptimisti- schen und umweltpessimistischen, d.h. biologisch und psychosozial orientierten Vertretern geführt. In milderen oder härteren dualisti- schen Varianten gibt es immer noch die Gegenüberstellung von Biologie und Psychologie des Menschen: seine genetische Grund- ausstattung, sein »Schicksal«, seine »Unveränderbarkeit« oder heute im Zeitalter der Gentechnik eine bedrohlich tief greifende, funda- mentale Strukturänderung auf der einen Seite; Bewusstsein, Psyche, Willensfreiheit, große persönliche Handlungs- und Entfaltungsmöglichkeiten auf der anderen Seite. Dabei zeigt sich bei genauerem Hinsehen bei jedem noch so einfachen und umschriebenen Merkmal, wie ungeheuer komplex genetische, ökologische und psychosoziale Faktoren in jedem heute lebenden Individuum und damit auch bei all unseren menschlichen Vorfahren zusammenwirken. Jedes einseitig soziobiologisch oder psychosozial ausgerichtete Modell steckt früher oder später in einem argumentativen Dilemma (vgl. Müller 2000). Die »Darwinisten« verheddern sich in einem argumentativen Zirkel: Alles, was überlebt, ist optimal angepasst, und was besser angepasst ist, überlebt. Aber kein Mensch wird je überblicken, wer letztendlich überleben wird. Was heute angepasst scheint, könnte auf längere Sicht eine Sackgasse sein. Es ist grundsätzlich unmöglich, aus dem aktuell Vorgefundenen irgendwelche bindenden, rückwirkenden oder prospektiven Erklärungen abzuleiten. Entwicklung ist weder blind noch egoistisch, sie ist immer ein Zusammenwirken von vielen individuell und kollektiv gesteuerten Entscheidungen und Vorlieben sowie den stammesgeschichtlichen Vorgaben. Aber auch alle einseitig psychologischen oder soziologischen Theorien münden in einer Sackgasse schwerwiegender Fehlschlüsse oder Argumentationsbrüche. Ihr Zeithorizont endet meist bei der Eltern- oder Großelterngeneration und sie blenden allzu gerne die Leibgebundenheit der »Seele«, allen Erlebens und Verhaltens des Subjekts aus (vgl. Damasio 1997; Rose 2000).

Gene sind im Grunde genommen die biochemische Manifestation unseres Stammeserbes, das wir nicht einfach abschütteln können, weder theoretisch noch real. Die wesentliche Frage für die Entwicklungspsychologie ist, ob man hinter der Abfolge von genetischen Basensequenzen sowohl das Individuum als auch die gesamte Menschheitsgeschichte entdecken, lesen und verstehen kann; und dies nicht nur in der einseitigen Version eines Aristoteles oder Darwin (1859).

2.2 Wir Primaten oder die Tatsachen des Lebens

Die Suche nach unseren Vorfahren, die Frage nach unseren Anfängen und »Anlagen«, ist eine zutiefst menschliche Beschäftigung. In den früheren Jahrtausenden hat diese Suche nach den Ursprüngen des Menschen in den Schöpfungsmythen und seit Darwins Entdeckungen in verschiedenen wissenschaftlichen Rekonstruktionsversuchen ihren Niederschlag gefunden. »Das riesige Puzzle, genannt Evolution« (Tanner 1997), ist durch jeden spektakulären Fund der Archäologen, durch die Akribie von Genetikerinnen immer wieder neu gelegt worden. Die Geschichte des Menschen, wie alles gekommen sein könnte, wie wir so geworden sind, wird immer wieder neu erzählt werden, solange es Menschen gibt.

Wir Menschen gehören, biologisch gesehen, zur Säugetierordnung der Primaten, die sich etwa vor 55 Millionen Jahren entwickelt haben. Die modernen Menschen, also wir alle, sind die einzigen noch lebenden Vertreter der Familie der Hominiden. Wir wissen inzwischen relativ gesichert, dass wir mit unseren nächsten Verwandten, den Affen, gemeinsame Vorfahren gehabt haben. Es gibt eine beeindruckende genetische Affinität zwischen afrikanischen Menschenaffen und uns Menschen. Und es scheint so zu sein, dass die Abspaltung voneinander nicht mehr als 5 bis 7 Millionen Jahre zurückliegt (vgl. Johansen/Blake 1998).

Bis zum Auftreten der ersten Hominiden des Australo-Pithecus, einem unserer Bindeglieder zu den anderen Primaten, gab es über viele Millionen Jahre wohl eine Übergangspopulation, eine Gruppe von Primaten, die wahrscheinlich klimabedingt das Baumleben aufgab und sich in die Savanne oder Küstenregionen wagte oder dorthin hinausgedrängt wurde. Das Leben in den offenen Grassteppen forderte von ihnen völlig neue, ungewohnte Verhaltens- und Beziehungsmuster. Sie mussten ihre Sinne schärfen, eine erhöhte Wachsamkeit pflegen und zumindest anfänglich ständig fluchtbereit sein. Ihr soziales Leben als Gruppe oder Familie war anders zu organisieren als für Waldbewohner.

In diesem neuen Lebensraum lernten die Frühmenschen, sich aufzurichten und allmählich das bodenangepasste Laufen zu verfeinern. Dies ging wahrscheinlich auch mit dem Verlust des Haarkleides einher. Damit erhöhte sich einerseits durch die größere Bewegungsfreiheit die Möglichkeit, die Hände vielseitiger zu benutzen, was beiden Geschlechtern zugute kam. Auf der anderen Seite verengte sich durch den aufrechten Gang im immer stärker gekippten weiblichen Becken der Geburtskanal. Dies hatte für Mutter und Kind einschneidende Veränderungen zur Folge. Die Tragezeit der Mutter verkürzte sich: Aber die Geburt des Kindes war anfangs sicher mit einem erheblich größeren Risiko belastet, das sowohl das Leben der Mutter als auch des Kindes bedrohte. Es wurde nicht nur die Geburt schwieriger, sondern die Mütter, die Eltern, die Familie, mussten nun noch mehr Zeit und Mühe auf das Durchbringen von Frühgeborenen verwenden, die sich darüber hinaus nicht mehr an ihrem Brust- oder Rückenfell anklammern konnten, sondern getragen werden mussten. Diese Entwicklung führte zu einer weiteren Differenzierung der Arbeitsteilung von Frauen und Männern. In den verschiedenen Regionen dieser Erde entwickelte sich im Laufe der Jahrtausende eine immense Palette von Pflege- und Sorgemöglichkeiten für ein Kind (vgl. Toman 1987; Jones 1990).

Im Laufe der folgenden Jahrmillionen entwickelte sich der Homo habilis, der geschickte Mensch, dessen Gehirnvolumen zunahm und der mit seinen nun»freien« Händen Werkzeuge und Waffen herstellen konnte. Etwa vor 2 Millionen Jahren trat zum ersten Mal in Afrika der sog. Homo erectus auf und breitete sich langsam über Asien aus. Sein Beitrag zur Menschheitsentwicklung war wohl die Entdeckung der Kunst des Feuermachens. Der Aufstieg des modernen Menschen, zu dessen Gattung wir Lebenden alle gehören, begann vor etwa 100.000 Jahren in Afrika. Er lebte noch mehrere Jahrtausende nebeneinander mit dem Neandertaler, der aber vor etwa 50.000 Jahren wohl ausstarb oder verdrängt wurde. Etwa um diese Zeit begann sich die Fähigkeit zu entwickeln, Traditionen zu bilden, sich immer differenzierter sprachlich und mit Hilfe von Symbolen zu verständigen.

Die Bewusstseins- und Sprachentwicklung, sowie die damit verbundene Weitergabe von Wissen findet ihren Nachklang in fast allen Ursprungsmythen der verschiedenen Kulturen. Sie können als Ausdruck der kollektiv gefassten Erinnerung an die»Schöpfungsgeschichte« der Welt und des Menschen verstanden werden. Sie sind Welt- und Sinnentwürfe der Kulturen, in denen sie tradiert wurden. Die Erfahrung von Geburt und Tod wird in den Geschichten in eine tröstende Vorstellung der immer währenden zyklischen Wiederkehr gekleidet (vgl. Rinne 1985).

Die ersten »sichtbaren« Zeugnisse, in denen der Mensch sich nicht nur selbst erzählt, sondern auch sich selbst darstellt, sind nicht mehr 30 bis 40.000 Jahre alt. Man fand erste Ritzzeichnungen, die wohl in verschiedenen Formen Darstellungen und Abbildungen oder später Statuetten darstellen, Symbole von Mütterlichkeit, die man summarisch »Venus«-Figuren nennt. Erstaunlicherweise ist in dieser frühen Venusperiode, abgesehen von einigen seltenen Penisdarstellungen, der Mann in dieser Form der Überlieferungen nicht vertreten. Männer tauchen erst viel später, etwa vor 20.000 Jahren, zunächst zaghaft in einzelnen Kultstätten auf und nehmen dann in dieser Frühzeit im Verhältnis zum Tier eine noch untergeordnete Rolle ein. Möglicherweise brauchte es bei den Völkern erst eine klare Vorstellung über die Folgen des Sexualaktes und dessen Bezug zur 9 Monate späteren Geburt des Kindes, um den eigentlichen Beitrag der Männer zu würdigen. Wann dies von den Menschen durchschaut wurde, ist schwer zu rekonstruieren. Man kann aber annehmen, dass die Erkenntnis das Verhältnis der Geschlechter und das Bewusstsein der Menschen erneut tief reifend verändert hat. Die zunächst eher vage Ahnung, die sich herausbildende Gewissheit mündeten in neue Mythen, die in den frühen Hochkulturen Ägyptens und Mesopotamiens in einer Vorstellung der Heiligen Hochzeit von Göttin und Gott gipfeln.

Die neolithische Revolution markiert den nächsten wichtigen Wendepunkt der Menschheitsentwicklung. Mit Beginn der ersten stadtähnlichen Großsiedlung, der Domestizierung von Haustieren und einem extensiveren Ackerbau, was eine große Ansammlung von Gütern und Wissen zur Folge hatte, wurde etwa ab 12.000–10.000 v. Chr. der Mythos der Großen Mutter in Vorderasien endgültig zurückgedrängt. Schließlich wurde er mit den drei großen monotheistischen Religionen des Vorderen Orients vollends auf den Kopf gestellt (vgl. Toman 1989). Die Religionsstifter waren ausschließlich Männer, und in den damit verbundenen Gottesvorstellungen und Weltentwürfen setzte sich endgültig ein patriarchalisches Prinzip durch. Parallel dazu entstand nun die Möglichkeit, Güter und Reichtümer anzusammeln, die Mann oder Frau verteilen, verschenken, vererben, verschwenden oder vermehren konnten, Güter, die Neid und Begehrlichkeit von ärmeren Nachbarn wecken konnten, die geraubt, zerstört werden konnten, die es zu verteidigen oder freizügig zu verschenken galt. Damit begann auch der Aufstieg von Gottkönigen und Helden, die den aufblühenden Gemeinwesen eine gerechte und effektive Ordnung gaben, die diese auch gewährleisteten und gegen Feinde von außen verteidigen konnten. Es begann aber auch die Zeit der stärker werdenden Rivalitäten zwischen benachbarten Gruppen und Völkern, von Kämpfen und Kriegen, die ein vorher nie gekanntes Ausmaß erreichten.

Egal wie weit man unsere Wurzeln als Menschen zurückverfolgt, all dies, was wir sind, was wir genetisch biologisch über Jahrmillionen geerbt haben und welche Verhaltensmuster und Beziehungsweisen tradiert worden sind, unsere genetische Ausstattung hat sich mit aktivem Zutun unserer Vorfahren herausgebildet.

Diese Entwicklung des Menschen ist nicht durch die »blind« waltende Natur, evolutionäre Anpassungszwänge, bzw. durch »egoistische Gene« (Dawkins 1998) bestimmt – getragen ja, aber nicht bestimmt i.S. von determiniert –, sondern auch von der Wahrnehmungsfähigkeit, den Unterscheidungen, Bedürfnissen, Begierden, Entscheidungen bzw. Wahlverhalten, erwachenden Überlegungen und viel später sicher auch durch Erwartungen, Sehnsüchte und Hoffnungen all unserer Vorfahren. Die frühen Menschen haben sich unter den vorfindbaren klimatischen und geografischen Bedingungen für die ihnen am nützlichsten und erfolgreichsten erscheinende Form von Arbeitsteilung entschieden, sie bevorzugten eine bestimmte Art von Paarbeziehung, erprobten bestimmte Muster der Pflege ihrer Säuglinge und Kinder und wählten aus den verschiedenen Möglichkeiten, für ihre Nachkommen und Vorfahren zu sorgen, die für sie damals angemessenste Form aus. Diese Geschichte hat die Grundsteine und die Bedingung für unsere Sozialisation und Entwicklung als Personen gelegt.

2.3 Anlage-Umwelt-Forschung

Nachdem im vorangegangenen Abschnitt die stammesgeschichtliche Entwicklung des Menschen als Spezies dargelegt wurde, geht es nun um die Frage, welche Rolle dieses »Erbe« in der Entwicklung eines Individuums spielt. Für jedes Einzelwesen sind bestimmte Strukturen und Entwicklungslinien genetisch vorgegeben. Diese sind das Ergebnis einer jahrmillionenlangen Anpassung anhand von guten und schlechten Erfahrungen, die nicht die Art, sondern nur Individuen machen können. All unsere Erkenntnis- und Wahrnehmungsstrukturen sind stammesgeschichtlich erworben. Für jedes Individuum sind Lebens- und Entwicklungsmöglichkeiten genetisch vorgegeben, unabhängig von allen Erfahrungen, Erkenntnissen und Lernschritten, die es machen wird (vgl. Vollmer 1993).

Diese Frage, zu welchen Anteilen stammesgeschichtliche, in den genetischen Strukturen verankerte und biografische Erfahrungen für die Entwicklung eines Individuums relevant sind, ist in der Wissenschaftsgeschichte unter dem Titel Anlage-Umwelt-Debatte behandelt worden. Dabei ist insgesamt ein wellenförmiger Verlauf auszumachen, in dem einmal milieuoptimistischen (wie bei Locke/Watson) und zum anderen milieupessimistischen/biologisch-genetischen Positionen wechselweise der Vorrang eingeräumt wurde. Die jeweilige Gewichtung des Einflusses von »nature« und »nurture« fällt natürlich in den verschiedenen wissenschaftlichen Disziplinen von den sozialwissenschaftlichen Fächern wie Soziologie und Psychologie bis hin zu den medizinisch-biologischen Disziplinen unterschiedlich aus, da jeweils deren Existenzberechtigung zumindest in Teilen mit dieser Frage verknüpft ist.

Heute stehen die Bemühungen, der Klärung dieser Fragen mit den Mitteln der empirischen Forschung näher zu kommen, im Vordergrund. Doch wie ist dies möglich, wo doch in der individuellen Entwicklung stets sowohl Anlage- als auch Umweltfaktoren beteiligt sind, also eine Trennung dieser konfundierten Anteile unmöglich erscheinen muss? Es haben sich hierzu einige Forschungsstrategien etabliert, die im Folgenden, bezogen auf die Entwicklungspsychologie, kurz beschrieben werden sollen.

Die experimentelle Erforschung von Erbgängen oder -gesetzen, wie sie Mendel in die Biologie einführte, indem er (bei Erbsen) nach bestimmten Merkmalen gezielte Kreuzungsversuche unternahm, verbietet sich im Humanbereich aus ethischen Gründen genauso wie die gezielte Züchtung von Merkmalen oder Merkmals-

kombinationen etwa bei Hunderassen. Solche sog. selektive Rein-
züchtungen hat es aber im Rahmen der Psychologie beispielsweise
bei Ratten gegeben, indem die »intelligenteren« Tiere, die sich in
einem Labyrinth besser zurechtfanden, miteinander gepaart wurden. Am Ende unterschied sich diese Gruppe von Ratten in ihrem
Leistungsverhalten deutlich von einer ebenfalls untereinander ge-
kreuzten Gruppe weniger erfolgreicher Ratten (Tyron 1940). Im
menschlichen Bereich sind im Gegensatz zu gezielter experimentel-
ler Variation allenfalls Beobachtungen entsprechender Vorgänge im
natürlichen Leben möglich, wo sich Partner nach ihren eigenen
Kriterien zusammenfinden. So ließen sich beispielsweise die Art des
Erbgangs bestimmter Erkrankungen (etwa Phenylketonurie, auf die
unter Punkt 2.5.1 noch näher eingegangen wird) bestimmen oder
auch die Beobachtung machen, dass Partner mit bestimmten (psychologischen) Merkmalen mit höherer Wahrscheinlichkeit zueinander finden, die dann folglich auch an die nächsten Generationen weitergegeben werden. Dies kann auf längere Sicht ebenfalls zu
einer Akzentuierung von Unterschieden führen.

Auf Grund der genannten Grundsatzprobleme hat sich die An-
lage-Umwelt-Forschung auf einige mittlerweile klassische methodische Modelle konzentriert, die sich auf die Analyse von sozusagen
»natürlichen«, im Leben so geschehen(d)en »Experimenten« beziehen. Hier sind vorrangig die Zwillings- und Adoptionsstudien zu
nennen.

Zwillingsuntersuchungen machen sich die Besonderheit der Natur zu Nutze, dass es Menschen mit demselben genetischen Code
gibt. Das sog. Genom oder der Genotyp (als die Gesamtheit der in
den Körperzellen gespeicherten genetischen Information) ist bei
eineiigen Zwillingen (EE) identisch. Im Unterschied dazu teilen
zweieiige Zwillinge (ZZ) wie andere Geschwister lediglich 50 Prozent der Erbinformationen. Man untersucht nun in Zwillingsuntersuchungen das Auftreten oder die konkrete Ausprägung eines
Merkmals oder einer Merkmalskonfiguration (Phänotyp) im Vergleich von ein- und zweieiigen Zwillingspaaren. Ist der Zusammenhang unterschiedlich, z.B. die Korrelation zwischen den Intelli-
genzquotienten der eineiigen Geschwister durchschnittlich höher
als bei zweieiigen Zwillingen oder zwischen normalen Geschwis-

tern, so wird von einem genetischen Anteil in der Entwicklung dieses Merkmals ausgegangen. Dies hat sich in mehreren Untersuchungen zur Intelligenz auch tatsächlich so gezeigt: Die Übereinstimmung der Ergebnisse bei IQ-Werten ist bei eineiigen Zwillingen so groß, wie wenn man dieselbe Person zweimal mit dem gleichen Test untersucht (Plomin/De Fries 1985). Die Korrelation bei zweieiigen Zwillingen ist deutlich niedriger, aber noch höher als zwischen leiblichen (nicht Zwillings-)Geschwistern, und am niedrigsten fällt der Zusammenhang zwischen (nicht leiblichen) Adoptivgeschwistern aus. Die Schlussfolgerung aus dem Gesamtüberblick solcher Studien ist, dass die Variationsbreite des Merkmals Intelligenz zu einem beträchtlichen Anteil – es wird etwa von 50 Prozent ausgegangen – genetisch (mit)bestimmt ist (McCartney u.a. 1990).

Damit ist allerdings auch schon dasjenige Beispiel aus der (entwicklungs)psychologischen Forschung mit den eindeutigsten Ergebnissen genannt. Bei anderen Charakteristika einer Person, etwa Persönlichkeitsmerkmalen wie Extravertiertheit, sind die Hinweise auf genetische Beteiligungen geringer ausgeprägt. Weiterhin ist einschränkend zu sagen, dass die berichteten Befunde altersabhängig sind. Interessanterweise scheinen die genetischen Faktoren mit steigendem Alter stärker zum Tragen zu kommen. Zudem kann in den beschriebenen Zwillingsuntersuchungen, in denen sich ja anhand der Ergebnisse zugleich ein beträchtlicher Umwelteinfluss bei der Intelligenzentwicklung aufweisen lässt, die Anlage- und Umweltseite im strengen wissenschaftlichen Sinne nicht wirklich voneinander getrennt werden. Die betreffenden Zwillingsgeschwister wachsen ja neben der genetischen Übereinstimmung meist durchaus in sehr ähnlichen Umwelten auf (besuchen beispielsweise dieselbe Schulklasse usw.). Eine genauere Analyse und Bewertung ist somit eigentlich nur in Fällen möglich, in denen eineiige Zwillinge schon sehr früh nach der Geburt getrennt wurden und dann in verschiedenen Lebenskontexten aufwachsen. Die Probleme wiederum von solchen Studien liegen zum einen darin, dass eine solche Konstellation nicht häufig anzutreffen ist, die Studien daher auf geringen Fallzahlen beruhen. Zum anderen wachsen die betreffenden Kinder oft dennoch nicht in als unterschiedlich zu bezeichnenden Umwelten auf, da sie, wenn ein Elternpaar von Zwillingen »überrascht« wird, diese dann bevorzugt zu Verwandten geben, die ähnliche Umweltmerkmale (z.b. Bildung, soziale Schicht) repräsentieren. Einen gewissen Ausweg aus diesen prinzipiellen und forschungsmethodischen Dilemmata hat man in Form der Adoptionsstudien zu finden gesucht. Hier wachsen Kinder per definitionem getrennt, also in anderen Umwelten als ihre leiblichen Eltern und möglicherweise vorhandenen Geschwister auf. Mit den leiblichen Eltern und Geschwistern verbinden sie auf der einen Seite die bereits oben genannten 50 Prozent gemeinsamen Erbanlagen. Mit den Adoptiveltern und evtl. Geschwistern teilen sie auf der anderen Seite ähnliche Umweltbedingungen. Es ergeben sich nun vielfältige Vergleichsmöglichkeiten: Man kann die Merkmalsausprägungen eines Adoptivkindes mit jenen der getrennt lebenden leiblichen Eltern und evtl. vorhandenen leiblichen Geschwistern vergleichen und dies dann in Relation zu den entsprechenden Ähnlichkeiten mit den Adoptiveltern und Adoptivgeschwistern setzen. Sind die Zusammenhänge mit den leiblichen Verwandten höher, spricht dies für einen stärkeren genetischen Anteil, im umgekehrten Fall für einen stärkeren Umweltanteil in der Entwicklung dieses Merkmals. Zusammengefasst kann zu der Befundlage dieser Studien gesagt werden, dass sie insgesamt zu geringeren Schätzungen der Erblichkeit als die Zwillingsmethode geführt haben, zugleich aber einen genetischen Anteil belegen können, wiederum höher bei der Intelligenz als bei anderen Persönlichkeits- oder Verhaltensmerkmalen (Asendorpf 1998).

Abgesehen davon, dass es sich bei den Ergebnissen dieser Zwillings- und Adoptionsstudien stets um statistische Trends in den untersuchten Personengruppen handelt, die eine verlässliche Entwicklungsprognose in einem konkreten Einzelfall nicht zulassen, lässt sich als Gesamtresümee des Forschungsstands festhalten, dass von einer Beteiligung genetischer Anteile auch bei psychischen Merkmalen – wenn auch in unterschiedlichem Ausmaß – ausgegangen werden kann. Der Mensch ist also bereits bei Geburt kein gänzlich »unbeschriebenes Blatt«, es bleibt jedoch auf der anderen Seite genug Entwicklungsspielraum und Offenheit für Umwelterfahrungen. Welche Anteile jeweils wie zum Tragen kommen, lässt sich am besten mit interaktionistischen Modellen beschreiben, die ein Zusammenspiel von Anlage- und Umweltfaktoren annehmen. Demnach werden lediglich bestimmte Dispositionen genetisch weitergegeben, die je nach Anregungs- oder Auslösebedingungen in der Umgebung des betreffenden Individuums entwicklungsrelevant werden können. Weniger günstige genetische Voraussetzungen oder Risiken können demnach unter günstigen Umweltbedingungen kompensiert werden oder aber bei ungünstigen Bedingungen oder Umweltreaktionen in einer Art Teufelskreis akzentuiert werden. Mehr Licht in dieses komplexe Wechselspiel von Anlage- und Umwelteinflüssen im Entwicklungsgeschehen vermag vielleicht die zukünftige Forschung mit zusätzlich verfeinerten Methoden in beiden Bereichen, wie etwa Genomanalysen auf der biologischen Seite sowie Umwelt- und Kulturanalysen auf der anderen Seite, liefern.

2.4 Die Entwicklung am Beispiel der Geschlechtsreife

Wir möchten zur Erläuterung der komplizierten Wechselwirkung zwischen genetisch-biologischen Faktoren und Umweltfaktoren noch einmal auf Sandra und das Thema »frühe Menarche« zurückkommen. Dabei wird sich zeigen, welch schwierige methodischen Fragen, selbst bei einem so scheinbar einfachen Merkmal zu klären und zu beantworten sind. Allein schon bei der Bestimmung des Alters der Menarche gibt es unterschiedliche Methoden der Operationalisierung. Es haben sich drei verschiedene Messverfahren bewährt, die allerdings jeweils unterschiedliche Vor- und Nachteile besitzen (vgl. Eveleth 1998).

- **Die Status-quo-Methode.** Bei dieser Methode wird eine große repräsentative Stichprobe von Mädchen im Alter von 8 bis 16 Jahren befragt, wann sie ihre erste Periode gehabt haben. Nachteil allerdings ist dabei, dass das Menarche-Alter zwischen verschiedenen Populationen und Alterskohorten schwankt und die Daten nicht breit generalisierbar sind.
- **Die prospektive Methode.** Dies ist eine Form einer Longitudinal-Studie, bei der die Mädchen in relativ kurzen Zeitabständen

befragt werden oder ein Tagebuch über ihre Regel führen müssen. Methodisch ist dies die verlässlichste Methode, sie bedarf allerdings einer großen Stichprobe. Und wie alle Longitudinal-Studien ist sie natürlich sehr zeitaufwändig.

- **Die retrospektive Methode.** Diese Methode wurde meist in älteren Studien verwandt und liefert die am wenigsten verlässlichen Daten. Auch hier wird eine repräsentative Stichprobe von erwachsenen Frauen befragt, wann sie ihre erste Regelblutung bekommen hat. Bei dieser Art von Befragung sind Gedächtnislücken und Rundungsfehler bis zu einem Jahr einzukalkulieren.

Alle Befunde zur Entwicklung der weiblichen Geschlechtsreife zeigen sehr deutlich, wie kompliziert das Wechselspiel psychosozialer, ökologischer sowie genetischer Faktoren ist. So ist es nicht besonders verwunderlich, dass sich eine überraschende Spannbreite von insgesamt 10 Jahren für das Menarchenalter über die Kulturen und Erhebungszeitpunkte hinweg zeigt. Bei eineiigen Zwillingen variiert die Menarche zwischen 2 und 3 Monaten, bei zweieiigen im Schnitt etwa 9 Monate. Es gibt einen deutlichen Zusammenhang zwischen dem Menarchenalter der Mutter und ihrer Tochter. Dies muss allerdings nicht zwingend genetische Ursachen haben, wie es auf den ersten Blick scheint, sondern es kann auch die Wirkung ähnlicher, gleich bleibender Lebensbedingungen der beiden Generationen sein. Ein hochsignifikanter Prädiktor für ein frühes Menarchenalter ist das Gewicht des jungen Mädchens. Übergewichtige haben deutlich früher ihre Menarche als normalgewichtige Mädchen.

Das Durchschnittsalter für die Menarche hat in den letzten 200 Jahren in den industrialisierten Ländern kontinuierlich abgenommen. Ausgehend von diesem Befund und der Beobachtung, dass Epidemien, Hungerperioden, Krankheit und Unterernährung direkt auf die somatische Entwicklung der Frauen wirken, haben einige Autoren den Schluss gezogen, dass ein günstiges äußeres, sozioökologisches Milieu wohl zu einer früheren Geschlechtsreife führt. Sind umgekehrt die Umweltbedingungen eher schlecht, scheint es vorteilhafter zu sein, länger und mehr in die somatische Entwicklung eine Kindes zu investieren, sodass eine spätere sexuelle Ausreifung erfolgen wird (vgl. Chasiotis 1999).

Unter unkalkulierbaren, belastenden psychosozialen Lebensumständen wie familiäre Konflikte oder Instabilität ist eine schnellstmögliche Ausreifung wahrscheinlicher. Ökologischer und psychosozialer Stress wirken also im Grunde genommen entgegengesetzt auf den Beginn der Geschlechtsreife: Psychosozialer familiärer Stress führt zu einem frühen Einsetzen der Geschlechtsreife, während ein ökologisch bedingter Stress eher ein spätes Einsetzen erwarten lässt. Empirische Untersuchungen von Moffit u.a. (1992) und Belsky u.a. (1991) bestätigen dies eindrücklich: Familienkonflikt bzw. Abwesenheit des Vaters korrelieren sehr hoch mit einem frühen Beginn der Menarche der Tochter.

Die mit unterschiedlichsten Methoden erhobenen empirischen Daten entsprechen auch den Beobachtungen in unserem Einzelfall: ungünstige familiäre Bedingungen bei gleichzeitig relativ ökonomischem Wohlstand führen dazu, dass die Menarche deutlich früher einsetzt, als es im kulturtypischen Durchschnitt zu erwarten wäre.

2.5 Prä- und perinatal bedingte chronische Erkrankungen und Behinderungen

Die Entwicklung eines menschlichen Wesens beginnt keineswegs erst mit der Geburt, sondern hat zu diesem Zeitpunkt bereits einige Entwicklungsstadien durchlaufen. In jeder dieser Phasen – beginnend mit der Zeugung über die Schwangerschaft bis hin zum Geburtsgeschehen selbst – können bestimmte Besonderheiten vorkommen, deren Folgen das betreffende Individuum unter Umständen das ganze Leben in Form von Einschränkungen oder Beeinträchtigungen begleiten können. Um solche Entwicklungsbesonderheiten, die im Zeitraum bis einschließlich zur Geburt auftreten können, soll es in den folgenden Abschnitten überblicksartig gehen.

2.5.1 Zeugung

Die Zeugung ist biologisch nichts anderes als die Vereinigung des genetischen Erbguts zweier Individuen. Durch das Zusammentreffen und Verschmelzen von weiblicher Ei- und einer (der jeweils Millionen »wetteifernden«) männlichen Samenzelle(n) entsteht eine neue Kombination von Genen, die für das dabei entstehende Lebewesen charakteristisch und einzigartig ist.

Die zahlreichen beteiligten Gene sind auf Chromosomen angeordnet, sozusagen wie Perlen auf einer Kette. Im Zellkern jeder Körperzelle finden sich 46 Chromosomen, die jeweils hälftig von den beiden Elternteilen stammen und in 23 Paaren angeordnet sind. Der biologische Entwicklungsprozess schreitet – nicht nur vorgeburtlich, sondern lebenslang – über den Mechanismus der sog. Mitose voran, bei dem sich die Chromosomen teilen und – sozusagen in einem Kopiervorgang – eine neue Körperzelle entsteht.

Bei der Bildung von Ei- und Samenzelle liegt allerdings eine Ausnahme vor, da es vor der Vereinigung der Zellen zweier Individuen notwendig ist, den Chromosomensatz zu halbieren (sonst hätte die neu entstehende (Ur-)Zelle jeweils die doppelte Anzahl von Chromosomen). Bei einem solchen Reduktionsprozess, der sog. Meiose, entstehen bei weiblichen Individuen Eizellen mit 23 Chromosomen, unter denen sich ein X-Chromosom befindet, bei männlichen Individuen Spermazellen mit entweder einem X- oder Y-Chromosom. Die jeweilige Kombination beim Zusammentreffen dieser sog. Geschlechtschromosomen entscheidet dann, ob das neu entstehende Lebewesen weiblich (bei zwei X-Chromosomen) oder männlich (bei der Kombination von X- und Y-Chromosom) sein wird.

Wie man sich unschwer vorstellen kann, können bereits bei diesen Prozessen Irregularitäten vorkommen, die das weitere Entwicklungsgeschehen beeinflussen. So gibt es Menschen, die an bestimmten Stellen gebrochene (fragile) oder weniger (z.B. nur ein X-Chromosom) bzw. mehr als die zwei üblichen Geschlechtschromosomen (z.B. die Kombination XYY) haben. Dies kann natürlich auch bei anderen Chromosomen vorkommen, das bekannteste Beispiel dafür ist die Trisomie 21 oder Down-Syndrom (früher auch als Mongolismus bezeichnet, was jedoch wegen seiner rassistischen Konnotation vermieden werden sollte), bei der drei Chromosomen Nr. 21 vorliegen. Meist haben diese Chromosomenanomalien wie auch im letztgenannten Fall langfristige Folgen für die weitere Entwicklung, die sich vorwiegend im intellektuellen und diversen Verhaltensbereichen äußern können. Bei den meisten Anomalien erweist sich der Fötus jedoch in Form eines natürlichen Aborts als nicht lebensfähig.

Über die beschriebenen Phänomene hinaus können bereits bei der Zeugung auch genetisch bedingte Erkrankungen über verschiedene Erbgänge an das neue Lebewesen weitergegeben werden. Ein bekanntes Beispiel ist hierfür die Phenylketonurie, die eine Eiweißstoffwechselstörung kennzeichnet. Genetisch bedingt, fehlt hier ein Enzym zum Abbau eines bestimmten Eiweißtyps (Phenylalanin), was dessen Konzentration im Körper zu hoch werden lässt. Dadurch werden wiederum Zellen im zentralen Nervensystem geschädigt, mit der Folge einer entstehenden geistigen Behinderung. Die Phenylketonurie ist jedoch zugleich ein gutes Beispiel dafür, dass eine genetische Belastung kein unabänderliches Schicksal bedeuten muss. Denn durch eine frühzeitig nach der Geburt einsetzende, spezifisch eiweißarme Ernährung können diese Folgen vermieden werden und ermöglichen auf diese Weise dem betreffenden Merkmalsträger ein im Weiteren davon unbeeinträchtigtes Leben.

2.5.2 Schwangerschaft

Hat die Zellvereinigung bei der Zeugung erfolgreich stattgefunden, setzt unmittelbar danach ein rasantes Zellwachstum ein. Bereits nach vier Tagen haben sich aus der Ursprungszelle bereits um die 100 Zellen gebildet. Der kritische Punkt für die weitere gesunde Entwicklung auf der Basis der Versorgung mit Nährstoffen ist die sog. Einnistung in der Gebärmutter in den ersten beiden Wochen. Aus verschiedenen Gründen kann dies misslingen, und es kommt in der Folge zu einem Abgang des neu entstandenen Zellknäuels.

Bei einer unauffälligen Entwicklung ist bereits nach der 3. Schwangerschaftswoche eine Art Blutkreislauf mit Herzschlag vorhanden, ab der 4. Woche sind primitive Nervenzellen und Ansätze für alle menschlichen Organe zu erkennen. Ab der 5. Woche beginnt die Arm-Hand-Entwicklung und bereits ab der 6. Woche sind Handbewegungen zu beobachten und die Hauptteile des Gehirns zu unterscheiden. Ab der 12. Woche sind erste elektrische Signale wahrnehmbar. Auch weibliche und männliche Föten sind nun bei einer Größe von etwa 10 cm bereits unterscheidbar (Cole/ Cole 1996). Mit Ende des 5. Monats sind schon alle Nervenzellen für das gesamte weitere Leben angelegt, ab dem 7. Monat sind die Lungen fähig, Luft zu atmen. Diese ausschnitthafte Kurzbeschreibung soll exemplarisch einen Eindruck davon vermitteln, welche enormen Entwicklungsprozesse bereits vorgeburtlich stattfinden, was einige – wie die bereits zitierten – Autoren Cole/Cole zu der Aussage veranlasste, dass wohl die ereignisreichste Zeit bei Geburt bereits hinter uns liegt. Somit ist auch die oft anzutreffende Gleichsetzung von »angeboren« und »genetisch bedingt« nicht haltbar.

In der Tat können zudem in dieser Phase – über die genetisch-biologischen Entwicklungsfaktoren hinaus – bereits Umwelteinflüsse eine gewichtige Rolle spielen, die vorwiegend über die Lebenssituation und Verhaltensweisen der werdenden Mutter vermittelt werden. Hier sind – insbesondere für ärmere Weltregionen relevant – Mangel- oder unausgewogene Ernährung zu nennen und – wie es auch für Industrienationen gilt – der Konsum von jeglicher Art von Drogen und Medikamenten. Es existieren ausreichend Belege dafür, dass nicht nur Kinder von schwer drogenabhängigen Müttern (inkl. Alkohol), sondern auch von während der Schwangerschaft rauchenden Müttern mit gewissen Entwicklungsnachteilen (z.B. unterdurchschnittliches Geburtsgewicht, nachgeburtlich notwendige Entwöhnungsphase) auf die Welt kommen. Auch während der Schwangerschaft einsetzende Erkrankungen (wie z.B. Röteln, gegen die sich deshalb eine Impfung empfiehlt) oder bereits vorbestehende gesundheitliche Belastungen (bis hin zu AIDS) sind im Auge zu behalten und erfordern in vielen Fällen besondere Vorsichts- und Präventivmaßnahmen bei Schwangerschaft und Geburt.

Umgekehrt können auch bereits im vorgeburtlichen Stadium die weitere Entwicklung begünstigende Einflüsse zum Tragen kommen, in dem das Kind nachweislich bereits etwa taktile (Streicheln des Schwangerenbauchs) oder akustische Anregungen (Singen oder Musik hören) aufnehmen kann. Ein Beleg dafür ist beispielsweise, dass das Kind schon bei Geburt im Stande ist, die Stimme der Mutter von der anderer Personen zu unterscheiden.

2.5.3 Geburt

Ein Entwicklungsrisiko besteht zunächst darin, dass die Schwangerschaft vorzeitig endet. Durch die vielfältigen medizinischen Fortschritte ist es jedoch gelungen, die Überlebenschancen von Frühgeborenen zunehmend zu verbessern, sodass dies heute bereits ab der 25. von normalerweise 37–42 Schwangerschaftswochen gelingen kann.

Ohne Zweifel ist die Geburt ein für Kind und Mutter (heute oft auch für anwesende Väter) einschneidendes Übergangsgeschehen in der Entwicklung (zu den Eltern s. Kapitel 5.2). Für das Neugeborene ändern sich radikal alle Umgebungsbedingungen, und es sind – zum Teil sehr rasche – Anpassungsleistungen erforderlich (wie z.b. mit dem Atmen zu beginnen). Als routinemäßig eingesetztes Verfahren zur Einschätzung, inwieweit diese Umstellung gelingt, erfolgt bereits eine Minute nach der Geburt die erste medizinische Untersuchung nach mehreren Kriterien (neben Atmung auch Herzschlag, Muskeltonus, Reflexe …), die nach einem Bewertungssystem zum sog. Apgar-Index (max. 10 Punkte) zusammengefasst werden. In den ersten Tagen bis hin zur Schulzeit in zunehmend größeren Abständen erfolgen dann weitere Untersuchungen zur Einschätzung des Gesundheits- und Entwicklungsstatus des betreffenden Kindes.

Unmittelbare Gefahren um die Geburt herum – sog. perinatale Risiken – können in der nicht mehr ausreichenden Versorgung mit Nährstoffen in der Gebärmutter/im Fruchtwasser bestehen oder durch Hindernisse beim Geburtsvorgang selbst (z.b. ungünstige Lage des Kindes, mit Nabelschnur umwickelt usw.). Insbesondere wenn durch solche Umstände eine zeitweilige Sauerstoffunterversorgung des Säuglings vorkommt, kann dies bedeutsame Folgen in Form zerebraler Schädigungen (etwa spastische Lähmungen) nach sich ziehen. Auch für die Mutter besteht ein gesundheitliches Risiko bei der Geburt, das aber – ebenso wie jenes für die Kinder – in diesem Jahrhundert statistisch sehr reduziert werden konnte, sodass die Mortalitätsrate (Sterbeziffer) in Mitteleuropa für gebärende Mütter derzeit bei ca. 0,02 Prozent, für Säuglinge bei ca. 0,5 Prozent liegt (in anderen [Armen-]Regionen der Welt erreicht die Säuglingssterblichkeit jedoch mit 17 Prozent ein über 30fach höheres Risiko, wie es Anfang des Jahrhunderts auch in Europa noch galt).

2.5.4 Entwicklungsverläufe bei prä- und perinatalen Beeinträchtigungen (»high-risk«-Forschung)

Beim Auftreten von jeglicher Art entwicklungsbezogener Besonderheiten – von genetischen Belastungen bis hin zu Geburtskomplikationen – stellt sich unmittelbar die Frage, wie diese den weiteren Lebensverlauf beeinflussen bzw. welche Maßnahmen zu welchem Zeitpunkt geeignet sind und demnach ergriffen werden sollten, um das Vorkommen dieser Belastungen entweder ganz zu verhindern (Ziel primärer Prävention), in seinen Folgen zumindest zu mildern (tertiäre Prävention) oder im günstigen Fall weitestgehend zu kompensieren (sekundäre Prävention). Für Letztere haben wir bereits ein Beispiel bei der erbbedingten Phenylketonurie (s. Kapitel 2.5.1) gesehen, die durch eine rechtzeitig einsetzende Diät langfristig ohne beeinträchtigende Folgen bleiben kann. Wie sieht es nun mit anderen Entwicklungsrisiken aus?

Darauf verlässliche, d.h. auf empirischer Forschung basierende Antworten geben zu können, ist eigentlich nur im Rahmen von Längsschnittstudien möglich, in denen dieselben Individuen über einen möglichst langen Zeitraum immer wieder im Hinblick auf bedeutsame Merkmale untersucht werden. Wie man sich leicht vorstellen kann, ist das mit einem enorm hohen Aufwand und ebensolchen Kosten verbunden, weshalb weltweit bisher nur wenige solcher aussagekräftiger Langzeitstudien vorliegen. Ein besonders gelungenes Beispiel hierfür stellt die weiterhin in Durchführung befindliche Mannheimer Risikokinder-Studie dar (Laucht u.a. 1998, 1999). In ihr wurden 362 Kinder, die im Zeitraum von 1986–1988 geboren wurden, von früh an in mehreren Erhebungswellen (mit 3 Monaten, 2 Jahren, 4½ Jahren, 8 und [bisher] 11 Jahren) insbesondere im Hinblick auf ihre kognitive und sozial-emotionale Entwicklung untersucht. Das bei Geburt bestehende Risiko wurde nach organischen Belastungen (prä- und perinatale Komplikationen, z.B. Frühgeburt, geringes Körpergewicht, Krampfanfälle) und unabhängig davon psychosozialen Risiken (ungünstige familiäre Lebensverhältnisse, z.b. Wohnbedingungen, frühe und/oder unerwünschte Schwangerschaft) jeweils drei Ausprägungsstufen zugeordnet (von keinen bis zu hohen Risiken; man spricht bei gezieltem Einbezug belasteter Personen entsprechend auch von sog. »highrisk«-Studien).

Die vielfältigen Ergebnisse, die zum Teil auch noch in der Auswertung begriffen sind, können in diesem Rahmen nicht ausführlich dargestellt werden, einige wichtige Trends sollen jedoch genannt werden. Die bei Geburt feststellbaren Risiken zeigen sich im Durchschnitt viele Jahre später in dann bestehenden Entwicklungsunterschieden. Dennoch kann eine individuelle Entwicklungsprognose nur begrenzt erfolgen, da sich sowohl ungünstige sowie unauffällige Verläufe bei vergleichbaren Ausgangsbedingungen finden. Solche Befunde haben in der Forschung zu neuen Begrifflichkeiten wie den (als Gegenstück zu den Risikofaktoren anzusehenden) sog. Schutzfaktoren oder der sog. »Resilienz« (Widerstandskraft) geführt (s. auch Kapitel 3.7.1 und 3.7.2). Diesen Konzepten liegt die Frage zu Grunde, wie es manchen Individuen auch unter ungünstigen Startbedingungen gelingt, sich unbeeinträchtigt zu entwickeln (vgl. dazu auch Kapitel 6). Interessant in der genannten Mannheimer-Studie ist beispielsweise, dass die Qualität der frühen Mutter-Kind-Beziehung – eingeschätzt in einer mit Video aufgezeichneten Interaktionssituation im Säuglingsalter von 3 Monaten – offensichtlich ein solcher protektiver Faktor für eine später unauffällige Entwicklung selbst bei objektiv bestehenden organischen Risiken sein kann. Erwähnenswert ist auch, dass die Art der vorhandenen Belastung auch spezifische Entwicklungsrisiken in sich birgt. Bei organischen Belastungen sind später häufiger Beeinträchtigungen der motorischen Funktionen zu finden, während psychosoziale Belastungen eher mit Auffälligkeiten in der sozial-emotionalen und auch kognitiven Entwicklung assoziiert sind. Unstrittig ist, wie es ja auch schon in der Anlage-Umweltdebatte (s. Kapitel 2.3) angesprochen wurde, dass genetisch-organische und psychosoziale Risiko- und Schutzfaktoren in ihrer alleinigen Bedeutung nur schwer abzuschätzen sind, da sie ja nie isoliert, sondern kombiniert vorkommen und darüber hinaus in Wechselwirkung stehen. So kann ein Kind eines oder zweier psychisch belasteter oder manifest erkrankter Elternteile zugleich von genetischen sowie – durch besondere Interaktionsbedingungen (z.b. mit einer depressiven Mutter) – wie auch von psychosozialen Risikofaktoren betroffen sein. Und ein in seiner Entwicklung verzögertes oder beeinträchtigtes Kind kann bei den Eltern eine entsprechende Ungeduld hervorrufen, die sich in belasteten Interaktionssequenzen manifestiert, was wiederum hinderlich auf das Entwicklungsgeschehen des betreffenden Kindes zurückwirken kann usw. Auf diese Weise kann ein negatives Interaktions-/Erziehungsverhalten sozusagen ein neues Zwischenglied in einer eher ungünstigen Entwicklungsspirale werden, wie es etwa auch in der Mannheimer Langzeitstudie gezeigt werden konnte. Nicht selten hat man es in der Berufspraxis auch mit Situationen zu tun, in denen Eltern sich mit der Akzeptanz der Entwicklungsbesonderheit oder -beeinträchtigung ihres oft einzigen Kindes, an das entsprechend viele Hoffnungen und Erwartungen geknüpft sind, schwer tun, und das Kind entsprechend chronisch überfordern, was letztlich ebenfalls zu einer unterhalb der bestehenden Möglichkeiten liegenden Entwicklung beitragen kann. Anhand solcher Beispiele wird die Verwobenheit von individuellen und sozialen Einflussfaktoren im Entwicklungsgeschehen unmittelbar deutlich.

Vertiefende Literatur

Oerter, R./Montada, L.: Entwicklungspsychologie. Beltz/PVU, Weinheim [4]1998.
Keller, H. (Hrsg.): Lehrbuch Entwicklungspsychologie, 3. Kapitel. Huber, Bern/Göttingen 1998.

3. Theorien zur pädagogischen Interaktion und zum Lernen

Im 3. und 4. Kapitel wollen wir einige der wichtigsten entwicklungspsychologischen Theorien vorstellen. Dabei beziehen wir uns auf Theorien, die den Menschen einmal als biologisches Lebewesen, ein anderes Mal als erkennendes Subjekt oder als Mitglied einer sozialen Gemeinschaft kennzeichnen. Wie kann man sich die Beziehung zwischen diesen unterschiedlichen Perspektiven auf den Menschen vorstellen? Diese Frage führt zu viel und kontrovers diskutierten philosophischen Grundproblemen wie dem Leib-Seele-Problem oder der Natur-Kultur-Kontroverse, die wir an dieser Stelle nicht aufrollen können. Stattdessen wollen wir lediglich anhand eines Gedankenexperiments zeigen, dass wir in unserem Alltag durchaus mit der Tatsache vertraut sind, mit Systemen umzugehen, deren Verständnis ganz unterschiedliche Erklärungsprinzipien verlangt, die aber in einem bestimmten Verhältnis zueinander stehen. Als Beispiel wählen wir den Schachcomputer. Damit wir nicht falsch verstanden werden: Natürlich lässt sich der Mensch nicht als ein etwas komplizierter aufgebauter Computer verstehen. Selbst Forscher, die sich mit der Modellierung menschlicher Denkvorgänge durch Computer befassen (»Künstliche Intelligenz«), halten aus guten Gründen diese Gleichsetzung für unsinnig. Dennoch können wir aus der Betrachtung von Schachcomputern etwas über das menschliche Handeln erfahren.

Schachcomputer lassen sich unter einem dreifachen Blickwinkel beschreiben. Sie bestehen aus der Hardware (elektronische und mechanische Bauteile, Ebene 1), aus der Software (dem Schachprogramm, Ebene 2), und sie lassen sich wie ein menschlicher Schachspieler als Spielpartner (oder Gegner) benutzen (Ebene 3). Wenn wir gegen einen Computer spielen, vergessen wir selbstverständlich nie, dass wir eine Maschine vor uns haben. Aber dennoch ist es für uns menschliche Spieler eine erfolgreiche Strategie, dem Computer

Absichten (»jetzt will er seinen Springer in Sicherheit bringen«) zu unterstellen, damit wir verstehen, »was er tut«, und seine Spielzüge richtig »beantworten« können.

Zwischen diesen drei Ebenen des Computerspiels (Bauteile, Programm, Spielpartner) bestehen gewisse Abhängigkeiten (Darstellung in Anlehnung an Dennett 1993). Wenn die Bauteile defekt sind (Ebene 1), läuft gar nichts, also funktioniert auch das Programm nicht (Ebene 1 ermöglicht Ebene 2), und wir haben keinen künstlichen Mitspieler (Ebene 1 ermöglicht Ebene 3). Wenn das Programm defekt ist, verschwindet die Illusion des Mitspielers (Ebene 2 ermöglicht Ebene 3), auf die Ebene 1 hat das defekte Programm jedoch keine Auswirkungen. Ob wir der Ebene 3 (Mitspieler) menschliche Motive zuschreiben oder nicht, ist für die Funktionsfähigkeit der beiden tiefer liegenden Ebenen 1 und 2 völlig gleichgültig. Die tiefer liegenden Ebenen ermöglichen also die höheren. Die höheren Ebenen haben dagegen keinen Einfluss auf die darunter liegenden.

Dennoch legen die unteren Ebenen das Geschehen »oben« nicht vollständig fest. Ein gewöhnlicher Computer kann und soll viele ganz verschiedene Programme unterstützen, ein Schachprogramm kann und soll viele, ganz verschiedene Spielzüge realisieren. Vergleichbare Beziehungsverhältnisse finden wir auch in der Natur. Zum Beispiel besteht die tierische und menschliche Erbinformation aus der Kombination eines begrenzten Satzes von Aminosäuren. Die einzelne Aminosäure ist eine notwendige Voraussetzung für eine bestimmte genetische Information, aber sie determiniert die genetische Ausstattung des Individuums nicht (vgl. Polanyi 1968).

Weiterhin gilt, dass die drei Ebenen hinsichtlich ihrer Funktionsprinzipien völlig voneinander unabhängig sind. Die Hardware funktioniert nach physikalisch-chemischen Prinzipien, die Software gehorcht logischen Regeln, das Spiel beruht nicht nur auf der Illusion von Sozialität (ich stelle mir nicht nur einen Spielpartner vor), sondern das Schachspiel folgt tatsächlich einer sozial definierten Spielregel. Unsinnig wäre es demnach, ein Geschehen oder Ereignis auf der einen Ebene nach Funktionsprinzipien einer anderen Ebene zu erklären. Erklärungen wie: Ich ziehe den Springer auf F3, damit das Programm dem Adressfeld x einen Wert y zuweist und damit ein Strom in dem und jenem Bereich eines Mikrochips fließt, sind offensichtlich wenig hilfreich zum Verständnis des Schachspiels. In vergleichbarer Weise wollen wir in dieser Einführung mit Erklärungen zur menschlichen Entwicklung verfahren. Es ist durchaus sinnvoll, einmal biologistische Erklärungen (z.b. Hunger löst Magenkontraktionen aus), ein andermal soziale Erklärungen (das Kind bittet seine Mutter um etwas Süßes, weil es ohne Erlaubnis keine Schokolade essen darf) heranzuziehen, aber nicht beide Erklärungsweisen auf einmal (vgl. Ryle 1979). Folglich werden sich in diesem Buch Abschnitte finden, die eher einer biologistischen oder behavioristischen (d.h. am Verhalten orientierten)»Hardware«-Perspektive folgen, z.b. dann, wenn es um Fragen der genetischen Bedingtheit von Entwicklungsprozessen geht (Anlage-Umwelt-Problem, Soziobiologie), oder wenn der Mensch als ein von seiner Umwelt kontrollierter Organismus angesehen wird (z.b. im Rahmen der Lerntheorie). Dagegen berücksichtigt die kognitions-psychologische Betrachtungsweise (dies entspricht sozusagen der Software-Perspektive) die Tatsache, dass Menschen auf der Basis von Informationen Entscheidungen treffen. Und schließlich ist es gerade bei der Analyse von Sozialisations- und Erziehungsprozessen häufig angebracht, den Menschen als Teil einer Gesellschaft zu sehen, die dem Handeln des Einzelnen und der Interaktion eine Bedeutung zuschreibt (symbolisch-interaktionistische Konzeption). Es wird sich zeigen, dass je nach dem gewählten Blickwinkel die entsprechenden Erklärungen zum zwischenmenschlichen (auch: erzieherischen) Verhalten sehr unterschiedlich ausfallen.

3.1 Die behavioristische Konzeption von Verhalten, Lernen und Selbststeuerung

Verhalten. Gegen die am Ende des 19. Jahrhunderts beliebten verklärenden und romantisierenden Spekulationen über das Seelenleben der Tiere richtete sich unter dem Einfluss der biologischen Verhaltensforschung eine psychologische Forschungsrichtung, die sich um eine betont nüchterne, naturwissenschaftliche Sprache bemühte. Gegenstand dieser Psychologie sollte nur sein, was man auch eindeutig beobachten und beschreiben kann: das Verhalten (im amerikan. Engl.: behavior, daher nennt sich diese Richtung Behaviorismus). Dagegen sollten alle nicht direkt beobachtbaren innerseelischen Prozesse (Erleben, Bewusstsein) auch nicht in der Theoriesprache vorkommen. Der Organismus (engl. organism, abgekürzt O) wurde folglich als nicht weiter untersuchbarer schwarzer Kasten (black box) angesehen.

Wenn man ohnehin nicht über die höheren geistigen Funktionen, über die vielleicht nur der Mensch verfügt (Intelligenz, Sprache usw.) sprechen wollte, lag es aus ökonomischen und ethischen Gründen nahe, die entsprechenden Untersuchungen an Tieren durchzuführen. Als Versuchstiere bevorzugt wurden Katzen, Tauben und Ratten. Um die Einflüsse, denen die Tiere ausgesetzt waren (Reize, engl. stimulus [Einzahl] bzw. stimuli [Mehrzahl], abgekürzt: S) optimal kontrollieren zu können, wurden die Tiere in einheitlich gestalteten Käfigen gehalten. So bot z.b. die Skinner-Box (benannt nach dem amerikanischen Psychologen Burrhus Frederic Skinner) den Tieren die Möglichkeit, durch Hebeldruck eine Futtergabe auszulösen.

In dieser und ähnlichen Versuchsanordnungen konnte registriert werden, wie sich das spontane (operante) Verhalten oder die Bereitschaft auf einen bestimmten Reiz zu reagieren (Reaktion bzw. Antwort, engl. response, abgekürzt R) in Abhängigkeit von dessen Folgen ändert. Zu diesem Zweck wurden die angenehmen oder unangenehmen Konsequenzen, die ein bestimmtes Verhalten nach sich gezogen hat, experimentell variiert. Je nach Anordnung folgten auf ein Verhalten positive Konsequenzen (engl.: positive consequences, abgekürzt C+) wie etwa Futter oder negative Konsequenzen (C−), wie etwa ein leichter Stromstoß. Weiterhin wurde der Grad des Zusammenhangs zwischen der tierischen Reaktion und der Konsequenz (immer, jedes zweite Mal, nur manchmal und nach einem Zufallsprinzip usw.) variiert. Dieser Zusammenhang wird als Kontingenz bezeichnet (engl. contingency, abgekürzt K. – Vorsicht, der philosophische Begriff »Kontingenz« meint etwas ganz anderes, nämlich Zufälligkeit als Gegensatz zu Notwendigkeit).

Ziel der behavioristischen Forschung war es, das Verhalten (R) als eine Funktion von S, K und C vorhersagen zu können:

$$R = f (S, K, C)$$

Üblicher ist allerdings eine Schreibweise, die den Zeitablauf des Geschehens wiedergibt:

$$S - O - R - K - C$$

Der Hinweisreiz S löst im Organismus O eine bestimmte Verhaltensweise R aus, welcher mit einer bestimmten Wahrscheinlichkeit K eine positive C+ oder negative Konsequenz C− folgt. Die Versuchstiere werden in der Regel unter Laborbedingungen beobachtet, dazu gehört auch, dass sie normalerweise keinen Kontakt miteinander haben. Wenn man jedoch den Versuch macht, die behavioristische Verhaltensgleichung auf den menschlichen Alltag anzuwenden, wird rasch einsichtig, dass Menschen füreinander Umwelten bilden, d. h., die Reaktion R der einen Person kann für die andere Person einen verhaltensauslösenden Reiz S oder aber eine dem eigenen Verhalten folgende Konsequenz darstellen, je nachdem, ob sie zeitlich vor oder nach der eigenen Aktion liegt. Die soziale Interaktion zwischen Kindern und Eltern stellt sich demnach als eine ineinander verschränkte Verhaltens- und Reaktionskette dar.

Ein Beispiel kann dies veranschaulichen: Der Wahrnehmungsreiz »Gesicht der Mutter« löst beim Baby das Verhalten »Lächeln« aus. Das »Zurücklächeln« der Mutter ist für das Baby eine Konsequenz seines eigenen Verhaltens. Wenn das Baby nun erneut lächelt, ist das für die Mutter eine Konsequenz ihres eigenen Lächelns, usw.

Lernen. Die Lerntheorie ist zu **dem** Eckpfeiler des Behaviorismus geworden. Lerntheoretische Konzepte spielen in der gegenwärtigen Praxis der klinischen Psychotherapie eine große Rolle (s.u.). Auch für die Entwicklungspsychologie sind sie nach wie vor von Bedeutung, wenn sie auch heute nicht mehr den wichtigsten Erklärungsansatz verkörpern. Aus Platzgründen werden wir hier allerdings nur Umrisse lerntheoretischen Denkens vorstellen.

Lernen besteht in der Verstärkung (engl.: reinforcement) des Zusammenhangs zwischen S und R als Folge der mit R verbundenen Konsequenz. Positive Konsequenzen (beim Menschen z. b. Lob) verstärken dann, wenn sie nach dem Verhalten eintreten (positive Verstärkung). Negative Konsequenzen verstärken eine Verhaltenstendenz, wenn sie nach dem betreffenden Verhalten aufhören, z. b. werden schlechte Leistungen in Klassenarbeiten durch fleißiges Lernen beendet (vermehrte Anstrengung führt zu negativer Verstärkung), aber auch durch Schuleschwänzen (Fluchtlernen: In diesem Fall führt die Situationsvermeidung zu einer negativen Verstärkung; Achtung:»Negative Verstärkung« darf nicht mit »Bestrafung« verwechselt werden). Einen Überblick gibt die nachstehende Tabelle:

Verstärker und Verstärkung		
Positiver Verstärker (angenehmer Reiz oder Zustand)	Positive Verstärkung	Bestrafung durch Verstärkerentzug
Negativer Verstärker (unangenehmer, aversiver Reiz oder Zustand)	Bestrafung durch aversive Konsequenz	Negative Verstärkung ● Fluchtlernen, wenn das Verhalten den aversiven Stimulus beendet ● Vermeidungslernen, wenn das Verhalten einen aversiven Stimulus verhindern kann
(Nach Kuhlen 1972, S. 22)		

Wenn im Zusammenhang mit einer Reaktion eine negative Konsequenz herbeigeführt oder eine positive Konsequenz aufgehoben wird, spricht man von Bestrafung. Bestrafung hat sich im Tierversuch als wenig effiziente Maßnahme zur Löschung einer Verhaltensgewohnheit (also zur Entkoppelung einer durch vorausgegangenes Lernen etablierten S-R-Verbindung) erwiesen. Das bestrafte Verhalten wird vom Tier zwar unterdrückt, aber nicht verlernt, und tritt in bestimmten Abständen immer wieder zu Tage. Überträgt man diese Erkenntnisse auf den Menschen dann ist es also wenig sinnvoll, wenn auch heute noch in der Kindererziehung relativ häufig Strafen eingesetzt werden. Erfolg versprechender ist die Verhaltenslöschung, die dadurch erzielt wird, dass eine bis dahin regelmäßig erfolgende positive Konsequenz ausgesetzt bzw. verhindert wird. Den Abbau von unerwünschten Gewohnheiten erreicht man also besonders effektiv durch Nicht-Verstärkung. Ebenso werden auf diese Weise Möglichkeiten zum Aufbau alternativer Verhaltensweisen eröffnet.

Erziehung und Selbstbestimmung aus behavioristischer Sicht. Das behavioristische Menschenbild kommt ohne Selbst und ohne Steuerungsinstanz aus. Der Organismus ist fremdbestimmt und reizkontrolliert, und auch die Einsicht in das eigene Tun spielt keine Rolle. Zwar kann sich ein Mensch aus behavioristischer Sicht selbst verstärken, indem er sich z.b. nach getaner Arbeit mit »einem Bierchen« belohnt, jedoch ändert dies nichts an seiner grundsätzlichen Reizdeterminiertheit. Er belohnt sich ja nur deshalb, weil seine Lerngeschichte einen bestimmten Verlauf genommen hat.

Damit steht der Behaviorismus in Einklang mit dem von Naturwissenschaftlern häufig unterstellten Determinismus (jedes Verhalten hat eine physikalisch-chemische Ursache), erregt aber Widerspruch bei solchen Philosophen, Theologen und Juristen, die dem Menschen Willensfreiheit zubilligen und diesen demnach auch für seine Handlungen verantwortlich machen. Wenn alles menschliche Verhalten durch äußere Ursachen determiniert wäre, dürfte z.b. die Einsichtsfähigkeit in das Unrecht des eigenen Tuns vor Gericht keine Rolle spielen. Die Feststellung der Schuldfähigkeit vor der Strafzumessung wäre demnach unsinnig.

Der bekannte Psychologe Theo Herrmann (1979) räumt ein, dass die meisten Menschen sich selbst Willensfreiheit und die Möglichkeit zur aktiven Gestaltung ihres Lebensraums zuschreiben. Aber dies spricht seiner Meinung nach nicht dagegen, sich in spezifischen Problemzusammenhängen einer deterministischen Theorie zu bedienen, wenn dem Menschen daraus ein praktischer Nutzen (so wie z.B. in der klinischen Anwendung) erwächst. Auch innerhalb unseres in der Einführung vorgestellten Mehr-Ebenen-Konzepts sollte menschliches Verhalten auf der biologischen Ebene sinnvollerweise durch determinierende Ursachen, auf der kognitiven Ebene dagegen durch absichtsvolle Gründe erklärt werden.

Verhaltenstheoretisch orientierte Erziehungswissenschaftler konzi-
pieren zwar die zu erziehende Person, nicht aber den Erzieher als
reizkontrolliert. So definiert etwa Brezinka (1971, S. 613) Erziehung
folgendermaßen:»Unter Erziehung werden soziale Handlungen
verstanden, durch die Menschen versuchen, das Gefüge der psychischen Dispositionen anderer Menschen mit psychischen und
(oder) sozial-kulturellen Mitteln in irgendeiner Hinsicht dauerhaft
zu verbessern oder seine als wertvoll beurteilten Komponenten zu
erhalten.« Hierbei werden dem Erzieher explizit Kognitionen (Absichten, Mittel-Ziel-Erwartungen, normative Überzeugungen) zu-
erkannt, die Sicht des zu Erziehenden findet dagegen – zumindest
definitorisch – keine Berücksichtigung.

Bewertung des Ansatzes. Der Grundgedanke der Behavioristen ist
überzeugend: Der Ursprung allen Verhaltens ist der Reiz, wie er
durch die Sinnesorgane empfangen wird. Und jedes Verhalten manifestiert sich als körperliche Reaktion (z.B. als Muskel- oder Drü-
sentätigkeit). In der Lerntheorie finden wir weiterhin ein theoreti-
sches Modell, das etliche Vorzüge gegenüber anderen Konzepten
aufweist. Die Theorie ermöglicht klare Vorhersagen und kommt
mit wenigen, gut beobachtbaren Variablen aus, die sich häufig sogar
quantitativ erfassen lassen. Dennoch haben sich nicht alle Hoffnungen erfüllt, die an dieses Modell geknüpft waren. Dies liegt vor
allem daran, dass die kognitiven und emotionalen Prozesse, die
»im« Organismus ablaufen, für das Verhalten wesentlich bedeutsamer sind, als ursprünglich erwartet. Offensichtlich ist zumindest im
Falle des Menschen eine hinreichend aussagekräftige Erklärung von
Lernprozessen nicht möglich, wenn man strikt darauf verzichtet,
innerseelische Vorgänge (wie etwa das bereits zu einem Gegen-
standsbereich erworbene Wissen und dessen Verfügbarkeit, subjek-
tive Erwartungen oder die subjektiv erlebte Befriedigung) zu berücksichtigen.

Ob etwas als positive oder negative Konsequenz erlebt wird,
hängt u.a. von den Hypothesen (Antizipationen) ab, die sich der
Lernende gebildet hat. Der Vergleich zwischen erwarteter und rea-
ler Situationsänderung nach dem eigenen Verhalten führt bei posi-
tivem Ergebnis zur Verhaltensverstärkung, im negativen Fall zur Si-

tuationsanalyse, d.h., der Lernende sucht nach Erklärungen für seine falsche Prognose (vgl. Hoffmann/Knopf 1996, S. 62).

In den letzten dreißig Jahren hat sich die Lehr-Lern-Forschung weitgehend vom behavioristischen Modell verabschiedet und dabei entscheidend verändert. Grundsätzlich sind drei Weiterentwicklungen des S-R-Modells möglich und Erfolg versprechend:

- Die kognitiv erweiterte Verhaltenstheorie (s.u. Abschnitt 3.2) hält weiterhin an der behavioristischen Vorstellung fest, dass der Organismus auf die Reize der Außenwelt reagiert, bezieht aber in sehr viel größerem Maße als der traditionelle Behaviorismus die interne Reizverarbeitung, das vom Handelnden erworbene Wissen und die von ihm angewendeten kognitiven Operationen in die Verhaltensvorhersage ein.

- Der (mehr oder weniger radikale) Konstruktivismus geht von der Annahme aus, dass das kognitive System in sich geschlossen operiert und durch die Reize des physikalisch-chemischen Systems aus der äußeren Natur nur angeregt oder irritiert, aber nicht bestimmt wird. Zwischen der Außenwelt und dem Bewusstsein liegt eine unüberwindbare Schranke, denn Lichtreize oder Schallwellen können ja niemals direkt in das Gehirn eindringen (ausführlicher bei Roth 1994). Der Konstruktivismus untersucht daher, wie sich das Bewusstsein selbst organisiert und wie es dabei eine Außenwelt konstruiert, die zwar in dieser Form keine direkte Entsprechung in der »Realität« hat, aber sich dennoch bewährt, indem sie das Überleben sichert (vgl. Glasersfeld 1987). Konzeptionen, die mehr oder weniger radikal die Eigenkonstruktion der Subjekte in den Mittelpunkt stellen (z.B. die Theorie der kognitiven Entwicklung des Genfer Psychologen Jean Piaget), werden wir ausführlicher im Kapitel 4.2 vorstellen.

- Der symbolische Interaktionismus betont, dass höhere Lebewesen, insbesondere der Mensch, nicht auf Reize reagieren, sondern auf Symbole bzw. Bedeutungen, die sie selbst einer sozialen Situation oder einer menschlichen Geste beimessen. Seinen Beitrag zur Lehr-Lern-Forschung werden wir in Abschnitt 3.3 diskutieren.

3.2. Die kognitive Wende in der Lernforschung

Verhalten. Eine Psychologie, die äußerlich beobachtbares Verhalten und innere, nicht beobachtbare Verarbeitungsprozesse zueinander in Beziehung setzt, kann sich auf ein Menschenbild berufen, wie es z.b. von dem französischen Philosophen René Descartes (1596–1650) vorgeschlagen worden ist. Im Rahmen der sog. »kognitiven Wende« der Psychologie wurde die behavioristische S-O-R-Formel verändert und zur kognitiven Verhaltenstheorie weiterentwickelt, in dem nun auch innere Entsprechungen der äußeren Welt Berücksichtigung fanden.

Mit dem Reiz S korrespondiert in der inneren Welt des Menschen die Reizwahrnehmung S', und die innere Reaktionsplanung R' geht der äußeren, beobachtbaren Reaktion R voraus. In Formelschreibweise hieße das: S-O-R wird ausbuchstabiert als S – S'... R' – R, wobei die drei Punkte für beliebig viele weitere kognitive Verarbeitungsschritte »im« Organismus O stehen.

Ein Beispiel kann die Bedeutung dieser Sichtweise zur Erklärung erzieherischen Handelns illustrieren: Kevin hat wieder einmal den Kakaobecher am Frühstückstisch umgeworfen. Darauf schimpft die Mutter mit ihm. Während nach behavioristischer Auffassung der Tadel der Mutter zwangsläufig vom Kind als negative Konsequenz für das vorausgegangene eigene Verhalten erfahren wird, ist im Rahmen einer kognitiven Verhaltenstheorie zu fragen, wie das Kind den Zornesausbruch der Mutter (C) verarbeitet (C'). Vielleicht ist Kevin erleichtert, dass die Mutter ihn diesmal nicht gleich ohne Frühstück in den Kindergarten schickt (Tadel wird subjektiv zu einem neutralen, vernachlässigbaren Reiz). Oder er freut sich, dass er seine Mutter zu irgendeiner Reaktion veranlassen konnte (vielleicht ist die Mutter zurzeit sehr depressiv; dann ist ihr Tadel immer noch besser als die sonst übliche Nichtbeachtung).

Diese Auffassung wird auch durch empirische Untersuchungen bestätigt. So hat es sich gezeigt, dass der Zusammenhang zwischen dem Verhalten des Kindes und dem von ihm perzipierten (interpretierten) Erziehungsstil der Eltern enger ist, als der Zusammenhang mit dem tatsächlichen Elternverhalten (vgl. Schneewind u.a. 1983).

Lernen. Kognitiv erweiterte Lerntheorien sind sehr viel stärker als behavioristische Lerntheorien an den Fragen des Wissenserwerbs interessiert. Gleichzeitig wurde der Gedanke aufgegeben, dass durch Lernen ganz spezifische Außenreize mit spezifischen Reaktionen zusammengeschlossen werden. Wenn man etwas gelernt hat, lassen sich mit Hilfe dieses Wissens unendlich viele, ganz verschiedene Aufgaben lösen. Nach neueren Vorstellungen entscheidet also das Wissen darüber, wie eine Situation aufgefasst und wie darauf reagiert wird. Folglich steht im Zentrum des Interesses, wie Wissen erworben werden kann und wie es einer Person gelingt, im richtigen Moment auch das relevante Wissen zur Verfügung zu haben. Erworbenes, aber nicht aktivierbares Wissen wird als »träges Wissen« bezeichnet. Zum Handeln benötigt man folglich nicht nur Wissen über Eigenschaften der Welt (deklaratives Wissen, Wissen, was der Fall ist) und Handlungswissen (prozedurales Wissen, d.h. problemspezifisches und allgemeines Wissen darüber, wie man erfolgreich denkt und handelt), sondern auch ein Kontroll- und Steuerungswissen (Wissen darüber, wann eine Strategie Erfolg versprechend ist).

Das Lernen erweist sich dabei nur noch zum Teil als fremdgesteuerter Prozess (z.B. unter dem Einfluss des Lehrerverhaltens oder der Lernumwelt). Überwiegend steuern die Lernenden den Wissenserwerb jedoch selbst. Neben dem Vorwissen spielen für den Lernerfolg auch motivationale Orientierungen (langfristige Ziele, wie z.B. ein gutes Abitur zu machen) und volitionale Merkmale (aufgabenbezogene Ziele, z.B. eine geeignete Lernatmosphäre schaffen) eine Rolle (vgl. Schiefele/Pekrun 1996).

Selbst. Im Gegensatz zum traditionellen Behaviorismus benötigt das Modell des selbst gesteuerten Lernens natürlich auch ein Konzept vom Selbst. Die hierzu entwickelten Vorstellungen sind jedoch sehr unterschiedlich und reichen vom Selbst als Kontrollprozedur, die sich auch auf Computersystemen modellieren lässt (Opwis 1992), bis zum Selbst als »erkennendes Subjekt« (Epstein 1979)

Bewertung des Ansatzes. Beim Vergleich mit der behavioristischen Lerntheorie fällt das ungeheure Ausmaß der theoretischen Umorientierung auf. Für das Lernergebnis sind die zahlreichen »internen Variablen« wichtiger als die Konsequenzen, die die Umwelt bereithält. Um aus behavioristischer Sicht nicht zum Demonstrationsbeispiel für einen unverzeihlichen Rückfall in den überwunden geglaubten Spekulationismus zu werden, wird es natürlich Aufgabe der Forschung sein, die Wirksamkeit der postulierten internen Steuerungs- und Verarbeitungsmechanismen empirisch nachzuweisen.

3.3 Die symbolisch-interaktionistische Konzeption vom Verhalten, vom Lernen und vom Selbst

Vom reizkontrollierten Verhalten zur symbolischen Interaktion. Auch der Symbolische Interaktionismus betont, dass Menschen häufig nicht einfach auf Reize reagieren, sondern auf der Grundlage von Bedeutungen handeln. Nur wird der Akt der Bedeutungsgebung nicht wie bei den kognitiven Theorien in das Individuum hineinverlegt, sondern Bedeutungen entstehen aus symbolisch-interaktionistischer Sicht im Gespräch und in der Zusammenarbeit zwischen den Menschen.

Symbole. Soziale Bedeutungen kommen in Symbolen oder symbolischen Handlungen zum Ausdruck. Die Eigenschaften eines Symbols sind weder naturgegeben (wie bei den Eigenschaften eines Reizes, z.B. seiner physikalischen Lautstärke) noch individuelle Schöpfungen (wie bei der Perzeption eines Geräuschs und dessen subjektiver Bewertung, z.B. als Anzeichen für eine Bedrohung), sondern gesellschaftlich festgelegt. Eine Vertragsunterschrift steht für ein Versprechen, sich in einer bestimmten Weise zu verhalten. Ein Führerschein ist nicht nur bedrucktes Papier, sondern symbolisiert das Einverständnis der Gesellschaft, dass sein Besitzer mit einem Auto fahren darf. Symbole müssen von Signalen oder Anzeichen unterschieden werden, die den Zustand des Systems anzeigen, das sie aussendet. Die gesträubten Nackenhaare eines Hundes zeigen an, dass er erregt ist und sich auf einen Angriff vorbereitet. Sie signalisieren also seinen Gemütszustand. Die Pistole in der Hand des

Bankräubers und seine Worte »Hände hoch« lassen sich ebenfalls als Hinweis auf einen möglichen Angriff verstehen. Aber sie signalisieren nicht den Gemütszustand des Räubers, sondern werden von ihm mit der Erwartung eingesetzt, dass sich seine Opfer in einer bestimmten Weise verhalten werden. Vielleicht kann der Räuber mit der Pistole gar nicht schießen, weil es sich dabei um eine Attrappe handelt. Oder er hat nicht vor zu schießen. Die Pistole ist also nicht in erster Linie ein Werkzeug zum Töten, sondern ein symbolisches Druckmittel, um den Gegner zu einem bestimmten Verhalten zu veranlassen. Auch Täuschungsmanöver oder Lügen sind also symbolische Handlungen.

Man kann nur dann jemand bewusst täuschen, wenn man erkannt hat, dass das Gegenüber nicht allwissend, sondern auf bestimmte Informationen angewiesen ist, die man ihm vorenthalten kann. Dieses Wissen (»theory of mind«) erwerben Kinder erst im Laufe des zweiten bis vierten Lebensjahres (vgl. Kapitel 4.3.2), in der Tierwelt beherrschen nur einige Primaten (Menschenaffen) diese Form der Täuschung. Im Gegensatz zur Täuschungshandlung auf der Grundlage der symbolischen Rekonstruktion der inneren Welt des Gegenübers lässt sich im Tierreich jedoch ein nichtsymbolisches Täuschungsverhalten beobachten (z.B. Mimikry, Weglocken des Fressfeinds vom eigenen Nest usw.; vgl. Sommer 1992). Allerdings verfolgt das Tier mit seinem Aussehen (Mimikry) oder seinem Verhalten (Weglocken) keine Erwartungen, sondern seine Vorfahren, die diese Eigenschaften oder Verhaltensweisen besaßen, haben sich im Laufe der Phylogenese besser behauptet (natürliche Selektion der Arten).

Interaktion. Worin unterscheidet sich die Interaktion vom übrigen Verhalten? Ein anschauliches Beispiel gibt der amerikanische Philosoph und Mitbegründer des symbolischen Interaktionismus George Herbert Mead. Mead (1910, S. 220) vergleicht das Verhalten eines Mannes, der durch einen Wald rennt und dabei ständig darauf achten muss, nicht gegen Zweige zu stoßen oder über Wurzeln zu stolpern, mit dem Verhalten des gleichen Mannes bei der körperlichen Auseinandersetzung mit einem menschlichen Gegner. Im Kampf, z.B. im Boxring, reicht es nicht aus, den Gegner genau zu beobachten und seinen Fäusten auszuweichen. Zwar sollte der Mann einerseits darauf achten, welche eigenen Handlungschancen sich aus dem Stellungsspiel des Gegners ergeben (wenn dieser z.b. seine Deckung vernachlässigt). Andererseits weiß Boxer A aber auch, dass sein Gegner B ihn selbst ebenfalls beobachtet und jede Abwehr und jeden Angriff zu parieren versucht. Dies zwingt A dazu, auf sich selbst zu achten, sich also mit den Augen des Gegners zu sehen, um zu erraten, welche Maßnahme B ergreifen könnte.

- Menschliches Handeln setzt sich also aus wechselseitig bezogenen, aufeinander folgenden Einzelhandlungen zu Sequenzen zusammen.

- Jede Einzelhandlung wird von beiden Interaktionspartnern daraufhin analysiert, welche Antwortmöglichkeiten sie eröffnet oder verschließt.

- Handeln besteht im Auswählen von Handlungsmöglichkeiten, die sich aus dem bisherigen Verlauf der Interaktion ergeben.

Obwohl in den vorgestellten Beispielen (Räuber, Boxer) nur gekämpft wurde, gelten die genannten Prinzipien für alle Arten von Handlungen, also z.b. für Liebesschwüre, Therapiesitzungen oder Eltern-Kind-Gespräche. Der Umstand, dass wir überwiegend mit Hilfe von verbalen Äußerungen interagieren (und nicht mit Fäusten oder Pistolen), erleichtert übrigens die Selbstbeobachtung der eigenen Geste sehr. Worte hören sich für den Sprecher ziemlich gleich an wie für den Hörer. Wir können daher recht gut vorausplanen, wie eine Äußerung auf unser Gegenüber wirken wird. Um später das Richtige zu sagen, führen wir manchmal Selbstgespräche, in denen wir ausprobieren, welche Antwortmöglichkeiten unsere geplante Äußerung eröffnet bzw. verschließt und wie zufrieden wir mit einem solchen Gesprächsverlauf wären.

Pädagogische Interaktion und Lernen. Die symbolisch interaktionistische Auffassung vom Lernen setzt naturgemäß andere Schwerpunkte als die kognitionspsychologische. Hier geht es weniger um die Vorgänge des individuellen Wissenserwerbs (denn Lernen muss jedes Individuum schließlich allein), sondern im Zentrum steht die Lehrer-Schüler-Interaktion.

Eine Definition von Erziehung gibt Mollenhauer (1972). Seine interaktionistisch begründete Vorstellung vom Erziehungsprozess unterscheidet sich deutlich von der oben (Kapitel 3.1) vorgestellten verhaltenstheoretischen Sicht Brezinkas (1971). Nach Mollenhauer bestimmen Erzieher und Zögling durch ihre Interpretation der Situation gemeinsam, welche Bedingungen des pädagogischen Feldes im Augenblick wirksam sind. Das pädagogische Feld ist zugleich komplexer und eingeschränkter als das objektiv beobachtbare Geschehen. Es umfasst nicht nur die tatsächlichen Geschehnisse, sondern auch alle den Beteiligten möglichen, aber nicht realisierten Interaktionen. Das pädagogische Feld ist sinn-strukturiert. Es bringt neue soziale Bedeutungen hervor (Bedeutungs-Konstitution, nach Mollenhauer 1972, S. 27ff. – Mollenhauer verwendet den Begriff »Sinn«, wo wir von »Bedeutung« sprechen), vermittelt Bedeutungen an die nachfolgende Generation (Bedeutungs-Tradierung) und erschließt den Beteiligten verborgene Bedeutungen (Bedeutungs-Explikation).

Beispiel. Balhorn (1977) analysiert eine kurze Unterrichtssequenz, an der sich sehr gut verdeutlichen lässt, wie Lernen in dem relativ offenen Rahmen eines Unterrichtsgesprächs möglich ist. Beobachtet wurde eine dritte Grundschulklasse während des Deutschunterrichts. Die Klasse hatte auf einem Schulbasar 30 Euro Überschuss erzielt und zuletzt in Kleingruppen beraten, wie das Geld zu verwenden wäre. Ein Gruppenvorschlag, der im anschließenden Plenum viel Zustimmung findet, lautet »Ein Klassentier anschaffen«. Aus dem Protokoll der Plenarsitzung: »Neben begeisterten ›Oh-ja‹-Rufen: Aufspringen, Arme hochreißen, einige Schüler machen Tiere nach, besonders im Bild: Ingo, der seinen Spontan-Vorschlag ›einen Affen‹ gestisch, mimisch und vokal durch Imitation eines Affen unterlegt. Darauf entwickelt sich folgender Dialog zwischen der Lehrerin und (der Schülerin) Esther:
Lehrerin: (...) Wie wäre das mit dem Klassentier? Wer will das eben mal begründen? Esther?!
Esther: Nee!

Lehrerin: Esther, sag doch mal, warum wollt ihr ein Klassentier? Was ist das?

Esther: Das ist son, son kleines Meerschweinchen, das man immer versorgen kann, denn hat man ir-, irgendwie mehr Spaß in der Schule oder so. Oder wenn man mal das ... oder wenn man mal das, äh, Thema mitm Meerschweinchen ...« (Balhorn 1977, S. 230)

Wie gelingt es der Lehrerin in der geschilderten Situation, bei den Schülern einen Lernprozess in Gang zu setzen? Im Vergleich zu den sich nur zufällig ergebenden Lernanreizen in Alltagssituationen (z.b. auf einem Kindergeburtstag, bei dem das Thema »Lieblingstier« aufkommt), entsteht hier Unterricht, indem der Gesprächsverlauf »kanalisiert« wird. Die Lehrerin schränkt die Vielzahl der Anschlussmöglichkeiten (z.b. an die Oh- und Ah-Rufe oder an Esthers Vorschlag oder an Ingos Pantomime) ganz gezielt durch ihre sprachlichen Anweisungen ein und optimiert auf diese Weise die Lernchancen der Schüler. Erstens soll nicht mehr über alle möglichen Tiere gesprochen werden, sondern nur noch über Klassentiere (thematische Selektion). Zweitens soll beim Sprechen die unterrichtstypische Norm eingehalten werden, nur begründbare Vorschläge und Meinungen zu äußern (Selektion eines argumentativen Gesprächstyps). Drittens soll künftig nicht mehr jeder sprechen dürfen, sondern nur noch Esther (personale Selektion).

Esther zeigt sich zuerst einmal durch diese Anweisung überfordert und erhält deswegen von der Lehrerin Unterstützung. Erstens bringt die Lehrerin durch die Äußerung »sag doch mal« zum Ausdruck, dass sie keine perfekte Antwort erwartet. Zweitens ersetzt sie die schwierige Aufgabe, etwas zu definieren (»was ist das?«), durch eine funktionale Beschreibung (was man damit machen kann, wozu etwas dient). Tatsächlich gelingt es Esther in der gewünschten Weise, eine Beschreibung abzugeben, die auch die mögliche Funktion eines Klassentiers anspricht (die Gründe für die Anschaffung). Mehr noch: Esther ergänzt ihren emotionalen Bezug zu einem Meerschweinchen (streicheln, Spaß haben) um den unterrichtsspezifischen kognitiven Aspekt »Tierkunde«. Der Aufbau von sog. »objektiven Valenzen« – nicht nur ein Tier süß zu finden, sondern sich für Biologie zu interessieren – ist der Zweck jedes Schulunterrichts. (Wobei die Kunst des Lehrens und Erziehens darin besteht, die ursprünglichen emotionalen Bindungen an den jeweiligen Unterrichtsgegenstand nicht zu zerstören).

Selbst. Der symbolische Interaktionismus betont die Bedeutung des anderen für die Herausbildung des Selbst. Während die anderen für das Kleinkind noch die engsten Bezugspersonen sind (»signifikante Andere«), übernehmen später »verallgemeinerte Andere« deren Funktion.

Im Laufe der Entwicklung werden dem Kind zahlreiche Eigenschaften zugeschrieben: Sein soziales Geschlecht (Gender), seine Attraktivität, seine Intelligenz. Nicht alle Zuschreibungen erfährt das Kind wortwörtlich durch Noten oder Bemerkungen, manche lernt es nur aus der Reaktion von anderen kennen. »Alle aus der Klasse werden zu einem Kindergeburtstag eingeladen. Ich nicht«, »wenn die Mutter Hilfe in der Küche braucht, fragt sie immer zuerst mich« usw. Auch die Fähigkeit, sein eigenes Leben als sinnvoll und erfüllt anzusehen, erwirbt das Kind in der Auseinandersetzung mit anderen. Die Anerkennung als Person und die soziale Rechtfertigung des eigenen Handelns sind auf ein (soziales oder letztgültiges) Gegenüber angewiesen. Alle diese Erfahrungen könnte man zusammenfassen mit dem Satz »Ich bin so, wie die anderen mich sehen«. Mead (1934) nennt dieses Selbst, das uns im Spiegel der Gesellschaft entgegentritt das »Me«.

Allerdings können wir und andere oft auch ganz neue Seiten an uns kennen lernen. Hinter dem gesellschaftlichen Bild, das andere und wir selbst von uns haben, steht ein anderes Selbst, das nie hervortritt ans Rampenlicht: Das »I«. In der inneren Rede sprechen wir zu uns selbst, aber wir sehen uns nicht selbst. Nur in der Handlung werden wir unserer selbst bewusst. Dieses Phänomen beschreibt Bernhard Schlink in seiner Erzählung »Der Vorleser« folgendermaßen:

»Oft genug habe ich im Laufe meines Lebens getan, wofür ich mich nicht entschieden hatte, und nicht getan, wofür ich mich entschieden hatte. Es, was immer es sein mag, handelt; es führt zu der

Frau, die ich nicht mehr sehen will, macht gegenüber dem Vorgesetzten die Bemerkung, mit der ich mich um Kopf und Kragen rede, raucht weiter, obwohl ich mich entschlossen habe, das Rauchen aufzugeben, und gibt das Rauchen auf, nachdem ich eingesehen habe, dass ich Raucher bin und bleiben werde. Ich meine nicht, dass Denken und Entscheiden keinen Einfluss auf das Handeln hätten. Aber das Handeln vollzieht nicht einfach, was davor gedacht und entschieden wurde. Es hat seine eigene Quelle und ist auf ebenso eigenständige Weise mein Handeln, wie mein Denken mein Denken ist und mein Entscheiden mein Entscheiden.« (Schlink 1995, S. 22)

3.4 Muss Erziehung sein?

Solange es Anleitungen oder Lehrbücher zum pädagogischen Handeln gibt, solange ist unter Pädagogen strittig, wie viel Erziehung (Disziplinierung, Unterweisung) Kinder eigentlich zu ihrer Entwicklung brauchen. Bekanntlich hat sich Jean-Jacques Rousseau (1712–1778) in seinem Erziehungsroman»Emil oder über die Erziehung« vehement für eine repressionsfreie, autonome Entwicklung des Kindes zu seiner natürlichen Bestimmung eingesetzt, während der Philosoph und Zeitgenosse Immanuel Kant (1724–1804) meint, man müsse Kinder möglichst früh den Zwang der Gesetze fühlen lassen:»Der Mensch hat aber von Natur einen so großen Hang zur Freiheit, dass, wenn er erst eine Zeit lang an sie gewöhnt ist, er ihr alles aufopfert.« (Kant 1803, Seite A4) Die Entwicklungspsychologie ist im Gegensatz zur Erziehungswissenschaft keine normative Disziplin. Das heißt, dass Psychologen beschreiben, wie und unter welchen Einflüssen sich Kinder entwickeln, aber sie halten sich in der Regel sehr zurück, wenn gefragt wird, wie viel Erziehung notwendig ist und in welchem Ausmaß sich Kinder aus eigenem Antrieb (Reifung, Selbstkonstruktion, Entfaltungslogik) oder aufgrund der verschiedensten, nicht von Eltern und Erziehern geplanten Einflüsse, positiv entwickeln.

4. Dimensionen der Entwicklung

Wenn das Kind auf die Welt kommt, ist es zwar durch seine Reflexe und seine psychophysiologische Ausstattung (Atmung und Blutkreislauf, Nahrungsaufnahme und Verdauung) auf das (Über-) Leben in dieser Welt vorbereitet. Aber sein Wissen über diese Welt, in der es leben wird, ist noch minimal. Das Kind kann zwar durch seine Sinnesorgane schon viele Eindrücke von der Welt sammeln, aber es muss noch lernen, diese Eindrücke auch zu ordnen, zu bewerten, mit Sinn zu erfüllen. Nur wenige, elementare Umweltreize werden auf Grund einer angeborenen Reaktionsbereitschaft beantwortet und haben somit gleichsam eine natürliche Bedeutung. Für die Mehrzahl der Eindrücke baut sich das Kind dagegen erst allmählich Konzepte auf, die die Bedeutung des jeweiligen Eindrucks festlegen. Die Welt wird sinnvoll, indem das Kind unterscheiden lernt. So konstruiert es für sich die Grenze zwischen innerem und äußerem Erfahrungsraum (z.B. zwischen Traum und Wirklichkeit), zwischen Selbst und anderen (vgl. Stern 1992; Mahler 1975), es gelangt zu der Annahme, dass zeitweise nicht sichtbare Objekte gleichwohl weiterexistieren (Objekt-Permanenz) usw.

All dies muss vom Kind erst »entdeckt« oder besser gesagt »erfunden« werden. In gewisser Hinsicht ist das Kind also ein Konstrukteur seiner eigenen Wirklichkeit. Das Kind konstruiert sich im Laufe seiner Entwicklung eine nur ihm selbst zugängliche Innenwelt (Traum, Fantasie, inneres Erleben), eine dingliche Außenwelt (Natur) und eine soziale Mitwelt. (Die folgende Darstellung greift Überlegungen von Habermas, 1984, auf). Indem das Kind seine Welt handelnd erfährt und darüber mit anderen kommuniziert, bildet es Kriterien aus, um zwischen angemessenen, bewährten und unangemessenen, nicht bewährten Konzepten über diese drei Welten unterscheiden zu können. Konzepte und Aussagen über die äußere Natur sollten »wahr« sein, Aussagen über das eigene Erleben (die innere Natur) sollten »wahrhaftig« sein, Konzepte und Aussagen über die soziale Realität sollten »richtig« sein, d.h., sie sollten sozialen Regeln und Normen entsprechen. Die Sprache gehört zu keiner dieser drei Welten, aber mit ihrer Hilfe kann das Kind die jeweiligen Geltungsansprüche mitteilen und überprüfen. Um sich in der Welt erfolgreich zu behaupten, muss das Kind also bewährte Konzepte über die drei »Weltregionen« erarbeiten und daneben noch die Kompetenz erwerben, sich sprachlich über diese Weltbezüge zu verständigen.

Ein Alltagsbeispiel: Ich bin hungrig und gehe durch eine fremde Stadt. Wie nicht anders zu erwarten, komme ich über kurz oder lang an einem »Fast Food«-Restaurant vorbei. Ich weiß: Hamburger der Firma xyz sind warm, weich und essbar (Wissen über die wahre Beschaffenheit der äußeren Natur bzw. dinglichen Welt). Wenn ich Hunger verspüre und einen Hamburger esse, ist das Hungergefühl weg, wenn ich zwei Hamburger esse, fühle ich mich nicht mehr so gut (Fähigkeit zur Wahrnehmung meiner inneren Natur). Um einen Hamburger zu kaufen, muss ich mich in die Schlange an der Verkaufsstelle einreihen (soziale Kompetenz), dann muss ich sagen, was ich will (sprachliche Kompetenz), dann muss ich bezahlen (soziale Kompetenz) usw.

Im 4. Kapitel werden wir zu jeder Erfahrungsregion einige bedeutende Entwicklungstheorien vorstellen:

- Zu den sich verändernden Bedürfnissen und zum wachsenden Bewusstsein des Kindes für seine innere Natur u.a. die Theorien von Margaret Mahler, Sigmund Freud und Erik H. Erikson (Kapitel 4.1).
- Zur wachsenden Erkenntnis des Kindes über die Beschaffenheit der äußeren Natur die Theorie von Jean Piaget und von weiteren kognitiv orientierten Entwicklungspsychologen (Kapitel 4.2); in diesem Abschnitt wird auch der kindliche Spracherwerb dargestellt, sowie
- zur Entwicklung der sozialen Kompetenz u.a. die Theorien von Jean Piaget, Lawrence Kohlberg u. Robert Selman (Kapitel 4.3).

4.1 Von der inneren Natur Besitz ergreifen

Hellmuth Plessner (1976, S. 56) charakterisiert die Beziehung des Menschen zu seiner eigenen Körperlichkeit mit dem Satz »Ich bin, aber ich habe mich nicht«. Nicht nur die äußere Natur, sondern auch meine innere Natur, meine Gefühle und Bedürfnisse, meine Fantasien und Träume, bleiben mir zeitlebens ein Stück weit rätselhaft, zumindest aber widersetzen sie sich meinem Zugriff. Appellen an die eigene Person, »den inneren Schweinehund zu überwinden«, (Landessprache), oder »think positive« (Psychojargon) ist zumeist nur ein mäßiger Erfolg beschieden. Das eigene Ich fühlt sich zwar in Maßen frei, über das Handeln zu entscheiden, erlebt sich zugleich aber auch in seiner Freiheit beschränkt und zuweilen sogar wie eingeklemmt zwischen den Anforderungen der Gesellschaft und den kulturellen Traditionen. Den eigenen Handlungsspielraum angesichts der Ansprüche von innerer Natur und von außen vorgegebener kultureller Forderungen zu erweitern oder zumindest zu erhalten, also ein starkes, autonomes und handlungsfähiges Ich zu schaffen, ist das Ziel der Psychoanalyse.

Die von dem Wiener Arzt Sigmund Freud (geb. 1856 in Freiberg/Mähren, gest. 1939 in London) Ende des 19. Jahrhunderts begründete psychoanalytische Methode ist heute zwar eines der anerkannten psychotherapeutischen Richtlinienverfahren, und psychoanalytische Grundgedanken lassen sich noch jetzt, ein Jahrhundert nach dem Erscheinen der ersten Arbeiten von Freud, in vielen psychologischen Theorien nachweisen. Dennoch spielen psychoanalytische Konzepte in der akademischen Psychologie (also außerhalb der Lehrinstitute, an der die Ausbildung künftiger psychoanalytischer Psychotherapeuten betrieben wird), nur noch eine geringe Rolle. Dies gilt erstaunlicherweise nicht für die Entwicklungspsychologie, obwohl Freud selbst kaum direkte Beobachtungen an Kindern vorgenommen hat (auch für die berühmte Therapie des »Kleinen Hans« [Freud 1909] bediente sich Freud der Eltern als Mediatoren).

Das Interesse der frühen Psychoanalyse für die kindliche Entwicklung war eher ein Nebenprodukt aus der Beschäftigung mit psychisch kranken Erwachsenen, weil Freud feststellte, dass viele neurotische (krankhafte) Verhaltensweisen des Erwachsenen ihren Ursprung in der Kindheit haben. Erst neuere psychoanalytische Arbeiten basieren auf systematischen Beobachtungen von Kindern, ausgehend von den wegbereitenden Untersuchungen von René Spitz und Melanie Klein, über die viel beachtete Studie zur Genese des Selbst durch Margaret Mahler bis hin zur modernen Säuglingsforschung, etwa durch Daniel Stern (s.u.).

4.1.1 Die psychoanalytische Entwicklungspsychologie von Sigmund Freud

Am Anfang der Entwicklung wird das Verhalten des neugeborenen Kindes nach psychoanalytischer Vorstellung weitgehend von Trieben, z.b. dem Hungertrieb, beherrscht. Der Trieb akkumuliert (das Kind wird zunehmend unruhiger), der Trieb wird befriedigt (z.b. durch das Trinken an der Brust der Mutter), und anschließend ist der Trieb für eine Weile abwesend (das Kind ist ruhig und entspannt).

Freud benennt zwei Gruppen von Trieben. Die Triebe, die der Selbsterhaltung dienen (Hunger, Durst, Flucht vor Schmerz), werden den Trieben zur Arterhaltung gegenübergestellt: In erster Linie dem Sexualtrieb, dessen Triebenergie Freud mit Libido bezeichnet. Nach 1920 wurde von Freud noch der sog. Todes- oder Aggressionstrieb als zweiter Trieb der Arterhaltung postuliert. Seine Energie heißt Destrudo. Das Konzept eines Aggressionstriebs wurde aber nicht von allen Psychoanalytikern übernommen. Die Destrudo könnte u.a. deswegen der Arterhaltung dienen, weil sie die natürliche Selektion i.S. Charles Darwins vorantreibt.

Triebe sind die Wurzel einer Vielzahl von Verhaltensweisen, sie haben eine genetisch bedingte und eine gelernte Komponente. Während die Triebquelle aus bestimmten körperlichen Prozessen gespeist wird (beim Hunger z.B. aus der Magenkontraktion und dem Blutzuckerspiegel), besteht das Triebziel in der Ausführung einer Handlung, die zur Reduktion der Trieberregung dient. Die Verbindung zwischen Trieb und Triebziel ist in den meisten Fällen gelernt, es handelt sich also nicht um einen biologischen Automatismus. Freud spricht in diesem Zusammenhang vom Triebschicksal, in der Sprache der Lerntheorie würden wir von der Lerngeschichte sprechen. Das Triebobjekt ist die Person oder der Gegenstand, auf die/den sich der Trieb richtet. Auch Vorstellungen über Handlungen und Objekte können vom Trieb besetzt werden. Die Ausdrücke »Objekt« und »Besetzung« sind Fachbegriffe geworden. Wenn man mit der psychoanalytischen Theorie nicht vertraut ist, mutet es zunächst befremdlich an, dass Freud z.b. von der geliebten Person als dem Trieb»objekt« spricht. Der Grund für diese eher für die Welt der Dinge als für die soziale Welt übliche Wortwahl liegt wohl darin, dass Freud in einer ersten Periode der Theorieformulierung nach einer streng naturwissenschaftlichen Ausdrucksweise gesucht hat. Erst in fortgeschrittenem Alter hat er sich von dem Erwartungsdruck einer somatisch orientierten, ärztlichen Kollegenschaft befreien können und ist zunehmend zu einer Person-Handlungs-Sprache übergegangen. Der Begriff des »Triebes« ist von Anfang an bis heute einer der »anstößigsten« Aspekte der freudschen Theoriebildung geblieben. Eigentlich ein Begriff aus der biologisch-somatischen Beschreibungssprache (vgl. die Einführung), wurde das Triebkonstrukt von Freud auch zur Erklärung psychischer Vorgänge übernommen (eben diesen Fehler vermeidet die moderne Psychologie, indem sie im Zusammenhang mit dem Antriebserleben von Emotion und Motivation spricht und damit eine Gleichsetzung körperlicher und psychischer Vorgänge umgeht).

Eine zentrale Rolle im Theoriegebäude Sigmund Freuds spielt die Entwicklung des Sexualtriebes. Das Kleinkind hat noch keinen einheitlichen Sexualtrieb unter dem Primat der genitalen Empfindung. Teiltriebe (»Partialtriebe«) aus verschiedenen Körperzonen (Mund, Anus, Genitale) vereinigen sich erst allmählich zu jenem Trieb, wie ihn der sexuell ausgereifte Erwachsene empfindet.

Anfangs sind alle Handlungen des Kindes auf eine unmittelbare Triebbefriedigung ausgerichtet (Lustprinzip). Mit wachsender Merkfähigkeit kann das Kind die befriedigende Situation in der Halluzination vorwegnehmen und auf diese Weise sozusagen über bestimmte Befriedigungsmöglichkeiten nachdenken. Dieses sehr primitive, assoziative und von Triebwünschen bestimmte Denken, wird in der Psychoanalyse »Primärvorgang« (oder Primärprozess) genannt (s. Tabelle). Die psychische Instanz, die für diese Wahrnehmungsform zuständig ist, nennt Freud das Es.

Psychoanalytische Annahmen zur Struktur und Funktion des Psychischen

Befriedigungsmodus	Denkmodus	Psychische Instanz
Lustprinzip	Primärvorgang (Primärprozess)	Es
Realitätsprinzip	Sekundärvorgang (Sekundärprozess)	Ich
	Strittig, ob dem Überich eigene kognitive Funktionen zuzuordnen sind	Überich

Das Es »*ist der dunkle, unzugängliche Teil unserer Persönlichkeit; Das wenige, was wir von ihm wissen, haben wir durch das Studium der Traumarbeit und der neurotischen Symptombildung erfahren, und das meiste davon hat negativen Charakter, lässt sich nur als Gegensatz zum Ich beschreiben. Wir nähern uns dem Es mit Vergleichen, nennen es ein Chaos, einen Kessel voll brodelnder Erregungen. Wir stellen uns vor, es sei am Ende gegen das Somatische offen, nehme da die Triebbedürfnisse in sich auf, die in ihm ihren psychischen Ausdruck finden, wir können aber nicht sagen, in welchem Substrat. Von den Trieben her erfüllt es sich mit Energie, aber es hat keine Organisation, bringt keinen Gesamtwillen auf, nur das Bestreben, den Triebbedürfnissen unter Einhaltung des Lustprinzips Befriedigung zu schaffen. Für die Vorgänge im Es gelten die logischen Denkgesetze nicht, vor allem nicht der Satz des Widerspruchs. Gegensätzliche Regungen bestehen nebeneinander, ohne einander aufzuheben oder sich voneinander abzuziehen.*« (Freud 1933, S. 80)

Allmählich entwickelt sich aus einem Teil des Es ein zweites System, das Ich. Das Ich folgt einem anderen, eher analytischen Denkmodus, dem Sekundärvorgang. Aufgabe des Ich auf dieser frühen Entwicklungsstufe ist es, die inneren Impulse (den Trieb) mit äußeren Gegebenheiten (der Realität) in Einklang zu bringen. Das Ich kontrolliert, hemmt oder verschiebt den Triebimpuls, um die Befriedigung, auf längere Sicht gesehen, zu maximieren. Neben dem Aufschub der Befriedigung kann das Ich nach neuen Befriedigungsmöglichkeiten suchen, konträre Triebwünsche (z.b. Hass und Liebe) miteinander aussöhnen, aber auch eine Befriedigung vorübergehend oder endgültig versagen. Das Ich übernimmt folgende Funktionen:

- Aufbau einer Triebschwelle, z.b. durch Erhöhung der Frustrationstoleranz;
- Auswahl von Triebabwehrstrategien (Abwehrmechanismen);
- Kontrolle des Zugangs von Ideen zum Bewusstsein; abgewehrte triebbesetzte Vorstellungen verbleiben im Unbewussten;
- Auswahl von effektiven Mitteln zur Triebbefriedigung;
- logisches Denken, Gedächtnis.

Wie arbeitet das Ich bei der Triebabwehr? Bestimmte Vorstellungen sind mit der Triebbefriedigung verknüpft (besetzt). Wenn der Trieb im Moment nicht befriedigt werden kann, würde die Vorstellung der befriedigenden Situation Schmerz erzeugen. Das Ich stellt der Besetzung der Vorstellung durch den Trieb eine Gegenbesetzung entgegen. Mehrere Mechanismen zur Abwehr der triebbesetzten Vorstellung (Abwehrmechanismen) stehen dem Ich zur Auswahl:

- Die **Verdrängung** von triebbesetzten Vorstellungen ins Unbewusste durch Gegenbesetzungen. Das Ich errichtet einen Damm gegen den Triebstrom. Diese Gegenkraft wird ebenfalls aus libidinöser Energie gespeist.
- Die **Verschiebung** auf ein anderes als das ursprünglich gewünschte Triebobjekt. Dabei kann die Tatsache, dass das neue Objekt als Ersatz für ein nicht erreichbares Triebobjekt dient, dem Handelnden bewusst sein oder unbewusst bleiben.
- Eine ganz besondere Form der Verschiebung ist die sog. **Sublimierung**. Hierbei wird nicht nur das Triebobjekt, sondern auch das Triebziel (Sexualität) zu Gunsten einer geistigen, schöpferischen Leistung abgewandelt. Bestehen bleibt jedoch die Grundqualität des Eros-Triebes, das Streben nach Einheitlichkeit, nach

dem Zusammenführen und der Integration von Ideen, daher folgert Freud, dass»... auch die Denkarbeit durch Sublimierung erotischer Triebkraft bestritten« wird (Freud 1923, S. 274).

- Im Falle der **Reaktionsbildung** wird der Triebwunsch in sein Gegenteil umgewandelt, also z.b. Freundlichkeit in Aggression. Scheinbar freundliche und wohlmeinende Gefühle können besonders gut eine aufkommende Aggression vom Bewusstsein fern halten. Ein kritisches Moment ergibt sich jedoch spätestens dann, wenn es nötig sein sollte, gerechtfertigterweise Widerstand zu leisten. So ist z.b. eine konstruktive Kritik erschwert.

- Beim Abwehrmechanismus der **Isolierung** wird zwar nicht das Gefühl bzw. der Triebwunsch als solcher, aber sein Inhalt ausgetauscht. Dann kann man beispielsweise auf eine Beleidigung hin nicht nur äußerlich gelassen erscheinen, sondern auch selbst keine Erregung mehr spüren. Die Gefahr in Verbindung mit dieser Abwehrvariante liegt darin, dass der Affekt seine Signalwirkung für das eigene Selbstbild einbüßt und dadurch die Selbstwahrnehmung eingeschränkt wird.

- Als **Projektion** wird die Zuschreibung eines unerwünschten Triebwunschs zu anderen Personen bezeichnet. Diese wenig sozialverträgliche Form der Abwehr führt schnell zur Verketzerung der Personen, denen die eigene Problematik zugeschrieben wird (z.b. eine geringe Sexualmoral). Mit Einschränkung erhalten bleibt jedoch die Möglichkeit, über derartige Bedürfnisse und deren Folgen nachzudenken.

- Die **Verleugnung** stellt eine zumeist krankhafte, zumindest jedoch äußerst unangemessene Form der Triebbewältigung dar. Hierbei wird die reale Situation grob umgedeutet und eventuell durch halluzinierte Situationswahrnehmungen ersetzt.

An einem bestimmten Punkt der kindlichen Entwicklung (bei der vorläufigen Lösung des Ödipus-Konfliktes in der Vorschulzeit, s.u.) entwickelt sich eine dritte psychische Instanz, das Überich.

»Als Niederschlag der langen Kindheitsperiode, während der der werdende Mensch in Abhängigkeit von seinen Eltern lebt, bildet sich in seinem Ich eine besondere Instanz heraus, in der sich dieser

elterliche Einfluss fortsetzt. Sie hat den Namen des Überichs erhal-
ten … Im Elterneinfluss wirkt natürlich nicht nur das persönliche
Wesen der Eltern, sondern auch der durch sie fortgepflanzte Ein-
fluss von Familien-, Rassen- und Volkstradition sowie die von ih-
nen vertretenen Anforderungen des jeweiligen sozialen Milieus.
Ebenso nimmt das Überich im Laufe der individuellen Entwick-
lung Beiträge von Seiten späterer Fortsetzer und Ersatzpersonen
der Eltern auf … Man sieht, dass Es und Überich bei all ihrer fun-
damentalen Verschiedenheit die eine Übereinstimmung zeigen,
dass sie die Einflüsse der Vergangenheit repräsentieren, dass Es den
der ererbten, das Überich im Wesentlichen den von anderen über-
nommenen, während das Ich hauptsächlich durch das selbst Erleb-
te, also Akzidentelle und Aktuelle bestimmt wird.« (Freud 1938,
S. 69)

Diese Instanz verkörpert also die Kultur, die gesellschaftlichen
Wertvorstellungen und Verhaltensrestriktionen. Der Dauerkonflikt
zwischen den verinnerlichten gesellschaftlichen Ansprüchen (Über-
ich) und den eigenen Triebbedürfnissen (Es) muss künftig durch
ein möglichst starkes Ich bewältigt werden. Eine positive Entwicklung hin zu einer zunehmenden Stärke des Ich besteht folglich im
Übergang vom Lustprinzip zum Realitätsprinzip, in der Entwicklung von Gegenbesetzungen und angemessenen Abwehrmechanismen sowie in einem immer differenzierteren Verständnis der sozialen Realität.

Parallel zur Entwicklung des »Ichs« entwickelt sich auch die Sexualität des Kindes. Die Phasen der psychosexuellen Entwicklung
sind sehr bekannt und gehören wohl bereits zur Allgemeinbildung.
Triebquellen, Triebziele und Triebobjekte unterliegen in der Zeit bis
zur Pubertät einem charakteristischen Wandel. Diese Veränderungen lassen sich als biologischer Reifungsprozess verstehen, der in
seinem individuellen Verlauf aber durch soziale Bedingungen stark
beeinflusst wird. Freud geht davon aus, dass die Partialtriebe bei der
Libidoentwicklung zu unterschiedlichen Zeiten einsetzen, miteinander wie in kommunizierenden Röhren in Verbindung stehen
und sich schließlich dem Ziel der genitalen Sexualität unterordnen.
Dabei ergibt sich die folgende Entwicklungsreihe:

- Im ersten Lebensjahr befindet sich der Säugling in einer **oralen Phase**, in welcher die entscheidenden Bedürfnisse mit der Mundzone verknüpft sind (saugen, passiv versorgt werden). Als psychisches Korrelat taucht in dieser Phase die Thematik des Einverleibens und der psychischen Abhängigkeit auf.

- Es folgt im zweiten Lebensjahr die **anale Phase**, die mit dem Reinlichkeitstraining und der Beherrschung der Ausscheidungsfunktion verknüpft ist. Beherrschen, Geben und Nehmen, Sauberkeit, Kontrolle bis hin zur Zwanghaftigkeit sind die psychischen Themen dieser Stufe.

- Die **phallische Phase** beginnt im vierten Lebensjahr. In dieser Phase kommt es zu ersten genitalen Manipulationen, die lustvoll erlebt werden. Voyeurismus (Schauen), Exhibitionismus (Zeigen), Geltungsdrang, aber auch Kastrationsangst beim Jungen bzw. Penisneid beim Mädchen sind nach psychoanalytischer Auffassung für diese Phase charakteristisch. Nach Freud entdeckt der Junge in diesem Alter, dass er in seiner männlichen Sexualität und Geschlechtsrolle dem Vater gleicht, aber durch seine Generationsrolle und seine Position in der Familie doch nicht dieselben Rechte gegenüber der Mutter hat wie dieser. Diese Erfahrung findet ein inneres Bild einmal in der Kastrationsfantasie (ohne dass es in der äußeren Realität eine derartige Drohung wirklich gegeben haben müsste), ein andermal in einer Fantasie, die dem altgriechischen Ödipus-Mythos zu Grunde liegt (Tötung des Vaters, Heirat der Mutter). Als Lösung des Konflikts bietet sich schließlich die Identifikation mit dem Aggressor und die Aufgabe der ursprünglichen, an die Mutter gerichteten Wünsche an. Diese Entwicklung hat zur Folge, dass die Psyche umstrukturiert werden muss und eine verinnerlichte Kontrollinstanz, das bereits erwähnte Überich, entsteht. Die Interaktionserfahrungen des Jungen (Art der Partnerbeziehungen), die Entwicklung der psychischen Struktur (Bildung des Überichs und das Mythenverständnis bzw. die Mythenbildung als Widerspiegelung der innerpsychischen Vorgänge sind also eng miteinander verknüpft (vgl. Loch 1969). Für das Mädchen ist durch den Wegfall der fantasierten Kastrationsdrohung die Beziehungssituation ganz anders strukturiert. Ob Mädchen deswegen weniger eindeutig zur Ausbildung eines Überichs gezwungen werden und ob sie sich und ihre Situation vergleichbar im Elektra-Mythos wieder finden, ist in der modernen Psychoanalyse umstritten.

● Der Eintritt in die nachfolgende **Latenzphase** fällt nicht zufällig in vielen Ländern mit dem Beginn der Schulzeit zusammen. In dieser Epoche tritt die sexuelle Entwicklungsdynamik hinter der geistig-intellektuellen zurück.

● Das daraus folgende Ich-Wachstum kommt dem Individuum zugute, wenn es mit dem Wiedererstarken und der ganz neuen Virulenz der Triebimpulse in der **genitalen Phase** (Pubertätszeit) konfrontiert wird. Nun muss endgültig die ödipal geprägte, innerfamiliäre Dreiecksbeziehung zu Gunsten einer außerfamiliären Partnerwahl überwunden werden.

Nicht immer geht die Entwicklung kontinuierlich voran. Wenn die Befriedigung auf einer Entwicklungsstufe besonders leicht gemacht wird (z.b. durch Bestärkung der oralen Abhängigkeitswünsche des Kindes) oder wenn die nachfolgende Phase als eher unbefriedigend erlebt wird, dann kann es zu Fixierungen auf einem bestimmten Entwicklungsniveau kommen. Ebenso ist es möglich, dass eine Person angesichts unlösbarer Konflikte in der Gegenwart zu früheren Befriedigungsformen zurückkehrt (Regression). Freud erläutert die Regression mit Hilfe eines Beispiels aus der militärischen Erfahrungswelt: Wenn eine anfangs siegreich vorrückende Armee zurückgeschlagen wird, dann tendiert sie dazu, alte Stellungen wieder zu besetzen und von dort aus eine neue Verteidigungslinie einzurichten.

Deutlicher noch als Sigmund Freud hat Erik H. Erikson (1950) die soziale Dimension der psychosexuellen Entwicklung herausgearbeitet. Er zeigt die Parallelen zwischen den sexuellen Funktionsweisen (Modi, z.B. das Einverleiben in der oralen Phase), den entsprechenden psychischen Reaktionsweisen (Modalitäten, hier: Geben und Nehmen), den sozialen Konstellationen und Bezugspersonen (hier: die sorgende Mutter) und den mit einer Stufe verbundenen Risiken und Krisen (hier: Urvertrauen als Folge einer guten Mutter-Kind-Beziehung vs. Urmisstrauen als Folge der Angst vor dem Verlassenwerden). Weiterhin lässt Erikson seine Rekonstruktion der Entwicklungsstufen nicht mit dem Erreichen der körperlich-sexuellen Reife enden, sondern verlängert sie um die sozialen Aufgaben der Jugend und des Erwachsenenalters: Identitätsfindung in der Jugend, Partnersuche, Elternschaft, Kreativität und Selbsterprobung im Beruf, Rückblick und Sinnfindung im hohen Alter sind Themen, die er in seiner Phasenlehre anspricht.

Obwohl Eriksons Arbeiten bereits in den 50er-Jahren des 20. Jahrhunderts veröffentlicht worden sind, vertritt er doch einige sehr »modern« anmutende Positionen: Das Ich konstruiert unter Berücksichtigung seiner materiellen, somatischen und persönlichen Ressourcen ein Konzept von der Welt und von sich selbst: Seine Identität, die es in wechselnden Lebenslagen immer wieder neu definieren und mit vergangenen, überwundenen Identitätsentwürfen in Einklang bringen muss (vgl. Habermas 1976, S. 85). Die Welt stellt die Person vor Entwicklungsaufgaben, die diese bewältigen muss, an deren Lösung sie aber auch scheitern kann. In dem von Erikson geprägten Bindestrich-Begriff der Ich-Identität schlägt sich eben diese Ansicht über die Konstruktivität eines aktiv die Realität verarbeitenden Subjekts nieder.

4.1.2 Die Entwicklung des Selbst und der Objekt-Beziehungen aus psychoanalytischer Sicht

In den 30er-Jahren und noch stärker nach Freuds Tod wurden zwei der oben bereits angesprochenen Fragenkreise genauer in den Blick genommen:

- Wie erfüllt das Ich im Einzelnen seine Aufgabe der Triebabwehr und der Realitätsbewältigung?
- Wie entsteht das Selbst, wie hat man sich die Beziehung zwischen dem Ich, dem Selbst und dem Liebesobjekt vorzustellen?

Auf die neueren Entwicklungen zur ersten Frage wollen wir hier nur kurz eingehen. Weiterentwickelt wurde einmal die Lehre von den Abwehrmechanismen, wobei den historisch wichtigsten Beitrag

Freuds Tochter Anna Freud (1936) geleistet hat, deren Buch »Das Ich und die Abwehrmechanismen« eine große Bedeutung für die Entwicklung der Psychoanalyse zukam. Neuerdings wurde die Abwehrlehre weiter geöffnet hin zu einer Lehre der Wahrnehmungsverarbeitung. Das heute geläufige Begriffspaar »Abwehr und Bewältigung« drückt aus, dass nicht nur das tendenziell eher krankhafte Sich-Verschließen gegenüber einer (Selbst-)Wahrnehmung, sondern auch die Bewältigungshandlungen eines gesunden und starken »Ichs« untersucht und beschrieben worden sind (zusammenfassend bei Steffens und Kächele 1988). Zum anderen hat sich eine psychoanalytische Ich-Psychologie entwickelt (Hartmann 1972; zusammenfassend: Drews/Brecht 1982), die gegenwärtig nach Anschlüssen an die sehr erfolgreiche kognitionswissenschaftliche Forschung sucht (vgl. z.b. Granzow 1994).

Für die Entwicklungspsychologie bedeutungsvoller ist die zweite Frage, die sich für die Entstehung des Selbst-Bewusstseins und die Entwicklung der Selbst-Konzepte über die Lebensspanne hin interessiert. Fetscher (1981, 1983, 1985) vergleicht das von Freud gezeichnete Bild vom Ich mit einem Auge. Das Auge nimmt wahr, sieht sich selbst aber (außer wenn es in den Spiegel schaut) beim Wahrnehmungsakt nicht. Alles Wahrgenommene erhält vom Ich einen Platz im Wahrnehmungsraum zugewiesen: Als Aspekt des äußeren Wahrnehmungsraums, wenn sich das Wahrgenommene auf Dinge und Ereignisse der äußeren Welt bezieht oder auf den eigenen Körper, so wie man ihn z.b. im Spiegel sehen kann; auf den inneren Wahrnehmungsraum, wenn es um innere Bilder von der eigenen Person oder vom eigenen Handeln geht (Selbst-Repräsentanzen), um das Selbst-Bewusstsein oder um die nicht hinterfragbare Gewissheit der eigenen Existenz (Selbst-Kerne). Diese Inhalte bzw. Gegenstände des inneren Wahrnehmungsraums lassen sich als »Selbst im engeren Sinne« noch einmal abgrenzen von den eigenen Bildern, Fantasien, Erinnerungen an Objekte der äußeren Welt (Objekt-Repräsentanzen), die zwar ebenfalls zum inneren Wahrnehmungsraum gehören, weil sie **meine** Bilder, **meine** Fantasien usw. darstellen, jedoch nicht zum Selbst im engeren Sinne, da sie das Selbst nicht zum Gegenstand haben. Selbst-Repräsentanzen und Objekt-Repräsentanzen bilden zusammen das »Selbst im weiteren Sinne«, das also den ganzen inneren Wahrnehmungsraum und zuzüglich den eigenen Körper als Teil des äußeren Wahrnehmungsraums umfasst. Das Ich nimmt im Modell von Fetscher keinen Raum ein, es liegt auf der Trennlinie zwischen innerem und äußerem Raum und ist ausschließlich durch seine kognitiven Funktionen bestimmt. Das Über-Ich mit seinen verinnerlichten Normen und Moralvorstellungen wäre in der Grafik ebenfalls (wie auch das Selbst-Ideal) im inneren Wahrnehmungsraum zu lokalisieren. Im Gegensatz zu Freud schlägt Fetscher vor, dem Über-Ich keine aktive Handlungsrolle (Funktion) zuzuschreiben. Das Über-Ich ist demnach nur eine Repräsentation bzw. ein geistiger Inhalt, mit dem das Ich das Selbst vergleichen kann.

Für die Kleinkindforschung wichtig ist nun die Entdeckung von Margaret Mahler (Mahler 1972, 1975, 1985; Mahler u.a. 1980), dass die Innen-Außen-Unterscheidung vom Neugeborenen offensichtlich noch nicht in derselben Weise vorgenommen wird wie vom Erwachsenen. Um eine spezifische Bindung an ein äußeres Liebesobjekt (auch hier wird der Begriff Objekt im Sinne der Psychoanalyse verwendet) eingehen zu können, muss das Kind zuallererst einmal eine Unterscheidung zwischen sich und der Umwelt bzw. sozialen Mitwelt vornehmen. Das Kind konstruiert im ersten Lebensjahr also gleichzeitig Selbst und Objekt, indem es beide aus einer Zwei-Einheit (Dyade) ausgliedert.

Mahler nimmt an, dass affektive Erlebnisse (Erfahrungen der Lust und Unlust) anfangs einem einheitlichen »Selbst-Objekt« zugeordnet werden. Es bedarf erst einer Zeit der Reifung für die Wahrnehmungsfunktionen, bis der Säugling zwischen sich und der Mutter unterscheiden kann. Durch eine systematische Langzeitbeobachtung von Müttern und deren Kindern kam Mahler zu folgenden Annahmen über die Entwicklung der Selbst- und Objekt-Repräsentionen beim Säugling und Kleinkind:

- Im ersten Lebensmonat befindet sich das Neugeborene in einer **Phase des normalen Autismus.** Freud vergleicht diesen »normalen« Autismus mit der Situation in einem Vogelei. Das Lebewesen benimmt sich auch nach der Geburt und der Trennung von der mütterlichen Plazenta weiterhin so, als sei es ein Selbstversorger. Trotz der Namensgleichheit darf das Krankheitsbild des Autismus mit dieser Verhaltensweise nicht verwechselt werden.

● Ab seinem zweiten Lebensmonat scheint das Kind nach den Beobachtungen von Mahler in der Illusion einer völligen Verschmelzung mit der Mutter zu leben. Der von ihr gewählte Begriff der »**Symbiose**« (in der Biologie: sich gegenseitig ergänzende Lebensgemeinschaft zwischen unterschiedlichen Arten in einem gegebenen Biotop) trifft diesen Sachverhalt leider nicht genau. Dieser Zustand scheint vom Kind als angenehm erlebt zu werden. In seiner Fantasie ist es allmächtig, auch wenn es wahrnimmt, dass die Befriedigung von einem bestimmten Teil-Objekt (dem »Mutter«teil der Dyade) ausgeht. Ab dem fünften Lebensmonat bindet sich der Säugling an die eine Mutter. Damit erreicht die Symbiose ihren Höhepunkt.

Allmählich kommt es zur Trennung der äußeren und inneren Wahrnehmung und zur Ausbildung eines Körper-Selbst (Mahler schreibt Körper-Ich, meint aber das, was oben als Selbst im engeren Sinne bezeichnet worden ist). In dieser Zeit macht die Ich-Reifung weitere Fortschritte. Weil Gedächtnisspuren an das mütterliche Teil-Objekt und die davon ausgehende Befriedigung erinnern, kann das Kind auf dieser Stufe bereits einen kurzen Befriedigungsaufschub ertragen.

● Die Individuation, d.h. die Herausbildung eines von der Mutter unabhängigen Selbst, beginnt mit der **Brutzeit oder Differenzierungsphase**. Ab dem neunten Lebensmonat wird die Wahrnehmung zunehmend nach außen gerichtet. Die Beziehung zur Mutter gewinnt nun eher den Charakter einer Operationsbasis, von der aus das Kind seine Aufmerksamkeit allmählich auf andere Objekte ausdehnen kann.

● Die zweite Subphase der Individuation nennt Mahler **Übungsphase**. Sie erreicht ihren Höhepunkt beim etwa 18 Monate alten Kind, das in dieser Zeit durch seinen Aktionsdrang auffällt. Das Kind scheint ständig in Bewegung zu sein. Es genießt jetzt offensichtlich die neu erworbenen Fähigkeiten, auch mit den Gegenständen der Erwachsenen zu hantieren, durch Zeigen und Bitten Erwachsene als verlängerten Arm zu benutzen, herumlaufen zu können. Zwischen Mutter und Kind bildet sich ein spezifisches Signalsystem aus, wobei das Kind die Mimik und Gestik der Mutter als Spiegel für die eigene Befindlichkeit nutzt. Die von der Mutter ausgedrückte Gefühlsreaktion bildet den Interpretationsrahmen, innerhalb dessen das Kind sein erstes Selbst-Gefühl entwickelt.

Mahler (1972, S. 27ff.) gibt hierzu ein Beispiel: Die Mutter des kleinen Jay ist sehr ängstlich. Als Jay in das Alter kommt, in dem Kinder ihre ersten Gehversuche machen, sitzt sie wie erstarrt dabei und gibt keinerlei emotionale Rückmeldungen, wenn Jay umgefallen ist oder sich gestoßen hat. In der Folgezeit lässt sich beobachten, dass Jay selbst dann keinen Schmerz zeigt, wenn er sich heftig wehgetan hat. Jay hat offensichtlich eine ungenügende oder sogar eine »falsche« Selbstwahrnehmung. Als »falsch« kann die Selbstwahrnehmung in diesem Falle deswegen bezeichnet werden, weil sie erstens vom Üblichen abweicht und zweitens nicht-funktional für den Selbstschutz des Kindes ist, da sich das Verletzungsrisiko durch die fehlende Aufmerksamkeit gegenüber dem eigenen Schmerz erhöht. Damit ist noch nicht gesagt, dass es sinnvoll ist, von einem »falschen Selbst« zu sprechen, wenn das Kind z.b. emotional missbraucht worden ist, indem es gezwungen wurde, ständig die Zuwendungsbedürfnisse einer Bezugsperson zu erfüllen und darüber die Sensibilität gegenüber der eigenen Befindlichkeit eingebüßt hat (Miller 1997). Das mit der Rede vom »falschen Selbst« häufig mitgemeinte Konzept der missglückten Selbstverwirklichung geht über den oben dargestellten Befund hinaus, weil damit impliziert wird, dass es in der menschlichen Entwicklung vorgegebene Ziele gibt, die erreicht oder verfehlt werden können (Rogers 1998).

- Bis zum Eintritt in die **Wiederannäherungsphase** überschätzt das Kind seinen eigenen Beitrag zur Lebensbewältigung (Omnipotenzgefühl). Wenn es nun allmählich seine symbiotische Fantasie aufgibt und die Bedeutung des Getrenntseins von der versorgenden Mutter realisiert, kommt es zu einem Gefühl der eigenen Ohnmacht. Wut und Trauer sind die Folge. Eindrücklich lässt sich dies beobachten, wenn das Kind plötzlich selbst seine Schuhe anziehen will, wegen seiner erfolglosen Bemühungen einen Zornesausbruch bekommt, aber dennoch keine Hilfe annehmen kann. Früher wurde diese Phase als »Trotzalter« bezeichnet, aber das zentrale Gefühl des Kindes ist eigentlich nicht der Trotz gegenüber den Eltern, sondern die Wut auf das eigene Unvermögen.

Als Folge des schmerzlichen (innerpsychischen) Verlustes der Mutter endet die Zeit des expansiven Tatendrangs vorläufig, und es kommt zu einer Wiederannäherung an die Mutter. In dieser Zeit ist es für das Kind sehr hilfreich, wenn es eine zweite Bezugsperson (z.B. den Vater) gibt, an den sich das Kind dann anlehnen kann, wenn es sich von der Mutter missachtet fühlt und daher besonders schmerzlich an seine Angewiesenheit auf die Hilfe und Unterstützung durch die Mutter erinnert wird. Rotmann (1978) beschreibt eine häusliche Szene am Sonntagmorgen, während der seine Frau die kleine Tochter Anna nicht aus dem Kinderbettchen gehoben hatte, damit die Eltern im Schlafzimmer noch etwas Ruhe vor den Kindern hätten. Später wurde die Mutter von Anna wie »Luft« behandelt, während der Vater liebevoll von Anna umsorgt wurde. In dieser frühen Dreiecksbeziehung (frühe Triangulation, Abelin 1986) geht es noch nicht um die psychosexuell gefärbte Rivalität zum gleichgeschlechtlichen Elternteil, sondern in diesem Falle steht aus psychoanalytischer Sicht noch das Thema der Selbst-Objekt-Differenzierung hinter dem kleinen sonntäglichen Beziehungsdrama.

- Etwa ab dem dritten Geburtstag kann das Kind zuverlässig zwischen sich selbst und dem geliebten Objekt unterscheiden, und es verliert auch die Neigung, die »gute«, versorgende Mutter und die »böse«, versagende wie zwei getrennte Personen zu behandeln. Nun hat es die Phase der **libidinösen Objekt-Konstanz** erreicht.

Einen Eindruck von der klinisch-psychologischen Bedeutsamkeit der Theorie von Mahler vermittelt die nachfolgend wiedergegebene Textstelle, in der Margaret Mahler Ausschnitte aus der Therapie mit einem Vorschulkind wiedergibt (Mahler 1972). Die Mutter hatte Charlie die ersten Jahre über sehr verwöhnt, aber auch für ihre eigenen Bedürfnisse nach Nähe und Bewunderung missbraucht. Als sie ein weiteres Kind zur Welt brachte, änderte sie jedoch ihr Verhalten gegenüber dem gut zwei Jahre alten Charlie abrupt. In dem, für die Ausbildung einer Spiegelidentifikation wichtigen zweiten 18-Monats-Zeitraum, standen Charlie weder die Mutter noch der Vater zur Verfügung, da jener an einer lähmenden Depression litt und sich zu dieser Zeit von allem zurückzog.

Mahler beschreibt die Symptomatik von Charlie während einer ersten Analyse, die sie mit ihm offensichtlich noch im frühen Kindesalter durchführte:»Charlie erlangte niemals eine libidinöse Objekt-Konstanz. Stattdessen identifizierte er sich total mit seiner Mutter; als sie auf der Fahrt zum Kindergarten versehentlich einen Mann anfuhr, benahm er sich so, als ob er den Mann absichtlich verletzt hätte. Er weigerte sich weiterzufahren: Er hatte Angst, dass die Polizei ihn verhaften würde. Von da an bestand er darauf, eine dunkle Brille zu tragen, um sich dahinter zu verstecken. Er wurde unerträglich destruktiv und griff seine Mutter an, indem er Gegenstände nach ihr warf, wobei er offensichtlich auf ihre Augen zielte.« (Mahler 1972, S. 33f.)

Nach einer langen Unterbrechung nahm Charles seine Analyse bei Frau Mahler im Alter von 16 Jahren wieder auf.»In der Adoleszenz wirkte Charles Zustand eigentümlich affektlos ... Er schloss sich immer wieder anderen Menschen oder Gruppen an, weil er sich nie recht wohl fühlte, wenn er ihnen nahe kam – er konnte sich nur aus der Entfernung nach ihnen sehnen. Dieses intensive Sehnen war der stärkste Affekt, den ich je an Charles beobachtet habe ... (Charles suchte) ständig die Gesellschaft anderer; er war vollkommen außer Stande, allein zu sein. Aber ebenso war er unfähig, längere Zeit hindurch ›zu zweit‹ zu sein! Was Charles unablässig suchte waren Erlebnisse, die ihn mit der verlorenen symbiotischen Mutter, die er – im intrapsychischen Sinne – nie aufgegeben hatte, wieder vereinen sollten. Seine Affektlosigkeit schien eine tief greifende Abwehr gegen seine Angst zu sein, um das Gefühl der Leere beim Verlust eines Teils seiner selbst abzuwehren, und zwar zu einer Zeit, als der Verlust der symbiotischen Mutter noch gleichbedeutend mit dem Verlust eines Teils des Selbst war.« (Mahler 1972, S. 35)

4.1.3 Kritik und Ergänzungen

Die psychoanalytische Entwicklungstheorie ist einer der bedeutendsten und einflussreichsten Erklärungsansätze in der Entwicklungspsychologie geblieben, auch wenn nach einem Jahrhundert der Forschung und Kritik naturgemäß manche darin vertretenen Positionen in Frage gestellt worden sind. Die Annahme unbewusster, aber dennoch handlungswirksamer Motive gehört sicherlich zu den grundlegendsten Erkenntnissen eines Zeitalters der Aufklärung und hat die Kindererziehung ebenso wie das Zusammenleben in der Familie tief greifend beeinflusst.

Fest steht jedoch auch, dass Freud sein ursprüngliches Ziel einer naturwissenschaftlichen, weitgehend mechanistischen (manche sagen auch wegen der von Freud zur Erklärung der Triebdynamik verwendeten Flüssigkeitsmetapher »hydraulischen«) Erklärung des Psychischen verfehlt hat. Im Gegensatz zum Ziel naturwissenschaftlicher Erkenntnis lassen sich mit Hilfe der Psychoanalyse kaum Vorhersagen treffen, da Freud in seine Theorie ein dialektisches Prinzip von widerstrebenden Kräften eingebaut hat, das die Vorhersage eines bestimmten Ausganges schwer macht: Besetzung trifft auf Gegenbesetzung, Es-Wünsche und Überich-Anforderungen werden vom Ich kontrolliert, Libido und Destrudo können sich mischen, aber sich auch gegenseitig neutralisieren (vgl. Wyss 1977).

Viele Erkenntnisse über Entwicklungsprozesse stammen aus der Therapie von Erwachsenen. Wenn sich die untersuchten Patienten mit Kindheitserinnerungen auseinander setzen, tritt die aktuelle Lebenssituation, das Handeln in konkreten Situationen gegenüber der Wiederbelebung der Vergangenheit in den Hintergrund. Häufig lässt sich nicht feststellen, welchen Beitrag Fantasie und Wirklichkeit zum individuellen Erleben beisteuern. Dies erschwert den Blick auf aktuelle Stressoren. Allerdings: Die therapeutische Technik arbeitet heutzutage weniger mit Erinnerungen an Vergangenes, wie sie mit Hilfe der Methoden der freien Assoziation und der Traumdeutung in den Anfangszeiten der freudschen Psychoanalyse hervorgerufen worden sind. Heute steht die Beziehungsdefinition durch den Patienten in der aktuellen therapeutischen Situation und deren Interpretation (Übertragungsdeutung) im Mittelpunkt.

Die Art und Weise, wie in der Psychoanalyse über psychische Phänomene gesprochen wird, bringt aus heutiger Sicht einige schwerwiegende Probleme mit sich. Erwähnt wurden bereits die Probleme mit dem Triebbegriff und mit der mechanistischen Ausdrucksweise der Psychoanalyse. Neuere Überlegungen zielen daher darauf ab, die Sprache der Psychoanalyse zu erneuern, um den Kernbestand ihrer Erkenntnisse wieder an moderne psychologische Erkenntnisse anschlussfähig zu machen. Schafer (1982) schlägt z.b. vor, statt von Trieben von verleugneten Handlungen und statt von Verdrängung von einer ungenauen Selbstbeobachtung zu sprechen.

Berechtigt ist der Vorwurf, dass zeitbedingte Erscheinungen in der Erziehung, wie das am Ausgang des 19. Jahrhunderts noch übliche rigide Reinlichkeitstraining oder das frühe Abstillen von der Psychoanalyse häufig als kulturelle Universalien überinterpretiert wurden. Aber andererseits hat z.b. eine kulturvergleichende Untersuchung von Parin u.a. (1989) an den Dogon – einem Volksstamm aus Zentralafrika – gezeigt, dass die Thematik des Ödipus-Konfliktes für die dortige Lebensweise ebenso zentral ist wie in der industrialisierten Welt. Dies spricht wiederum eher für eine von Kultur und Zeitgeist unabhängige Existenz bestimmter Kernphänomene.

In jüngster Zeit sind die Ergebnisse von Margaret Mahler zur frühkindlichen Symbioseerfahrung und zur Entwicklung des Selbst auf Grund von sehr sorgfältigen Säuglingsbeobachtungen in Frage gestellt worden (vgl. Stern 1992; Dornes 1998). Manche Alltagsbeobachtung von Eltern, z.b. dass ihr Baby sehr früh eine spezifische Bindung an Mutter **und** Vater eingeht oder dass es im Wachzustand sehr wohl zwischen eigener Tätigkeit und mütterlicher Versorgung unterscheiden kann, haben sich dabei bestätigt und sprechen gegen die weit reichenden Annahmen Mahlers. Der aktuelle Stand der Debatte lässt sich so zusammen fassen, dass die von Mahler beschriebenen symbiotischen Fantasien lediglich für die ausgedehnten Dämmerphasen, nicht aber für den hellen Wachzustand des halbjährigen Kindes charakteristisch sind.

Forscher, die nach einer kausal-nomologischen Erklärung psychischer Prozesse suchen, beklagen häufig, dass viele psychoanalytische Modellannahmen empirisch nicht überprüft oder aufgrund ihrer Formulierung nicht überprüfbar seien. Andere Annahmen, die überprüfbar sind, haben sich in der empirischen Forschung nicht bewährt. Aber es gibt auch Gegenbeispiele. So sind z.b. einige der zentralen Annahmen von Erikson zum Entwicklungsprozess, insbesondere zur Identitätsformation im Jugendalter, von Marcia u.a. (1993) untersucht und empirisch sehr gut bestätigt worden. Die Prüfung und Weiterentwicklung der psychoanalytischen Theorie wird nicht – wie sonst in der Psychologie üblich – durch Experimente und durch die Falsifikation von Hypothesen erzielt. Gegen die daraus abgeleitete Kritik der Vertreter einer hypothetisch-deduktiven Forschungsstrategie an der psychoanalytischen Forschungslogik lässt sich jedoch einwenden, dass dort der Erkenntnisfortschritt eher dem Modell des fallbasierten Wissens (vgl. Riesbeck/Schank 1989) folgt und damit eine Strategie nutzt, die sich im Alltag der Menschen außerordentlich bewährt hat. Mittels moderner Gesprächsforschung (Konversationsanalyse, Narratologie, Objektive Hermeneutik) werden darüber hinaus die theoretischen Schlussfolgerungen von Analytikern zunehmend besser intersubjektiv überprüfbar. Andererseits stimmt es, dass sich viele Analytiker immer noch ungern»in die Karten gucken« lassen und es ablehnen, von ihren therapeutischen Sitzungen Tonbandaufnahmen zu machen.

Vertiefende Literatur

Tyson, P./Tyson, R.L.: Lehrbuch der psychoanalytischen Entwicklungspsychologie. Kohlhammer, Stuttgart 1997.
Dornes, M.: Die frühe Kindheit. Entwicklungspsychologie der ersten Lebensjahre. Fischer Taschenbuch Verlag, Frankfurt a.M. 1997.

4.2 Kognitive und sprachliche Entwicklung

4.2.1 Kognitive Entwicklung

Der Genfer Kinderpsychologe Jean Piaget (1896–1980) vertrat die These, dass sich das Denken des Kindes ursprünglich aus dem Handeln heraus entwickelt hat. Neugeborene haben zwar noch keine Pläne und Absichten, wie sie ihre Umwelt manipulieren könnten, aber sie verfügen bereits über einige angeborene Mechanismen, die es ihnen ermöglichen, auf ihre Umwelt zu reagieren: die Reflexe. Wenn man einem wenige Tage alten Kind mit dem Finger über die offene Handfläche streicht, dann packt es reflexhaft den Finger und hält ihn so fest, dass man das Kind daran hochziehen könnte. Aus diesem angeborenen Greifen formt sich mit der Zeit ein willentlich gesteuertes Anfassen, Heranziehen und Loslassen von Gegenständen. Piaget nennt solche Formen des Eingreifens in die Umwelt sensomotorische Schemata (Einzahl: Schema), weil das Kind nach einem festen Muster (Schema) eine Bewegung ausführt (Motorik) und den Erfolg wahrnimmt (Sensorik).

Schemata sind also die Grundbausteine des Handelns. Diese Bausteine bleiben aber nicht für alle Zeiten gleich, sondern im Tun verändern sie sich Schritt für Schritt, wobei sie immer besser an die wechselnden Gegebenheiten der Umwelt angepasst werden. Das Kind kann einerseits mit demselben Schema verschiedene Dinge (Finger, Rasseln, Gitterstäbe des Bettchens) greifen. Diese Anpassung neuer Objekte an ein vorhandenes Schema nennt Piaget »Assimilation«. Das Kind kann andererseits ein vorhandenes Schema so umwandeln, dass es sich auch auf ganz neu- und andersartige Objekte anwenden lässt. Zum Beispiel greift es anfangs eher erfolglos nach einem Wasserstrahl, verändert dann aber das Schema zu einer Schöpfbewegung, mit der es mehr Wasser in der Hand behält. Diese Anpassung des Schemas an die Umweltbedingungen nennt Piaget »Akkomodation«. Die beiden Formen des Sich-Anpassens bleiben das ganze Leben lang wirksam, wobei die Schemata sich zu immer komplexeren Mustern verändern und sich nicht nur immer besser an die Umwelt, sondern auch wechselseitig aneinander anpassen. Ziel des Entwicklungsvorgangs ist ein immer größerer Einsatzbereich, eine zunehmende Bewährung und damit verbunden eine immer größere Stabilität der Schemata. Die Entwicklung bewegt sich in Richtung eines wachsenden Gleichgewichts zwischen Umweltanforderung und kindlichem Handlungsmuster (»Äquilibration«).

Piaget unterscheidet 4 Phasen, der kognitiven Entwicklung, die vom Kind nacheinander durchlaufen werden und in denen sich die kognitiven Aktivitäten deutlich unterscheiden.

Die sensomotorische Phase reicht von der Geburt bis ins Alter von etwa 1½ bis 2 Jahren. In dieser Zeitspanne lernt das Kind nicht nur, die verschiedensten Gegenstände zu manipulieren und den Erfolg seines Tuns zu kontrollieren, sondern es kann auch zunehmend zweckdienlich handeln und solche Mittel auswählen, die es seinen Zielen näher bringen. Außerdem erkennt das Kind, dass Dinge auch dann noch vorhanden sein können, wenn sie nicht direkt sichtbar sind (Objekt-Permanenz). Dies zeigt sich z.b. darin, dass Kinder nach versteckten Gegenständen suchen.

Die Phase des präoperativen Denkens (Altersstufe eineinhalb bis sieben Jahre) ist durch die zunehmende Fertigkeit im Gebrauch von Symbolen gekennzeichnet. Erste Symbolisierungen finden sich häufig in Form von zeitverzögerten Nachahmungen. Zum Beispiel ahmt ein Kind das Füttern, wie es die Mutter tut, nach, indem es mit Daumen und Zeigefinger in der Luft eine Greifbewegung ausführt und den imaginären Bissen der Mutter in den Mund schiebt. In diese Zeit fällt auch die Sprachentwicklung (s.u.) und die Entwicklung der Fähigkeit zum Zeichnen und Malen. An den charakteristischen Fehlern beim Zeichnen kann man besonders gut studieren, wie das Kind denkt und wahrnimmt. Typisch sind etwa die Kopffüßler (Menschen werden noch ohne Rumpf gemalt) oder Wohnungsgrundrisse, die die Zimmer als separate Ausstülpungen darstellen, die an verschiedenen Stellen aus einem Flur heraus wachsen.

Auch in der Phase der konkreten Operationen (Altersstufe 7–11 Jahre) verwendet das Kind noch Handlungs-Schemata, aber daneben tauchen nun erstmals verinnerlichte Handlungen auf, sog. Operationen. Gegenüber den Handlungen in der äußeren Welt haben die verinnerlichten Handlungen einen entscheidenden Vorteil: Sie sind reversibel, also umkehrbar. Das Kind kann nun im Geiste eine Handlung rückwärts ablaufen lassen (wie eincn Film) und daraus seine Schlüsse ziehen. Nun erkennt es erstmals, dass eine Flüssigkeitsmenge konstant bleibt, egal ob man sie in ein hohes, aber schmales Glas oder in ein breites Glas füllt, denn beim mehrmaligen Umschütten erreicht der Flüssigkeitsspiegel in demselben Glas immer wieder dieselbe Höhe. Das Denken ist zweidimensional geworden. Daher werden seltener Kategorienfehler gemacht, wie etwa in der Aufgabe: »Hier habe ich 8 Holzkugeln, davon sind 5 schwarz. Gibt es mehr schwarze Kugeln oder mehr Holzkugeln?« Ein weiterer Fortschritt in diesem Alter ist nach Piaget die Fähigkeit des Kindes, eine Beobachterperspektive einzunehmen (Überwindung des Egozentrismus, vgl. Kapitel 4.3.3).

In der zuletzt beschriebenen Phase hat das Kind eine Reihe basaler kognitiver Operationen erworben, und es kann am Ende dieser Phase wichtige logische und arithmetische Operationen ausführen, z.b. die Klassifikation von Objekten, die Reihenbildung (Ordnen nach Größe, zeitlicher und räumlicher Distanz, usw.). Allerdings ist sein Denken noch sehr an die Anschauung gebunden. In der Phase der formalen Operationen (ab dem 12. Lebensjahr) lernt es, logische Prinzipien auch auf abstrakte Problemformulierungen anzuwenden. Jetzt kann es beispielsweise wie ein Wissenschaftler in einem Experiment vorgehen und die Auswirkung einzelner Einflussquellen systematisch durchspielen. Eine bekannte, von Piaget ersonnene Aufgabe, die erst auf dieser Stufe elegant und ohne Umwege gelöst werden kann, ist der Pendel-Versuch, bei dem Kinder herausfinden müssen, wie sich Gewicht und Länge eines Pendels auf die Schwingungsfrequenz auswirken.

Mit dem Erreichen der formal-operatorischen Stufe ist die kognitive Entwicklung nach Piagets Vorstellungen soweit abgeschlossen, dass keine Veränderungen der kognitiven Struktur mehr zu erwarten sind (d.h. der Wege, die das Denken nimmt), sondern nur noch eine Zunahme des Wissens (d.h. der Menge des Gewussten).

Die Theorie der kognitiven Entwicklung von Piaget ist sehr einflussreich für die Entwicklungspsychologie gewesen und hat viele empirische Untersuchungen angeregt. Manche Vorstellungen Piagets mussten inzwischen allerdings relativiert werden, weil sie empirisch nicht haltbar waren. Insbesondere hat es sich gezeigt, dass die kindliche Entwicklung nicht in allen Anwendungsbereichen gleich schnell voranschreitet, sondern dass ein sog. bereichsspezifisches Wissen von Kindern berücksichtigt werden muss. In vertrauten Kontexten können Kinder häufig sehr viel komplexere Aufgaben lösen, als Piaget ihnen zugetraut hat. Der Egozentrismus wird viel früher überwunden, als von Piaget angenommen (vgl. die Aufgabe »Maxi und die Schokolade«, Kapitel 4.3.2), und insgesamt hat sich die kindliche Intelligenzentwicklung in den letzten 50 Jahren sehr beschleunigt, sodass die von Piaget und seinen Zeitgenossen gemachten Altersangaben heute nicht mehr zutreffen. Unbestritten sind aber nach wie vor die Grundideen des Genfer Psychologen, dass das Kind seine Weltsicht schrittweise selbst in tätiger Auseinandersetzung mit seiner Umwelt erweitert. Obwohl somit jedes Kind sein eigener Konstrukteur von Wirklichkeit ist, beschreiten doch alle Kinder der Welt weitgehend dieselben Entwicklungspfade, denn nur solche Schemata und Denkmuster können sich auf Dauer bewähren, die die Widerständigkeit der äußeren Welt berücksichtigen und zum erfolgreichen Handeln befähigen.

4.2.2 Sprachentwicklung

Der vier Jahre alte Paul soll aus dem Keller eine Flasche Apfelsaft holen. Er sagt zu seiner Mutter:»Es ist so kalt und dunkel im Keller.« Mit diesem einen Satz drückt der Junge gleichzeitig drei verschiedene Botschaften aus. Eine Sach-Botschaft:»Der Keller ist kalt. Der Keller ist dunkel.« Eine Ich-Botschaft:»Ich gehe nicht gerne in den Keller.« Und eine Du-Botschaft:»Schicke mich bitte nicht in den Keller.« Daneben enthält die Äußerung von Paul auch noch viertens einen sprachlichen Aspekt, denn es handelt sich um einen grammatisch wohl geformten Satz, der bestimmte Beziehungen zwischen den einzelnen Wörtern wiedergibt, z.B. dass sich die Eigenschaftswörter »kalt und dunkel« auf das Hauptwort »Keller« beziehen« sollen usw. Der Sprachpsychologe Karl Bühler (1969) bezeichnet dieses Verweisungsgeflecht innerhalb der Sprache als das Organon-Modell der Sprache.

Paul hat im Laufe seiner Entwicklung gelernt, alle vier Eigenschaften von Sprache zu nutzen, wobei er Ich- und Du-Botschaften schon ausgedrückt hat, bevor er noch Worte und Sätze bilden konnte. Der Sprachwissenschaftler Michael A.K. Halliday (1975) hat das kommunikative Verhalten seines Sohnes Nigel genau aufgezeichnet. Anfangs beschäftigte sich das Kind selbstständig entweder mit einem Gegenstand (es rasselt mit der Klapper) oder mit einer Person (es lächelt die Mutter an). Aber bereits im Alter von neun

Monaten beherrschte Nigel fünf verschiedene Gesten, mit denen er Ich- und Du-Botschaften ausdrücken und Personen, Gegenstände und sich selbst in Beziehung setzen konnte:

- einen Gegenstand flüchtig zu ergreifen und dann loszulassen bedeutete »ich will das haben«;
- einen Gegenstand flüchtig anzutippen bedeutete »ich will das nicht«;
- ein entschlossenes Anfassen ohne Bewegung des Objekts bedeutete »mach damit etwas für mich«;
- ein tief abfallendes »oooh« bedeutete »lass uns zusammen sein«;
- ein nur leicht fallend intoniertes »oooh« bedeutete dagegen »das ist interessant«.

Man sieht, dass die von Nigel verwendeten Gesten oft noch von sehr bildhafter (ikonischer) Form sind und noch nicht sprachlichen Konventionen entsprechen, aber dennoch die wichtigsten Botschaften ausdrücken können (ich will das; mach was für mich; lass uns was zusammen machen; ich empfinde etwas).

Ab dem 10. Monat konnte Reimann (1996) bei kleinen Kindern die Verwendung von konventionellen Wörtern (bzw. wortähnlichen Lauten), die sie bei den Eltern hören konnten, als Bezeichnung für Gegenstände beobachten. Die Eltern zeigen auf Spielzeugautos oder Autos auf der Straße und sagen z.B. »Da, ein Auto«; »wo ist das Auto«; »hol das Auto«. Das Kind sagt »atta«; »da atta«, wenn es ein Spielzeugauto haben will oder ein Auto auf der Straße wieder erkennt oder wenn es Erwachsenen ein Spielzeug bringt oder zeigt. In der sog. Einwortphase werden Worte zur Bezeichnung von Objekten benutzt, aber die Objekt-Benennung ist immer auch einbezogen in ein gemeinsames Tun: Der andere soll auf etwas Interessantes hingewiesen werden, er soll etwas bringen, was für das Kind nicht sichtbar oder nicht erreichbar ist usw. Dennoch entwickelt sich allmählich auch die Fähigkeit des Kindes, Sach-Botschaften in Form von Namen und Begriffen zu übermitteln. Anfangs stimmt der Anwendungsbereich eines kindlichen Begriffs meistens noch nicht genau mit der Objekt-Klasse überein, die erwachsene Sprecher mit demselben Begriff bezeichnen, z.B. kann das Kind wau-

wau als Bezeichnung für alle vierbeinigen Tiere verwenden. Etwa 30 Prozent der Wörter, die Ein- und Zweijährige verwenden, werden auf diese Weise überdehnt.

Eve Clark (1973) glaubte, dass Kinder deswegen Wörter überdehnen, weil sie zu wenige der sichtbaren Merkmale von Objekten berücksichtigen. Wenn ihre Beobachtungsfähigkeit zunimmt, lernen die Kinder jedoch, genauer auf die wahrnehmbaren (perzeptuellen) Eigenschaften der bezeichneten Objekte zu achten, und daher werden auch die vom Kind verwendeten Begriffe immer genauer (semantische Merkmalstheorie). Zum Beispiel erkennt das Kind dann, dass bestimmte Vierbeiner zwei Hörner und ein Euter haben und Kuh genannt werden. Katherine Nelson (1974) betont im Gegensatz zu Clark, dass es weniger die äußerlich wahrnehmbaren Eigenschaften von Objekten sind, die ein Kind zur Klassifizierung und Benennung heranzieht, als das Erfahrungswissen, welches das Kind im Umgang mit Gegenständen erworben hat. Entscheidend wäre also nicht das Aussehen, sondern das, was ein Ding tut bzw. was das Kind damit machen kann (seine Funktion, daher wird Nelsons Konzept als »Hypothese des funktionalen Kerns« bezeichnet). Wahrscheinlich nutzt das Kind sowohl funktionale wie auch perzeptuelle Merkmale, um seine Benennungsgenauigkeit zu verbessern. Darüber hinaus scheinen Kinder von der Annahme auszugehen, dass unterschiedliche Wörter auch unterschiedliche Bedeutungen haben müssen (obwohl das auf Synonyme nicht zutrifft), und sie geben sich große Mühe herauszufinden, worin sich die entsprechenden Objekte wohl unterscheiden könnten (lexikalische Kontrasttheorie von Clark 1983).

Um die Bedeutung von Wörtern miteinander vergleichen zu können, muss das Kind schon über einen kleinen Wortschatz verfügen. Mit 18 Monaten kennt es etwa 50 Wörter, danach lernt es mit Riesenschritten neue Wörter dazu. Man spricht vom Vokabelspurt oder der Vokabelexplosion. Nun weiß es, dass alles einen Namen hat, und es interessiert sich für die Worte selbst, nicht nur für Dinge, die sie bezeichnen. Wenn das Kind über immer mehr Wörter verfügt, versucht es auch komplexere Äußerungen zu bilden, die nicht mehr nur aus einem Wort bestehen: Das Zwei- und Mehrwortstadium bricht an. Jetzt ist es notwendig, eine Grammatik zu entwickeln, denn dieselben Wörter können je nach Wortstellung im Satz oder je nach Wortendung Verschiedenes bedeuten.

- *Beispiel 1:* Die Katze jagt den Hund.
- *Beispiel 2:* Der Hund jagt die Katze.
- *Beispiel 3:* Die Katze wird von dem Hund gejagt.

Beispiel 1 und 2 geben einen ganz unterschiedlichen Sachverhalt wieder. Beispiel 3 klingt zwar recht ähnlich wie Beispiel 1, weil zuerst von der Katze und dann vom Hund die Rede ist, aber bedeutungsmäßig entspricht es dem Beispiel 2. Das Problem beim Grammatikerwerb besteht also darin, dass ein gleiches oder doch sehr ähnliches Lautbild einer Äußerung (Oberflächenstruktur des Satzes) nicht mit einer gleichen oder ähnlichen Bedeutung (Tiefenstruktur) korrespondieren muss. Wie soll ein kleines Kind jemals lernen, sich in diesem Dschungel zurechtzufinden? Durch Beobachtung und Nachahmung der Erwachsenensprache lassen sich diese unsichtbaren Zusammenhänge zwischen Oberflächen- und Tiefenstruktur jedenfalls nicht lernen.

Einige Befunde sprechen dafür, dass Kinder über einen biologisch vorgegebenen Spracherwerbsmechanismus verfügen. Man kann sich das so vorstellen, dass alle Kinder dieser Welt ein angeborenes Wissen über die grundsätzlichen Möglichkeiten einer Grammatik haben. Die konkrete Sprachumgebung (englische, spanische, deutsche, chinesische Sprache samt ihrer Grammatik usw.) stellt jeweils eine Sonderform dieser allgemeinen, universellen Grammatik dar und wird daher vom Kind leicht erkannt. Diese These wird von den sog. Nativisten vertreten (Noam Chomsky 1977 oder Steven Pinker 1996). Im Erwachsenenalter geht diese Fähigkeit offensichtlich wieder verloren, weil die Reifung und damit auch die plastische Formbarkeit des menschlichen Gehirns von einer ebenfalls biologisch vorgegebenen Uhr gesteuert wird. Nach dem Erreichen der Pubertät haben sich die Hirnstrukturen weitgehend verfestigt, und man kann Sprachen nicht mehr so spontan lernen wie ein Kind, sondern nur noch durch den eher mühsamen Vergleich mit der eigenen Muttersprache. Deswegen ist es so schwer, in der Schule eine Fremdsprache zu erlernen, und deswegen müssen sich Immigranten auch häufig auf ihre jüngeren Kinder als Dolmetscher stützen. Denn obwohl Eltern wie Kinder gleich lange in dem fremden Land leben, beherrschen nur die Kinder nach kurzer Zeit die neue Landessprache. Kleine Kinder können nicht nur im Gegensatz zu Erwachsenen die Grammatik von neuen Sprachen rasch verstehen und reproduzieren, sie können auch ganz neue Grammatiken erfinden. So nimmt man an, dass die sehr komplizierten und »kunstvollen« Grammatiken der Kreolsprachen (das sind die Sprachen, die heute z.b. in den früheren Sklavenkolonien in der Karibik gesprochen werden), von Kindern erfunden worden sind (vgl. Bickerton 1999).

Eine zweite Erklärungsstrategie für den Grammatikerwerb stützt sich weniger auf biologische als auf soziale Annahmen und Beobachtungen. Könnte es nicht sein, meint Jerome Bruner (1983), dass die vorsprachliche Kommunikation zwischen Eltern und Kindern sozusagen bereits einer nicht sprach-, sondern handlungsgebundenen »Grammatik« des Gebens und Nehmens, des Bittens und Fragens folgt? Das vorsprachliche, gestenregulierte Handeln, wie wir es oben aus der Untersuchungen von Halliday oder Reimann kennen gelernt haben, könnte dann eine Art von Spracherwerbs-Unterstützungssystem darstellen, das zwar für sich genommen noch nicht ausreicht, um Satzstrukturen zu verstehen, aber immerhin doch erste Ideen über Handlungsträger (Nomen, Personalpronomina), Tun und Bekommen bzw. Erleiden (aktivische und passivische Verbformen), Zeigen (Deixis) usw. vermittelt.

Eine dritte Theorie zum Spracherwerb geht davon aus, dass zuerst kognitive Schemata und Strukturen ausgebildet werden und die Benennung der so bereits handelnd verstandenen Phänomene erst danach erfolgt. Diese Konzeption geht auf Piaget zurück und kommt z.B. in der oben genannten Theorie von Nelson zum Ausdruck. Untersuchungen an taubstummen Kindern unterstützen diese These ebenso wie bestimmte Experimente zum Denken und Sprechen, die zeigen, dass viele Denkvorgänge ganz sprachfrei ablaufen.

Zusammenfassend lässt sich festhalten, dass sowohl biologisch-genetische als auch soziale und kognitive Faktoren beim Spracherwerb eine Rolle spielen. Dieser Umstand macht auch die Behandlung von Sprechstörungen, wie z.b. dem Stottern, so schwierig, weil zumeist alle drei Faktoren an der Genese der Störung beteiligt sind.

Vertiefende Literatur

Ginsburg, H./Opper, S.: Piagets Theorie der geistigen Entwicklung. Klett-Cotta, Stuttgart [8]1998.
Szagun, G.: Sprachentwicklung beim Kind. Beltz, Weinheim [6]1996.

4.3   Mit Menschen zusammenarbeiten

4.3.1   Soziale Voraussetzungen der Reziprozitätsentwicklung

Die Beziehung des Menschen zur materiellen Welt und zur sozialen Mitwelt unterscheiden sich in einem zentralen Punkt: Während ich auf die Eigenschaften und Gesetzmäßigkeiten der Natur reagiere, mich ihnen anpasse oder sie mir anpasse, stelle ich fest, dass der Mitmensch seinerseits auch auf mein Verhalten reagiert (vgl. Abschnitt 3.3). Die Anpassung ist also gegenseitig. Die Grundlage der Fähigkeit zur Wechselseitigkeit oder Reziprozität ist dem Menschen vermutlich angeboren (vgl. Trevarthen 1979), aber durch die Interaktion mit den Mitmenschen entwickelt sich im Laufe der Kindheit die Kompetenz, sich mit anderen Menschen zu verständigen und zu kooperieren, weiter.

1. Schritt: Biologische Komplementarität und Einigung. Die Kinder der Vorfahren des Menschen waren vermutlich Traglinge, d.h., sie mussten nicht im Nest hocken bleiben, während die Mutter auf Nahrungssuche war, sondern sie konnten sich am Fell der Mutter festklammern und wurden überallhin mitgenommen. Menschliche Babys verfügen zwar nur noch über die Reste einer entsprechenden biologischen Ausstattung, z.B. den Greifreflex. Aber für kurze Zeit kann sich das Neugeborene auch heute noch mit seinen Händen so fest an die ausgestreckten Finger der Eltern anklammern, dass es sein eigenes Körpergewicht tragen kann. Durch seine biologische Ausstattung ist der Mensch von Geburt an darauf eingerichtet, mit der Mutter in Verbindung zu bleiben und am Leben der Gruppe teilzunehmen. Menschliche Babys verfügen über einen Suchreflex, der sie nach der Brustwarze suchen lässt, sie saugen reflektorisch an der Brust, sie sehen anfangs in einer Entfernung von etwa 20–25 cm besonders scharf, sodass sie im Arm der Mutter liegend deren Gesicht studieren können. Im Alter von etwa fünf bis acht Wochen beginnen sie das menschliche Gesicht anzulächeln, womit sie das Herz ihrer Eltern endgültig gewinnen. Kind und Mutter sind also wechselseitig von der Natur aufeinander vorbereitet worden. Die biologische Komplementarität erlaubt eine Einigung im Geben und Nehmen, die das Überleben des Kindes sichert

2. Schritt: Erste Wechselseitigkeit im gemeinsamen Gegenstandsbezug und im Spiel. Bereits im Alter von fünf Monaten folgen Kinder dem Blick der Mutter. Weil sie aus der Paralaxe der Augen (deren Schrägstellung führt zu einem Schnittpunkt der gedachten Sehlinien im Raum) offensichtlich erschließen können, wohin die Mutter schaut, beginnt bald danach ein non-verbales gegenseitiges Aufmerksam-Machen, Zeigen, Auffordern, Bitten. Von nun an nehmen zwei Personen einen Gegenstand gemeinsam in den Blick, die absichtliche Zusammenarbeit kann beginnen.

Erste Kooperationen beziehen sich aber nicht immer nur auf Gegenstände, häufig finden sich in diesem Entwicklungsalter auch Spiele von Mutter und Kind, die den eigenen Körper des Kindes einbeziehen. Neumann (1983) stellt eine transkribierte Interaktionssequenz vor, in der der sechs Monate alte Mathew erstmals Ansätze zu einem gemeinsam mit der Mutter inszenierten Klatsch-Spiel (»backe, backe Kuchen«) zeigt. Mathew sitzt in einem Hochstuhl mit Tischplatte und schlägt spontan mit beiden Händen gleichzeitig auf den Tisch. Die Mutter ruft Mathew bei seinem Namen (gemeinsame Aufmerksamkeit sichern) und klatscht selbst dreimal in die Hände (kindliches Verhalten Nachahmen und Variieren). Dazu sagt sie »das ist backe, backe, Kuchen« (Sinn Zuschreiben). Dann fordert sie ihren Sohn auf, selbst zu klatschen: »Versuch es.« Mathew zeigt Ansätze zur Mitarbeit, indem er seine Hände geöffnet in Höhe seines Gesichts hält. Die Mutter fasst ihn an den Handgelenken und lässt seine offenen Handflächen dreimal aneinander klatschen (Kooperation Unterstützen). Nach einiger Zeit lässt sie ihn los, Mathew schlägt nun seine Hände selbst einige Male zusammen (kindliche Nachahmung). Die Mutter klatscht wieder in die eigenen Hände und sagt:»Du kannst es« (verbale Unterstützung bzw. Verstärkung).

Nach Max Weber (1972, S. 1) ist soziales Handeln ein»Handeln, das seinem von dem oder den Handelnden gemeinten Sinn nach auf das Verhalten anderer bezogen wird und daran in seinem Ablauf orientiert ist«. Gemäß dieser Definition kann Mathew noch nicht handeln; sein Auf-den-Tisch-Hauen ist ein Verhalten, aber keine Handlung. Das Kind hat ein Verhaltensrepertoire, jedoch kann es dieses Repertoire noch nicht so einsetzen, dass darüber ein »sinn«voller sozialer Austausch möglich wäre. Entgegen dem Augenschein behandelt die Mutter Mathew aber so, **als ob** er ein bekanntes Spiel (Sinnzuschreibung) spielen könne und wolle (Kompetenzzuschreibung) und als ob er zu diesem Zweck mit ihr kooperieren wolle (Rollenzuschreibung). Mittels dieser Unterstützungsleistungen transformiert sie sein Verhalten in ein soziales Handeln (Neumann 1983, S. 194). Natürlich weiß die Mutter, dass Mathew nicht beabsichtigt hat,»backe, backe Kuchen« zu spielen, als er mit beiden Händen auf den Tisch geschlagen hat. Sie greift aus seinem eher zufälligen Verhaltensstrom eine Sequenz heraus, die durch eine gewisse Regelmäßigkeit auffällt und dadurch eine entfernte Ähnlichkeit mit einem Klatschspielchen hat. Sie markiert für Mathew, welche Sequenz seines eigenen Verhaltens er beachten soll (durch ihren Aufruf, durch das nachahmende eigene Klatschen, durch die Führung seiner Hände), und – ganz wichtig – sie gibt seinem Verhalten einen Namen. Nach einigen Wiederholungen dieses Spielchens an den folgenden Tagen meinen beide dasselbe, wenn sie in die Hände klatschen. Allmählich werden Spiele dazukommen, die noch stärker die Wechselseitigkeit betonen als das Klatschspiel,»Guckguck, dada«,»hoppe, hoppe Reiter«.

Diese Form der Komplementarität dient nicht mehr der Befriedigung elementarer Bedürfnisse. Ganz im Gegenteil wird sie erst dadurch ermöglicht, dass das Kind, satt und ausgeruht, seine Aufmerksamkeit von den eigenen Körperbedürfnissen abziehen kann, um sich dem zweckfreien Spiel zuwenden zu können. Volle Wechselseitigkeit beinhaltet auch die Möglichkeit zum Rollenwechsel. Nicht nur die Mutter kann ein Spiel initiieren oder sich beim »Guckguck, dada«-Spiel verstecken, sondern auch das Kind selbst. Das Kind ist damit zum gleichberechtigten Partner geworden.

3. Schritt: Über Wechselseitigkeit nachdenken. Wenn das ein- bis zweijährige Kind seinen Lebensraum ständig erweitert, entsteht zwangsläufig eine Situation, in der die Mutter dem kindlichen Tatendrang Grenzen setzen muss. Um ihr Verbot durchzusetzen, wird die Mutter wie im Falle der Kooperation versuchen, die Aufmerksamkeit ihrer Tochter oder ihres Sohnes zum Beispiel durch einen Zuruf zu wecken. Diesmal steht jedoch nicht der beide Partner interessierende Gegenstand, sondern das kindliche Handeln im Aufmerksamkeitsfokus. Durch das verbietende »Nein« wird das Kind auf sich selbst und seine Absichten aufmerksam, es kommt also zu jener Reflexivität gegenüber dem eigenen Tun, die für die Entwicklung eines Selbstbewusstseins unverzichtbar ist (vgl. Mead 1910, S. 220). Diese Handlungsblockade und das damit verbundene Nachdenken über das eigene Handeln löst offensichtlich einen entscheidenden Entwicklungsschritt aus. Nach Ansicht des Psychoanalytikers und Kinderpsychologen René Spitz (1978, S. 52f.) ist das »Nein« der erste abstrakte Begriff, den das Kind erwirbt und mit dem es jene Klasse von Situationen umschreibt, in denen sich die Mutter emotional versagt.

Auch im kindlichen Spiel lassen sich Hinweise darauf finden, dass schon sehr kleine Kinder ein Bild von sozialen Situationen und von ihren Beziehungen haben. Der Kinderpsychologe Jean Piaget vermutet, dass die ersten kindlichen Repräsentationen, also die ersten vom Kind verwendeten Symbolisierungen der Realität, in der *verzögerten* Nachahmung zum Ausdruck kommen. Weiterhin ist es möglich, eine erlebte Szene durch eine andere, strukturell entsprechende zu ersetzen, ohne dass dabei ihre Bedeutung verloren geht. Eine derartige Szene schildert zum Beispiel Sigmund Freud (1920, S. 11ff.), der dem Lieblingsspiel seines eineinhalbjährigen Enkels zuschaute. Dieses Kind hatte die Angewohnheit, alle möglichen kleinen Gegenstände in eine Zimmerecke oder unter das Bett zu werfen und dabei »o-o-o-o« zu sagen. Eines Tages beobachtete

Freud, wie sein Enkel eine Garnrolle auf diese Weise wegwarf, um sie anschließend an der daran befestigten Schnur zurückzuholen und mit einem freudigen »da« zu begrüßen. Aus dem Zusammenhang dieser mehrfach wiederholten Szene schloss Freud, dass sein Enkel mit dem Garnrollenspiel das Kommen und Gehen der Mutter symbolisch in Szene setzte.

An diesem Beispiel lässt sich erkennen, dass das spielerische Symbolisieren eine Vorform des sprachlichen Symbolisierens darstellt, denn wahrscheinlich handelt es sich bei den von Freud berichteten Lauten »o-o-o-o« und »da« bereits um kindliche Proto-Worte (für »fort« und »da«). Weiterhin zeigt Freuds Beobachtung, welchen Gewinn der Enkel aus dem Symbolspiel gezogen haben könnte. Eine leidvolle Erfahrung, die man im Spiel darstellen kann («fort«) und deren Folgen sich rückgängig machen lassen («da«) ist leichter zu ertragen als ein Ereignis, das über einen hereinbricht, ohne dass man es kontrollieren kann.

Die Erfahrung, dass eine erwünschte Kooperation nicht möglich ist oder verweigert werden kann, ist eine der Gelegenheiten, bei der das Kind sich ein Bild vom zwischenmenschlichen Handeln machen kann. Eine weitere Gelegenheit bietet sich bei der Beobachtung von Kooperation. Nach Abelin (1986) können Kinder schon im ersten und zweiten Lebensjahr eine feste Bindung zu *beiden* Elternteilen eingehen. In dieser Dreiecksbeziehung wird das Kind jedoch nicht nur selbst eine Beziehung zu jedem der beiden Eltern aufbauen, sondern es kann auch beobachten, welche Beziehung zwischen dem Elternpaar herrscht. Ein Anzeichen für diese Beobachtung der Eltern durch das Kind und dafür, dass es Vergleiche mit der jeweils eigenen Beziehung anstellt, sind z.B. die häufig (nicht immer) auftretenden kindlichen Eifersuchtsreaktionen, wenn die Eltern sich in den Arm nehmen.

Eine weitere Situation im Kinderalltag, bei der man etwas über soziale Beziehungen und die Bedingungen der Wechselseitigkeit erfahren kann, ist das Geschichtenhören und gemeinsame Bilderbuchlesen. Die meisten Kinderlieder (z.B. »Hänschen klein geht allein in die weite Welt hinein«) oder Kinderbücher (z.B. »Wo die wilden Kerle wohnen« von Sendack, vgl. Charlton und Neumann 1990, S. 44ff.) beschäftigen sich mit kindlichen Beziehungserfahrungen bzw. mit nicht verwirklichten Wünschen (in den beiden Beispielen: mit der Erfahrung von Abhängigkeit und dem Wunsch nach Selbstständigkeit). In der Identifikation mit dem Protagonisten der Kindergeschichte kann das Kind seine eigene Beziehungskonstellation wieder entdecken, seine Bedürfnisse erkennen (»Hänschen klein ... ist auch frohgemut«), die möglichen Reaktionen der Mitwelt beobachten (»... aber Mama weinet sehr ...«) und etwas über die Erwartungen an sein Verhalten erfahren (»... da besinnt sich das Kind ...«).

4.3.2 Kognitive Voraussetzungen der Reziprozitätsentwicklung

Die soziale Entwicklung verläuft nach Habermas (1976, S. 81) in drei charakteristischen Schritten, wobei sich die späteren Schritte als Generalisierung bzw. Abstraktion der früheren Auffassungen verstehen lassen:

- dem Erkennen von Verhaltensregelmäßigkeiten und dem Aufbau von Verhaltenserwartungen gegenüber anderen sowie der Wahrnehmung der Verhaltenserwartungen anderer gegenüber der eigenen Person (erste Variante der Rollenübernahme);
- dem Identifizieren von Rollen und Normen als Systemen generalisierter Verhaltenserwartungen und der Identifizierung der eigenen Person mit vorgegebenen Rollen (zweite Variante der Rollenübernahme);
- dem Verständnis von moralischen Prinzipien als einem generalisierten Normensystem.

Das Entdecken von Verhaltensregelmäßigkeiten. Kindern macht es offenbar großes Vergnügen, Regelmäßigkeiten und Systematik zu entdecken oder ihrem eigenen Verhalten Regelmäßigkeiten zu Grunde zu legen. Jerome Bruner war zeitweise Schüler Piagets und hat sich besonders mit der sozialen und sprachlichen Entwicklung von Kindern befasst. Er schreibt über deren Gewohnheiten (Bruner 1987, S. 21): »Kleine Kinder verbringen einen Großteil ihrer Zeit mit der Ausführung einiger weniger Dinge wie Hinlangen und Indie-Hand-Nehmen, Schlagen, Schauen usw. In jeder dieser begrenzten Handlungsdomänen lässt sich überraschend viel ›System‹ beobachten. Das Spielen mit Gegenständen stellt ein Beispiel dafür dar. Eine einzelne Handlung (wie z.b. das Schlagen) wird nacheinander auf viele verschiedene Gegenstände angewandt. Alles, was das Kind erreichen kann, wird irgendwie gegen etwas anderes geschlagen. Oder das Kind probiert an jedem einzelnen Gegenstand alle Bewegungsmuster durch, deren es fähig ist – es packt den Gegenstand, schlägt ihn gegen etwas, wirft ihn zu Boden, steckt ihn in den Mund, legt ihn auf seinen Kopf, kurz, spielt sein ganzes Repertoire durch.« Systematik und Regeln suchen Kinder auch in dem, was sie sehen und hören. Daran liegt es, dass sie beim Spracherwerb nicht nur zum Beispiel die Konjugationsregeln der Verben rasch entdecken, sondern häufig auch eine einfache und sparsame Regel voraussetzen, die es in der betreffenden Sprache gar nicht gibt (viele Kinder entwickeln etwa folgende Regelerwartung: »Alle deutschen Verben bilden die Vergangenheit auf ›...te‹, daher muss es ›er gehte‹ heißen«). Ebenso hat das Kind ganz konkrete Vorstellungen, in welcher Reihenfolge man seine Kleider anzieht.

An ihre eigene Person gerichtete konkrete Verhaltenserwartungen lernen Kinder schon früh im Zusammenhang mit dem oben erwähnten elterlichen »Nein« kennen. Manchmal kann man ein noch nicht 2-Jähriges dabei beobachten, wie es zu seinen eigenen Verhaltensabsichten »Nein« sagt. Es schaut z.b. den Topf mit heißer Milch an, der auf dem Herd steht, schüttelt den Kopf und sagt zu sich selbst »nein, nein«. Ganz offensichtlich macht es sich dabei selbst auf die Verhaltenserwartung der Mutter aufmerksam. Es ist allerdings sehr fraglich, ob sich das Kind, das dieses Verhalten zeigt, schon kognitiv in die Person der Mutter hineinversetzen kann. Es liegt also noch keine Rollenübernahme vor. Als Rollenübernahme wird nämlich der Vorgang bezeichnet, bei dem eine Person die innere Wirklichkeit einer anderen Person zu rekonstruieren versucht, also einen Perspektivenwechsel vornimmt (**Variante 1 des Rollenübernahme-Begriffs**, Erläuterungen s.u.). Vermutlich ist im beschriebenen Fall die Verhaltenserwartung eher mit der Situation (Herd anfassen ist verboten) als mit der Rekonstruktion der mütterlichen Absichten durch das Kind verknüpft.

Exkurs: Die Fähigkeit, sich in andere Personen hineinversetzen zu können. In den ersten Lebensjahren entwickelt sich die Fähigkeit zum Aufbau einer gemeinsamen Welt über verschiedene Zwischenstadien hinweg. Schon das Neugeborene ist in der Lage, die Gefühlsäußerungen anderer Menschen wahrzunehmen. Allerdings werden diese Gefühle so erlebt, als wären es die eigenen: Das Neugeborene lässt sich z.b. häufig durch das Weinen und Schreien seiner Mitbewohner auf der Säuglingsstation »anstecken« (vgl. Hoffman 1987), d.h., es wird selbst unruhig und weint. Erst um das zweite Lebensjahr herum ist das Kind zu echter Empathie fähig. Jetzt kann es zwischen der eigenen und der fremden Situation und den damit verbundenen Gefühlen unterscheiden. Zum Beispiel bringt ein Kind seinem Freund nun den »Tröster«, bei dem jener normalerweise Zuflucht sucht, wenn er sich wehgetan hat (den Schnuller, das Schmusetuch, den Teddy, o.Ä.), auch wenn es selbst in vergleichbarer Lage ganz anders getröstet werden will. Bischof-Köhler (1988) hat gezeigt, dass diese Unterscheidungsfähigkeit an eine wichtige kognitive Voraussetzung geknüpft ist: Kinder müssen ihre eigene Person zum Objekt der Wahrnehmung machen können, damit sie die Gefühle des Gegenübers nicht mehr mit den eigenen verwechseln.

Die Autorin hat Kindern einen Fleck auf die Stirn gemalt und beobachtet, wie sie sich verhalten, wenn sie ihr eigenes Gesicht im Spiegel sehen, und ob sie dabei das wahrgenommene Bild als simultane Repräsentation der eigenen Person erkennen. Erst wenn sie den auffälligen Fleck an ihrer Stirn suchen (und nicht bloß am Spiegelbild), sind sie offenbar auch zu wirklicher Empathie fähig. Sowohl zum Lösen der Spiegelaufgabe als auch zur empathischen Reaktion muss das Kind sich und seine Situation von »außen« betrachten können.

Es dauert noch einmal ungefähr zwei Jahre bis das Kind in der Lage ist, über sein eigenes Denken nachzudenken. Wimmer/Perner (1983) haben mit folgender Vorlesegeschichte das reflexive Denken von Kindern überprüft: »Maxi und seine Mutter haben eingekauft und legen die mitgebrachte Schokolade in den grünen Küchenschrank. Anschließend geht Maxi raus zum Spielen, während seine Mutter einen Kuchen backt. Dazu benötigt sie auch etwas Schokolade, die sie aus dem grünen Schrank nimmt. Den nicht verbrauchten Rest legt sie in den blauen Schrank. Als Maxi vom Spielen zurückkommt, will er von der Schokolade naschen. Wo wird er danach suchen?« Erst die 4- bis 5-jährigen Kinder geben auf diese Frage mehrheitlich eine richtige Antwort, weil sie über die Herkunft ihres eigenen Wissens reflektieren können.

Selman (1984) verwendet eine Drei-Personen-Geschichte um weitere Fortschritte in der Entwicklung der Perspektivenübernahmefähigkeit nachweisen zu können. Er hat den von ihnen untersuchten Kindern folgende Geschichte erzählt: Ein kleines Mädchen namens Holly ist eine geschickte Kletterin. Dennoch hat ihr der Vater verboten, auf Bäume zu klettern, damit sie nicht eines Tages herunterfällt und sich verletzt. Nun entdecken Holly und die Freundin auf einem Spaziergang ein hilfloses Kätzchen in den Zweigen eines Baumes. Die Freundin erwartet von Holly, dass sie das Kätzchen rettet. Aber was wird der Vater davon halten? Mit Hilfe seiner *subjektiven Perspektivenübernahme* (Stufe 1, frühestens ab dem fünften Lebensjahr erreicht) kann das Kind zwar erkennen, dass jede Person über eine Sache anders denken und deswegen auch eine eigene Sichtweise entwickeln kann. Weiterhin kann das Kind diese Einzelperspektiven auch von seiner eigenen unterscheiden. (Die jeweils unterschiedliche Sicht von Holly, der Freundin und dem Vater wird erkannt.) Allerdings wendet sich das befragte Kind immer nur einer Perspektive auf einmal zu und kann deswegen unterschiedliche Sichtweisen nicht miteinander koordinieren. Im Rahmen der *selbstreflexiven Perspektivenübernahme* (Stufe 2, frühestens ab dem 7. Lebensjahr) kann das Kind die Intentionen eines anderen verstehen, indem es sich in dessen Lage versetzt und es ist sich bewusst, dass jedes Individuum die Perspektive des jeweils anderen berücksichtigt. (Das befragte Kind kann angeben, dass Holly mit Blick auf die Freundin anders argumentiert als mit Blick auf den Vater.) Bei der *wechselseitigen Perspektivenübernahme* (Stufe 3, ab dem 10. Lebensjahr) erkennt das Kind, dass jeder Interaktionsteilnehmer wechselseitig und gleichzeitig die Perspektive des anderen einzunehmen versucht, und es kann aus der Zwei-Personen-Perspektive heraustreten und deren Interaktion aus der Sicht eines Dritten betrachten. (Was wird Hollys Freundin denken, wenn diese ihr über die Diskrepanz zwischen der eigenen Sicht und der des Vaters berichtet?) Erst auf der Stufe 4, der Stufe der *gesellschaftlich-symbolischen Perspektivenübernahme* (mit 12 Jahren oder später erreicht) wird die Sicht eines verallgemeinerten Anderen eingeführt, der auf dem Hintergrund der allgemein gültigen Konventionen und Normen einen Interaktionsverlauf beurteilt und zu dem Schluss gelangen kann, dass möglicherweise jede der geäußerten Teilnehmeransichten den »objektiven« Tatbestand verkürzt wiedergibt.

4.3.3 Rollen, Normen und (Spiel-)Regeln

Konkrete Verhaltenserwartungen können Kinder schon in ihrem häuslichen Umfeld entwickeln. Später lernen sie den Kaufmann, den Straßenbahnfahrer oder den Polizisten als einen ersten Funktionsträger kennen. Aber erst in der Kindergarten- und Grundschulzeit tauchen sie regelmäßig in das Spannungsfeld zwischen personaler und rollenförmiger Beziehung ein. Sie erfahren, dass es Normen gibt, nach denen sich alle Kinder richten müssen, und dass nicht nur die Kinder in einer Klasse, sondern auch die Erzieher bzw. Lehrer als Personen austauschbar sind. Während Kindergartenkinder mit der Frage »Wie ist denn eure Frau XY (Erzieherin)« meist noch nichts anfangen können, haben sie am Ende der Grundschulzeit gelernt, Lehrer danach einzuschätzen, wie sie bestimmten Rollenattributen entsprechen (»der ist sehr streng«).

Rollenattribute sind verallgemeinerte Verhaltensbeschreibungen, Normen oder Rollenvorschriften verallgemeinerte Verhaltenserwartungen. Wenn das Kind lernen soll, sein eigenes Verhalten rollenkonform zu gestalten und an andere Menschen Rollenerwartungen heranzutragen, dann muss es in der Lage sein, konkrete Verhaltenserwartungen durch allgemeine Verhaltenserwartungen zu ersetzen. Von einem Rollenträger erwarten wir, dass er bereit ist, die unterschiedlichen sozialen Rollen zu übernehmen (»role taking«), die er in seinem Alltag spielen muss, und dass er die damit verbundenen Rollenvorschriften einhält. Dadurch erwirbt er sich eine spezifische soziale Identität. Andererseits erwarten wir aber auch, dass er in wechselnden Rollen dennoch »er selbst bleibt«, seine persona-

le Identität wahrt, indem er den Gestaltungsspielraum ausnutzt
(»role making«), den die Rolle zulässt.

Bei der mit dem englischen Ausdruck »role taking« charakterisierten Tätigkeit handelt es sich ganz offensichtlich um etwas anderes als bei dem, was oben als Rollenübernahme definiert worden ist.
Dennoch verwenden wir im Deutschen den Begriff »Rollenübernahme« für beide Tatbestände. Als Rollenübernahme wird in diesem Fall die Ausführung eines durch allgemeine Vorschriften
(Normen) festgelegten Bündels von Handlungsweisen bezeichnet
(*Variante 2 des Rollenübernahme-Begriffs*, vgl. oben).

Den Umgang mit Rollenvorschriften und -normen lernen Kinder nicht nur, wenn sie in engeren Kontakt mit sozialen Institutionen wie Kindergarten und Schule kommen, sondern vorzugsweise
auch im Spiel. Im Rollenspiel, z.B. dem bei allen Kindern beliebten
Vater-Mutter-Kind-Spiel, können sie das normalerweise den Eltern
vorbehaltene Verhaltensrepertoire selbst ausprobieren, weshalb bekanntlich die kindliche Rolle in diesem Spiel eher unbeliebt ist und
daher von Puppen oder kleinen Geschwistern übernommen werden muss. Im Regelspiel (z.B. »Mensch, ärgere dich nicht«) können
sie spielerisch erfahren, dass Rollenvorschriften (Spielregeln) für alle Spieler (bzw. für alle Spieler einer Kategorie, wie etwa die Feld-
spieler im Fußball – im Gegensatz zum Torwart, für den etwas andere Regeln gelten), gleich sind. Dadurch wird es den Kindern
leicht gemacht, sich in die Absichten und taktischen Überlegungen
der Mitspieler einzudenken. Im Regelspiel lernen sie also in erster
Linie die Fähigkeit zur 1. Variante der Rollenübernahme.

Jean Piaget (1932) hat ein Regelspiel, nämlich das Spiel mit
Murmeln untersucht, wie es von den Kindern in der französischen
Schweiz früher (um 1920) gespielt worden ist. Zuerst beobachtete
er, was ein kleines Mädchen tut (seine 3 Jahre und 4 Monate alte
Tochter Jacqueline), wenn man ihr Murmeln in die Hand gibt. Dabei fiel ihm dreierlei auf: Erstens behandelte Jacqueline die Murmeln nicht einheitlich: Mal ließ sie sie hüpfen, mal legte sie die Kugeln auf einen Sessel oder in einen Puppen-Kochtopf. Dennoch
zeigten sich zweitens bestimmte Regelmäßigkeiten oder Riten, weil
bestimmte Spielideen immer wieder wiederholt wurden. Drittens
konnte zeitweise ein für das Kinderspiel typischer Symbolismus be-

obachtet werden, z.b. wenn Jacqueline mit den Murmeln Kochen spielte. Zusammenfassend stellt Piaget zum Spiel sehr kleiner Kinder fest, dass die Regeln, nach denen sie die Murmeln behandeln, noch keine sozialen Regeln sind, sondern individuelle Schöpfungen. Der sechsjährige Marius spielt für sich alleine bzw. mit dem Beobachter. (Piagets Angaben über den Entwicklungsstand der von ihm in den 20er-Jahren des 20. Jahrhunderts untersuchten Kinder zeigen, dass Kinder vergleichbaren Alters heute sehr viel weiter in ihrer Entwicklung sind. Wahrscheinlich sind hierfür die verbesserte Kindergarten- und Schulbildung und positive Einflüsse der Massenmedien verantwortlich. Interessant sind daher heute nicht mehr die von Piaget mitgeteilten absoluten Altersangaben, sondern nur noch die einzelnen Entwicklungsschritte in ihrer Abfolge). Das Hauptinteresse dieses Jungen gilt der Wurfbewegung, also seiner eigenen motorischen Geschicklichkeit. Er kennt zwar ein paar Grundregeln des Murmelspiels (ein Viereck machen, mit einer Murmel gegen andere stoßen), aber er kann noch nicht einmal mit der Frage, wer gewonnen habe, etwas anfangen. Nach Piaget befindet sich Marius noch im Stadium des »Egozentrismus«. Erst im nächsten Stadium (etwa zwischen dem 7. und 10. Lebensjahr) versuchen die Kinder, »die Partie mittels einer systematischen Gesamtheit von Regeln, welche in den angewandten Mitteln völlige Gegenseitigkeit garantieren, zu organisieren. Das Spiel ist also sozial geworden:« (Piaget 1932, S. 43f.) Noch ältere Kinder interessieren sich schließlich gar nicht mehr so sehr für das Spiel mit den Murmeln, sondern für das Spiel mit dessen Regeln. Sie denken sich immer kompliziertere Regeln aus und diskutieren miteinander über deren Vor- und Nachteile.

Die Regel hinter den Regeln. In der Suche der älteren Kinder nach immer vollendeteren Spielregeln deutet sich bereits die Lust an der Reflexion über soziale Regeln als solche an. Für den Jugendlichen in der Adoleszenz und den jungen Erwachsenen ist es charakteristisch, dass er die von den Erwachsenen aufgestellten Regeln, Konventionen und Normen prüft, und deren Schwächen kritisiert. Aber worauf kann man sich beziehen, wenn man eine Konvention kritisieren will, sofern diese nicht schon deswegen fragwürdig ist, weil sie logische Widersprüche enthält? Die Begründung von Normen ist nur möglich, wenn es gelingt, sehr allgemeine Prinzipien aufzustellen, die im menschlichen Handeln grundsätzlich berücksichtigt werden sollten. Nach solchen Regeln sucht die philosophische Ethik bzw. die Religion. Der Philosoph Ernst Tugendhat (1992) untersuchte z.b. die Art, wie wir im Alltag über moralische Fragen sprechen und stellte fest, dass man zu kleinen Kindern, die unsozial und egoistisch handeln, sagt, sie seien »schlecht«. Nicht »schlecht als etwas« (z.b. »schlecht als Schüler«), sondern schlechthin schlecht, »schlecht als Person«. Damit wird ausgedrückt, dass es zum »Person in einer Gesellschaft sein« gehört, die allgemeinste Regel der Reziprozität einzulösen, d.h.; jede Person muss von sich selbst das Gleiche verlangen, wie von allen anderen auch. Zu vergleichbaren Aussagen kommen Immanuel Kants berühmter kategorischer Imperativ oder das christliche Liebesgebot. Aus entwicklungspsychologischer Sicht ließe sich daraus ableiten, dass die soziale Entwicklung vergleichbar mit der kognitiven Entwicklung nach einem Gleichgewichtszustand strebt (Äquilibration, s.u. Abschnitt 4.3). Im Falle des sozialen Äquilibriums handelt es sich dabei um ein Gleichgewicht zwischen den eigenen Handlungen von Ego und den auf Ego bezogenen Handlungen der anderen. Den Weg des Kindes hin zu dieser Erkenntnis verfolgt die Forschung zur Entwicklung des moralischen Urteils.

4.3.4 Entwicklung des moralischen Urteils

Piaget (1932) hat sich im Anschluss an seine Untersuchungen zum Murmelspiel auch mit der moralischen Urteilsbildung von Kindern befasst. Aufgrund seiner Befragungsergebnisse und Beobachtungen kommt er zum Schluss, dass sich in der Grundschulzeit die kindliche Moral von der Heteronomie (Fremdbestimmung) zur Autonomie (Selbstbestimmung) wandelt. Damit ist nicht gemeint, dass ältere Kinder so handeln, »wie sie lustig sind« (autonom), sondern dass das kleine Kind in seinem Urteil noch von den Maßstäben der Eltern abhängig ist, das größere dagegen zusammen mit den Gleichaltrigen nach fairen Lösungen sucht. Eine Erklärung für diese

Veränderung kann in der fortschreitenden Denkentwicklung (vgl. Kapitel 4.3) des Kindes gesucht werden, vor allem aber auch in der gesellschaftlichen Rolle, die sich mit dem Eintritt in die Peer-Gruppe während der Schulzeit verändert. Piagets Argumente für den Entwicklungsdruck, den die fortschreitende Vergesellschaftung im Falle der Spielpraxis ausübt, gilt auch hier: Das Kind erfährt die Gleichrangigkeit jedes Einzelnen unter der Herrschaft der Spielregel und sucht zusammen mit den Freunden nach Lösungen, die ein Maximum an Gleichheit und Gegenseitigkeit versprechen.

Lawrence Kohlberg (1974) hat diese Überlegungen weitergeführt und die empirische Grundlage einer Theorie der Entwicklung des moralischen Urteils mit seiner teilstandardisierten Interviewmethode verbessert. Wenn in einem Konflikt zwischen mindestens 2 Personen die Bedürfnisse der einen Partei nicht berücksichtigt werden können (moralisches Dilemma) und wenn zu einem Lösungsvorschlag allgemeine Ordnungsvorstellungen herangezogen werden, so spricht man von einem moralischen Urteil. Ein typisches derartiges Dilemma wäre z.B. die Situation, dass nach einem Schiffsuntergang die Plätze in den Rettungsbooten nicht ausreichten. Die traditionelle Lösung, Frauen und Kindern zuerst Plätze zur Verfügung zu stellen, orientiert sich an dem Gedanken (Ordnungsvorstellung) einerseits der Gleichwertigkeit (Gleichheit) aller Menschen, andererseits der geringeren Körperkräfte von Frauen und Kindern (Chancenungleichheit). Am Beginn jedes Kohlberg-Interviews steht eine Reihe von moralischen Konfliktgeschichten, zu denen das Kind befragt wird, z.B. die folgende Geschichte von Peter und seinem Vater (nach Eckensberger u.a. 1975, S. 1):

Fragen zur Geschichte I
1. *Sollte Peter sich weigern, seinem Vater das Geld zu geben? Warum?*
2. *Gibt es irgendeinen Grund, der den Vater berechtigt, seinem Sohn zu befehlen, er solle ihm das Geld geben? Warum?*
3. *Was sollte ein guter Vater in der Beziehung zu seinem Sohn vor allen Dingen beachten? Warum das?*
4. *Was sollte ein guter Sohn in der Beziehung zu seinem Vater vor allen Dingen beachten? Warum das?*

5. *Warum sollte man ein Versprechen halten?*
6. *Was ist so unangenehm daran, wenn ein Versprechen nicht eingehalten wird?*
7. *Warum ist es wichtig, ein Versprechen jemandem gegenüber zu halten, den man nicht kennt oder der einem nicht nahe steht?*

Die Antworten werden nicht nach der Argumentationsrichtung (pro oder kontra Abgeben des selbst verdienten Geldes), sondern nach der argumentativen Begründung gewertet. Die von Kohlberg vorgeschlagene Entwicklungsfolge besteht aus drei Ebenen; jede Ebene ist wiederum in zwei Stufen unterteilt, sodass sich insgesamt sechs Stufen ergeben. Auf der untersten, der *präkonventionellen Ebene* betrachtet der Sprecher ausschließlich die gegenseitigen Erwartungen im Rahmen einer Zwei-Personen-Beziehung. Gerechtfertigt ist eine Lösung dann, wenn sie von beiden Interaktionspartnern akzeptiert werden kann, sei es, weil ein Partner der unbestreitbar mächtigere oder stärkere ist (Stufe 1), oder weil zumindest mittelfristig ein Interessenausgleich vorgesehen ist (Stufe 2). Wer auf dieser Stufe urteilt, kann also noch nicht einsehen, warum eine Einigung von zwei Personen aus gesellschaftlicher Sicht problematisch sein könnte (z.B. die Erteilung eines öffentlich finanzierten Auftrags an einen Anbieter, der im Gegenzug an den vergebenden Beamten Schmiergeld bezahlt).

Die mittlere, *konventionelle Ebene* hat der Interviewte dann erreicht, wenn er generalisierte Verhaltenserwartungen berücksichtigt, die entweder Ausdruck einer expliziten oder stillschweigenden Übereinkunft in der eigenen Bezugsgruppe sind (Stufe 3: Was denkt die Nachbarschaft von mir, was verstößt gegen die Gruppen-Ehre?) oder die durch kodifiziertes Recht geregelt sind (Stufe 4: Orientierung am geltenden Gesetz). Erst auf der **postkonventionellen Ebene** wird reflektiert, dass einzelne Konventionen (Normen, Gesetze) Ausdruck eines grundlegenden Strebens nach dem Gemeinwohl sein sollten, im konkreten Fall aber dieses Ziel durchaus verfehlen können. Auf dieser Argumentationsstufe wird auch bürgerlicher Ungehorsam begründbar (Stufe 5: unter Verweis auf das Prinzip des »Sozialvertrags«; Stufe 6: unter Berufung auf allgemeine, auch durch Konsens nicht aufhebbare moralische Prinzipien).

Die von Kohlberg vorgeschlagene Entwicklungsreihe wird durch das Prinzip gekennzeichnet, dass auf der jeweils nächsthöheren Ebene eine Verallgemeinerung bzw. Abstraktion der Prinzipien der tiefer liegenden Ebene vorgenommen wird (vgl. Abschnitt 4.2.2). Kohlberg geht davon aus, dass die Entwicklungssequenz einsinnig (von Stufe 1 nach oben), unumkehrbar und stetig (keine Stufe kann übersprungen werden) verläuft. Grundschulkinder argumentieren überwiegend noch auf präkonventionellem Niveau, Schüler in der Sekundarstufe und auch die meisten Erwachsenen auf konventionellem Niveau, nur etwa 10 Prozent der von Kohlberg und seinen Mitarbeitern befragten Personen haben das postkonventionelle Niveau erreicht.

4.3.5 Kritik und Ergänzungen

Insbesondere die Untersuchungen von Kohlberg zum moralischen Urteil haben viele weiterführende Forschungen angeregt, aber natürlich auch manche Kritik hervorgerufen. Von den zahlreichen Arbeiten, die Kohlbergs Ansatz auf andere Fragestellungen ausgeweitet haben, ist besonders die von Oser/Gmünder (1984) entwickelte Stufentheorie zur Entwicklung des religiösen Gottesbildes bekannt geworden. Kritisch wurde zum einen vermerkt,

● dass die Strukturmerkmale der einzelnen Stufen längst nicht so konkret benannt werden konnten wie im Falle von Piagets kognitiver Entwicklungstheorie (s.u.),
● dass empirische Ergebnisse zuweilen der vorhergesagten Entwicklungsreihe widersprachen (beispielsweise schien es so, als ob College-Studenten, die die Stufe 4 langsam überwunden hatten, vorübergehend wieder auf Stufe 2 zurückfallen würden),
● dass unklar blieb, ob die Stufe 6 überhaupt empirisch nachweisbar wäre (Kohlberg meinte einmal, nur die modernen Märtyrer, wie Mahatma Ghandi oder Martin Luther King, hätten sich konsistent entsprechend der 6. Stufe verhalten) und ob die Entwicklung mit dem Erreichen dieser Stufe wirklich endet (Postulat einer Stufe 7 von Habermas 1983).

Der wichtigste Einwand wurde von Kohlbergs ehemaliger Mitarbeiterin Nancy Gilligan vorgebracht (Gilligan 1984). Sie bezweifelte Kohlbergs Ergebnisse, dass Frauen im moralischen Interview häufig relativ stufenniedrige Urteile abgeben würden und führte dieses Ergebnisse erstens auf die Artifizialität und Irrelevanz der Dilemmageschichten und zweitens auf die Fragetechnik von Kohlberg zurück. In ausführlichen Einzelinterviews ließ sie sich von Frauen schildern, welche moralischen Überlegungen sie vor einer Abtreibung anstellen würden, und stellte dabei fest, dass Frauen anders als Männer kontextsensitiver sind (sie berücksichtigen bei ihrer Urteilsbildung sehr viele Einzelumstände) und weniger abstrakt urteilen (sie interessieren sich wenig für die im Kohlberg-System hoch bewerteten formalen Überlegungen zu den konstitutiven Bedingungen des Rechtswesens). Allerdings konnte Nunner-Winkler (1992) zeigen, dass die Kontextsensitivität bei Frauen **und** Männern zunimmt, wenn sie die Dilemma-Situation persönlich betrifft oder betreffen könnte (wie dies bei Frauen in Abtreibungsfragen der Fall ist).

Als Grundproblem des Kohlberg-Interviews sieht Gilligan die Tatsache an, dass Lawrence Kohlberg sich auf den moralischen Aspekt der Gerechtigkeit beschränkt, und dabei den Gesichtspunkt der verantwortlichen Fürsorge vernachlässigt, der den befragten Frauen besonders wichtig war.

Vertiefende Literatur

Garz, D.: Sozialpsychologische Entwicklungstheorien. Von Mead, Piaget und Kohlberg bis zur Gegenwart. Westdeutscher Verlag, Opladen 1989.
Bischof-Köhler, D.: Spiegelbild und Empathie. Huber, Bern 1988.
Gilligan, C.: Die andere Stimme: Lebenskonflikte und Moral der Frau. Piper, München 1984.

5. Der Lebens- und Familienzyklus

5.1 Das Paar: Architekt, Baumeister und Mitbewohner des Hauses, genannt Familie

Mit einem gemeinsamen Lebensentwurf legt ein Paar die Grundsteine für eine zukünftige Familie und eine gesunde Entwicklung ihrer Kinder. Paradoxerweise beruht die moderne Familie als soziales System, wie sie heute von den meisten Menschen gelebt wird, auf einem strukturellen Widerspruch von Eltern- und Paarebene. Nach einer kurzen Phase als Paar, in der Mann und Frau aufeinander zugehen, sich intensiv begegnen, als potenziell gleichberechtigt erfahren, erfordern die Erziehung von Kindern und ökonomische Grundsicherung der Familie heute mehr denn je eine Spezialisierung und somit wieder größere Trennung der Geschlechter (vgl. Walters u.a. 1991): Arbeitsteilung ist heute gefragt, nicht ihre Gleichstellung.

Zwei traditionelle Geschlechtsrollen haben sich in den westlichen Industrieländern herausgebildet, die viele Elternpaare noch mehr oder weniger ausgeprägt leben. Die drei berühmten Ks auf jeder Seite weichen zwar langsam auf, aber umreißen pointiert doch noch den bürgerlichen Familienentwurf: Was bei der Frau Kinder, Küche und Kirche bzw. soziales Engagement sind, sind beim Mann Konkurrenz, Karriere und schließlich der Kollaps. In der neuzeitlichen Familie ist deren ökonomisches Überleben weitgehend an den beruflichen Erfolg des Mannes gebunden worden. Männlichkeitsideal und Selbstverständnis sind der einfühlsame Ehemann und Familienvater, der die Existenz der Seinen gut abzusichern vermag. Als Gegenwert zur Verausgabung seiner Arbeitskraft, seiner Ideen und Energien bekommt er einen finanziellen Gegenwert seitens der Gesellschaft, und als familiäre Gegengabe erwartete ihn als Mann ein harmonisches Heim, für das seine Frau

und Kinder zu sorgen haben. Der Preis, den ein Mann als Berufs-
mensch zu zahlen hat, ist seine zunehmende Abhängigkeit vom
emotionalen Klima innerhalb seiner Familie und Firma. Umgekehrt ist seine Partnerin von ihm ökonomisch abhängig, ihr gesellschaftlicher Status ist stark an die Leistungen ihres Ehemannes ge-
koppelt. Auf beiden Seiten entsteht so ein Zwang zur Harmonisie-
rung, zumindest solange es zur real-existierenden Ehe für den
Mann keine emotionale und für die Frau keine ökonomische Alternativen gibt.

Bis in die Mitte unseres Jahrhunderts wurde auch von staatli-
cher Seite keine Alternative zum gesellschaftlich akzeptierten Familienentwurf geduldet und schon gar nicht gefördert. Die hoch tech-
nologisierte wachstumsorientierte Industriegesellschaft des 19. und
20. Jahrhunderts mit ihrer strikten Trennung von Arbeit und Freizeit, von Familie und Öffentlichkeit produzierte und war zugleich
angewiesen auf die patriarchale Kleinfamilie mit ihrer strikten Rol-
lenzuweisung an Frauen und Männer. Diese über hundert Jahre so
gut funktionierende Ehe zwischen Kleinfamilie und Industriegesellschaft zerfällt in den letzten Jahren rapide. Die Individualisierungs-
dynamik und der fortschreitende Zwang zur Globalisierung lösen
die Menschen aus ihren traditionellen Bindungen und verunsichern Männer wie Frauen. Wir können bei uns selbst und andere
beobachten, wie wir aus traditionellen Familienformen und Rol-
lenzuweisungen entlassen werden bzw. ausbrechen. Je weiter man
sich vom Durchschnittseinkommen nach oben oder unten entfernt,
desto rasanter verläuft dieser Prozess.

5.1.1 Mann und Frau: Ungleiche Partner

Die Geschlechtsrollenaufteilung und die vorherrschenden Partner-
stile, die sich in unseren Breitengraden herausgebildet haben, sind
keineswegs eine biologisch determinierte Vorgabe oder Produkt einer zwangsläufigen Entwicklung. Auf den ersten Blick ist sie in jüngerer Zeit in Fluss geraten. Was sich allerdings oft emanzipiert oder
fortschrittlich gebährdet, hat sich auf den zweiten Blick weniger
bewegt, als wir im Grunde wahrhaben wollen. Wir alle sind stärker

mit den Zumutungen und Zurichtungen unserer Rolle als Mann oder Frau tätowiert, als wir uns das offen oder insgeheim eingestehen wollen.

Dazu zwei ganz einfache Übungen, die Sie, liebe Leserin, jederzeit zu Hause machen können. Dabei können Sie die innere Dynamik und Tiefenstruktur von Geschlechtsrollen hautnah erfahren. Stellen Sie sich vor, Sie gehen alleine nachts in einer wenig belebten Straße aus dem Haus. Die Straßenbeleuchtung ist spärlich, es ist ein wenig neblig und Mitternacht längst vorbei. Sie sind ein paar Schritte gegangen, als aus dem Nebel am Ende der Straße drei menschliche Gestalten auftauchen. Je nachdem, ob dies drei Frauen oder drei Männer sind, ändert sich Ihr Gefühl schlagartig, dies gilt auch unabhängig von Ihrem eigenen Geschlecht.

Nun die zweite Fantasiereise: Gehen Sie in Ihren Gedanken in Ihre Kindheit, in die Kindergarten- oder Grundschulzeit, zurück. Führen sie sich eine beliebige Situation, die Ihnen einfällt, vor Augen. Verweilen Sie ein wenig und versuchen Sie, sich an diesen Augenblick genauer zu erinnern und die dazu gehörige Szene bzw. Geschichte etwas auszumalen. Wenn Sie die Szene einigermaßen lebendig und bebildert vor Augen haben, wechseln Sie einfach Ihr Geschlecht, schlüpfen in die Rolle eines kleinen Mädchens oder Jungen gleichen Alters und stellen Sie sich vor, wie diese Geschichte abgelaufen wäre, wenn Sie nicht ein Mädchen, sondern ein Junge oder umgekehrt gewesen wären.

Auch empirische Untersuchungen zeigen, wie stark unsere Identität, unser alltägliches Erleben und Denken von unserer erlernten Geschlechtsrolle dominiert wird, wie wir auf der Basis dieser Rollen unsere gemeinsame Partnerschaft organisieren und leben. Blättern Sie einmal bewusst in aller Ruhe eine Illustrierte durch und betrachten Sie, wie unterschiedlich Männlichkeit und Weiblichkeit in Szene gesetzt werden.

Auch wenn sich die Lebens- und Alltagsbedingungen der Frauen vor allem in Mitteleuropa und Amerika enorm verbessert haben, auch wenn immer mehr Frauen und Mädchen doch eine deutlich bessere Schulbildung haben und damit besser bezahlte Arbeit annehmen können, auch wenn Frauen sich zu nationalen und internationalen feministischen Netzwerken zusammengeschlossen haben, zieht Säger (1998) auch am Ende ihres Frauenatlas, in dem die Situation der Frau weltweit analysiert wurde, ein sehr ernüchterndes Resümee: »Für viele Frauen hat sich das Leben in den letzten Jahren deutlich verschlechtert.«

Aus der ungeheueren Datenfülle, die die Autorinnen zusammengetragen haben, seien nur einige prägnante Befunde als Beleg für die These zitiert:

Zwischen 80 und 90 Prozent aller armen Haushalte haben einen weiblichen Familienvorstand. In den USA sterben täglich zehn Frauen nach Misshandlung durch ihren Partner. Eine Umfrage in den USA ergab 1994, dass sich 96 Prozent der Männer und 59 Prozent der Frauen einen Sohn wünschen, wenn sie nur ein Kind hätten. 95 Prozent aller Magersüchtigen und 90 Prozent aller Bulimie-Erkrankungen betreffen Frauen. Frauen gehört ein Prozent des Grund und Bodens dieser Welt. 1996 lag der Umsatz der Sex- und Porno-Industrie der USA bei ca. zehn Milliarden US-Dollar.

70 Prozent aller Psychopharmaka werden in Deutschland Frauen verschrieben (Langbein u.a. 1983).

Wie gehen wir mit diesem Unterschied, dieser Benachteiligung der Frauen um, wie gehen wir mit dem jeweils anderen Geschlecht um? Der Versuch, Weiblichkeit bzw. Männlichkeit, das Verhältnis von Männern und Frauen zueinander und miteinander sprachlich und persönlich zu fassen, das jeweils Fremde im anderen, in der anderen zu verstehen, ist ohnehin ein Paradox. Da wir im wahrsten Sinne des Wortes nicht aus unserer Haut herauskönnen, d.h. immer als Männer oder Frauen handeln, sprechen, verstehen, kommunizieren, ist das Unternehmen höchst emotional geladen und immer von einer persönlichen Geschichte mitbestimmt. Öffentliche wie private Diskurse sind meist polarisiert zwischen Identifikation und Abgrenzung, zwischen Vereinnahmung und Projektion.

Das Dilemma wird auf höchst unterschiedliche Weise zu lösen versucht: Einige argumentieren in einer paradoxen Pendelbewegung, die nichts festlegt, aber alles verschleiert. Von anderen wird so getan, als wäre das Problem längst gelöst, oder sie verfahren nach dem einfachen Strickmuster: Frauen kommen von der Venus, Männer sind vom Mars (Gray 1992, 1995). Unterschiede werden zugespitzt. Das jeweils Fremde wird einfach exotisiert. Schließlich gibt es eine Tendenz, den »kleinen« Unterschied zu verwischen, das allgemein Menschliche zu betonen: »Im Grunde sind alle Menschen gleich.« Es wird so getan, als könne man von den Geschlechtsunterschieden absehen, als würde es keine große Rolle spielen, ob man als Junge oder Mädchen geboren wird. Alle Menschen wären ohnehin Brüder oder Staatsbürger. Wer für die Unterschiede zwischen Männern und Frauen sensibel ist, wird sich sehr schnell – sobald er darüber spricht – in einer Zwickmühle wieder finden. Er oder sie könnte streng genommen nur für sein oder ihr Geschlecht sprechen. Die eigene Sichtweise, die selbst schon geschlechtsbezogen gelernt und sozialisiert wurde, kann niemand suspendieren. Er oder sie wird sich in einer Sprache bewegen müssen, die eindeutig eine das männliche Geschlecht bevorzugende Sprache ist (vgl. Trömmel-Plötz 1994, 1996). Sprache ist kein neutrales Werkzeug, sondern selbst wieder Teil des in der Kultur über Jahrtausende ausgehandelten Machtverhältnisses zwischen Männern und Frauen. Es bleibt uns nur übrig, das eigene Geschlecht und die Sprache, in der wir uns bewegen, als Voraussetzungen unserer Existenz zu akzeptieren, zu reflektieren und offen zu legen.

Noch ein Gedankenspiel zum Schluss: Wie würde unsere Welt aussehen, wenn die Herrschaftsverhältnisse zwischen Männern und Frauen auf den Kopf gestellt werden würden? Wenn aus Regierungschefs Chefinnen werden würden, wenn sich das Verhältnis von männlichen und weiblichen Abgeordneten in unseren Parlamenten umkehren würde, wenn es mehr Kindergärtner und Krankenbrüder gäbe, wenn Direktorinnen Banken leiten würden, wenn Börsianerinnen über Kurse mit entscheiden oder Generalinnen Soldatinnen befehligen würden?

5.1.2 Die Kluft vertieft sich: Partnerschaftliche Liebe, intime Beziehung und die gesellschaftlichen, ökonomischen Zwänge

Man würde beiden, Männern wie Frauen, Unrecht tun, wollte man ihnen alle Schwierigkeiten oder jedes Scheitern ihrer Paarbeziehung ausschließlich persönlich anlasten. Unsere Möglichkeiten als Paar werden leicht zerrieben zwischen den unendlich variierenden Vorstellungen der romantischen Liebe, all den multimedial reproduzierten Bildern und Geschichten, gepaart mit unserer tiefen Sehnsucht nach Nähe und der immer fortschreitenden Verwirtschaftlichung, die das Paar vor allem als Finanzierungs- und Konsumgemeinschaft propagiert.

Familienleben und Paarbeziehung wurden schon immer politischen und wirtschaftlichen Belangen, den Anforderungen des ökonomischen Lebens untergeordnet. Vollzog sich dieser Prozess lange hauptsächlich zu Lasten der Frau, zieht er nun zunehmend auch die Kinder in Mitleidenschaft. Sinkende Geburtenraten, Rückgang der durchschnittlichen Kinderzahl pro Familie und eine dramatisch wachsende Zunahme an Stress und belastungsindizierten Krankheiten sowie psychischen Störungen sind alarmierende Indikatoren. Für die Weltgesundheitsorganisation zählen inzwischen zu den Hochrisikogruppen für psychische Erkrankungen alte Menschen sowie Kinder und Jugendliche. Sie gelten als erheblich gefährdet. Ihnen gilt die höchste Priorität für präventive Maßnahmen und gesundheitsfördernde Strategien (vgl. Psychologie heute, Okt. 1999).

Wir stehen also gewissermaßen am Scheitelpunkt einer Krise, deren Ende und Ausgang im Moment noch niemand abzusehen vermag. Was wir aber jetzt schon sehen können sind eine ganze Reihe eher paradoxer und widersprüchlicher Entwicklungen. Wir erleben das Ende und eine neue Renaissance von familiärer Partnerschaft, wir erleben das Ende und eine Neubelebung des Mythos von romantischer Liebe und heiler Familie (Beck/Beck-Gernsheim 1990). Löst sich die Struktur der bürgerlichen Kleinfamilie endgültig auf, oder ist sie mit einer neuen Rollenverteilung von Männern und Frauen das Modell der Zukunft?

5.1.3 Das Verhältnis der Geschlechter: Partnerschaft und Liebe

In Amerika wie in Europa endet jede zweite bzw. jede dritte Ehe vor dem Scheidungsrichter. Eines von drei Kindern hat mit der Trennung seiner Eltern zu rechnen. Jahrelang wurde schwerpunktmäßig über die Folgen einer Scheidung für alle Betroffenen geforscht. Judy

Wallerstein, eine der bekanntesten Scheidungsforscherinnen ist der wenig untersuchten Frage nachgegangen, wie gute Ehen funktionieren. In einer qualitativen Studie hat sie 50 Paare befragt, »denen es trotz der allgemein verbreiteten Schwierigkeiten gelungen war, dauerhafte, glückliche Ehen aufzubauen« (Wallerstein/Blakesly 1996). Auf Grund ihrer Interviews haben die Autorinnen vier Grundtypen einer dauerhaften Ehe gefunden:

- **Die leidenschaftliche Ehe.** Diese Art von Beziehung basiert auf dauerhaften, intensiven sexuellen Interessen auf beiden Seiten. Beide Partner in solchen Beziehungen berichten von dem Gefühl, dass sie füreinander bestimmt sind. Erregende und sinnliche Erinnerung an die erste Zeit ihrer Liebe verblasst auch später nicht.
- **Die Ehe als Zuflucht.** Hier finden sich vor allem Partner zusammen, deren Beziehungserfahrungen häufig dramatisch gewesen sind. Sie haben meist mit tiefen Verletzungen zu kämpfen, wenn ihr gemeinsames Zusammenleben beginnt. In ihrer Ehe geht es hauptsächlich darum, sich dabei zu unterstützen und zu helfen, diese Wunden zu heilen, wechselseitiges Vertrauen aufzubauen und Nähe nicht mehr primär als Bedrohung, sondern als beglückende Erfahrung zu erleben.
- **Die kameradschaftliche Ehe.** In ihr spiegelt sich häufig unter jüngeren Paaren am besten die gesellschaftliche Veränderung der letzten Jahrzehnte wieder. Dieser Beziehung liegen Gleichheit, Freundschaft und ein Wertesystem zu Grunde, das sich im Rahmen der Studenten- und Frauenbewegung herausgebildet hat. Eine wesentliche Grundlage der Ehe besteht im hohen emotionalen Engagement beider und dem steten Versuch, Intimität und Verantwortlichkeit immer wieder befriedigend auszubalancieren.
- **Die traditionelle Ehe.** Hier herrscht eine klare Verteilung der Rollen und Verantwortungsbereiche. Während sich die Frau um Haus und Familie kümmert, sorgt der Mann für den Lebensunterhalt. Damit wird das Leben der Frau durch die einzelnen Familienzyklen weitgehend normiert. Ihr Leben ist klar in Phasen eingeteilt: das Leben als Frau vor der Ehe; die Jahre, in der sie

hauptsächlich Mutter ist und Kinder großzieht; unter Umständen folgt eine Zeit, die eine Rückkehr in den Beruf oder die Verwirklichung anderer Lebensziele ermöglicht.

Wie bei jeder Typologie gibt es reine Formen nur in Ausnahmefällen, und die meisten Beziehungen sind Mischformen aus diesen vier. Natürlich entscheiden sich Paare nicht bewusst für den einen oder anderen Ehetypus. Dieser ist eher eine gemeinsam ausgehandelte und zu verantwortende Lebensweise mit all ihren unbewussten Übereinkünften. Jede gute Beziehung ist letztlich eine gemeinsame Aufgabe, die beiden Partnern gelingt oder eben an der sie miteinander scheitern. Die Autorinnen haben neun Aufgaben definiert, die das Wesen des Zusammenlebens von Mann und Frau charakterisieren. Die Qualität einer Beziehung hängt weitgehend davon ab, ob es beiden gelingt, die emotionale und kognitive Herausforderung dieser Aufgaben anzunehmen und zu bewältigen.

- Das Paar muss die Beziehung zur jeweiligen Herkunftsfamilie neu bestimmen. Um für eine Partnerschaft frei zu werden und dort einen Großteil der Kraft und Energie zu investieren, müssen sich die Partner emotional von ihren Eltern und Geschwistern lösen, ihre Loyalitätsbindungen von der Herkunftsfamilie auf die eigene Familie verlagern.
- Die Partner müssen ein Gefühl der Zusammengehörigkeit aufbauen, das sich auf Vertrautheit, Nähe und Unabhängigkeit gründet.
- Sie müssen alle Herausforderungen der Elternrolle annehmen, sich für Kinder verantwortlich fühlen und sich gleichzeitig Freiräume für die Partnerschaft und die individuelle Entwicklung erhalten.
- Sie müssen sich den unvermeidlichen Krisen und Konflikten des Lebens stellen und dabei die Bindung zwischen den Partnern tendenziell eher stärken.
- Es ist die Aufgabe beider, Zeit und Energie zu bewahren, um gemeinsam Konflikte zu besprechen und zu lösen, sowie sich vor den Belastungen durch berufliche und familiäre Verpflichtungen abzuschirmen und zu schützen.

- Sie müssen versuchen, eine interessante, lebendige sexuelle Beziehung aufzubauen und zu erhalten. Sie sollten sich ein Mindestmaß an Humor und Leichtigkeit erhalten, durch gemeinsame Interessen und Freunde verhindern, dass das gemeinsame Leben langweilig wird und sich in Routine und gemeinsamer Alltagsbewältigung erschöpft.

- Schließlich sollten sie in der Lage sein, einander zu trösten, zu stützen, zu ermutigen, sich in schwierigen Situationen beizustehen.

- Trotz aller Enttäuschungen, die sie auch erleben, sollten sie sich sowohl einen idealisierenden wie einen realistischen Blick auf den eigenen Partner bewahren.

- Natürlich besteht gerade im Hinblick auf eine Ehe die große Gefahr, einige Träume doch zu idealisieren und die tief sitzenden romantisierenden Illusionen vom glücklichen Zusammenleben immer wieder zu nähren.

Gerade der Vergleich von glücklich zusammen lebenden oder verheirateten Paaren mit geschiedenen Paaren zeigt, dass die glückliche Ehe nie ein vollendetes Kunstwerk ist. Alle Paare sagten, sie hätten innerhalb ihrer Ehe viele verschiedene Ehen gelebt. Sie haben das eheliche Glück niemals als selbstverständlich, sondern eher immer wieder neu als pflege- und gestaltungsbedürftig empfunden. Keine Ehe hat alle Wünsche und Bedürfnisse, die die Partner mitgebracht haben, befriedigt. Und vielleicht macht die Art und Weise, wie ein Paar die zentralen psychologischen Aufgaben einer Beziehung bewältigt, ihr Lebensglück aus, und nicht, ob sie darin am Ende mehr oder weniger erfolgreich sind, eine Balance zwischen leidenschaftlicher Liebe, alltäglicher Arbeit, gemeinsamen Kindern und individueller Weiterentwicklung zu finden.

Viele Menschen gehen ganz selbstverständlich davon aus, dass sich ihre Beziehung schon irgendwie weiterentwickeln wird, so als wäre eheliche oder partnerschaftliche Beziehung das Einzige auf dieser Welt, was ausschließlich aus sich heraus lebt. Aber eine Beziehung muss sich täglich regenerieren, sie muss gepflegt und genährt werden, braucht Zeit und Energie, Gespräche und Begegnungen, Gesten und Worte der Liebe (vgl. Moeller 1986, 1992).

Der Reifegrad einer partnerschaftlichen Beziehung hängt im Wesentlichen von zwei Momenten ab. Einmal muss es beiden gelingen, anzuerkennen, dass sie als Paar in einer doppelten Wirklichkeit leben, dass auch für sie gilt: »Deine Liebe ist nicht meine Liebe« (Welter-Enderlin 1996). Sie müssen akzeptieren lernen, dass sie jeweils in ihrer eigenen Wirklichkeit leben, die dem anderen nicht unmittelbar zugänglich ist und dass dies selbstverständlich auch umgekehrt gilt. Die zweite, schwer zu akzeptierende Prämisse ist, dass alles, was in der Beziehung geschieht und wie es geschieht, zu zweit gemacht wird. Weder das Schöne noch das Schmerzliche, weder gelungene Intimität noch aufreibender Streit ist von einem Einzigen initiiert oder ausgelöst. Die ewige Suche nach Schuld und Verantwortung für eine Misere oder Krise, die Hoffnung, dass die Beziehung glücklicher wäre, wenn sich einer oder eine ändern würde, ist eine aussichtslose Energieverschwendung. Es ist ein vergebliches Unterfangen, einen Partner ändern zu wollen in der Hoffnung, die Beziehung zu verbessern. Jeder Versuch zu manipulieren versandet im besten Fall mit einem schalen Gefühl. Jede/r weiß aus eigenen Erfahrungen, wie schnell Änderungsversuche im Clinch oder Belagerungszustand enden, wie leicht sie nicht nur in alten Ehen zu einem Zweikampf eskalieren. Auch wenn eine/r gewinnen sollte, es bleiben der Beziehungsschaden und die Kränkung. Letztlich verliert immer das Paar, also auch beide.

Vertiefende Literatur

Moeller, M.L.: Die Liebe ist ein Kind der Freiheit. Rowohlt, Reinbek 1986.
Moeller, M.L.: Die Wahrheit beginnt zu zweit. Rowohlt, Reinbek 1992.

5.2 Übergang zur Elternschaft

Wenn wir nun nach der Betrachtung des Paares den möglichen nächsten Schritt im (Familien-)Entwicklungszyklus betrachten, so stellt sich hier zunächst die Ausgangsfrage: Wer entscheidet eigentlich, ob ein Paar zu Eltern wird? Während es früher, wenn dem nicht gerade medizinische Hindernisse entgegenstanden, quasi selbstverständlich zum Lebensplan von Mann und Frau gehörte, Kinder zu bekommen, ist es in heutiger Zeit eher *eine* – wenn auch immer noch von vielen erwünschte – unter anderen Lebensoptionen (wie sich auch am Geburtenrückgang ablesen lässt). Wie entsprechende Untersuchungen zeigen, ist der Anteil von Frauen bei der Entscheidung zur Elternschaft im Allgemeinen größer einzuschätzen als von Männern. Zugleich ist aber auch der Anteil von Paaren höher, die – zumindest zum betreffenden Zeitpunkt – eher überraschend Eltern werden, im Vergleich zu Paaren mit einer bewusst geplanten Schwangerschaft.

Eine weitere grundlegende Frage schließt sich daran an: Was geschieht eigentlich, wenn Paare Eltern werden, oder spezifischer, wenn eine Frau zur Mutter, ein Mann zum Vater wird? Anhand einer Sichtung der diesbezüglichen Literatur zur Lebenszyklusforschung, wie sie in der Soziologie und Psychologie beheimatet ist, lässt sich übereinstimmend erkennen, dass der Übergang zur Elternschaft für die beteiligten Personen eine Lebensveränderung von einem Ausmaß darstellt, wie sich nur wenige in einer Biografie ereignen. In einer ganzen Reihe von Studien wird belegt, wie dieser Strukturwandel von einer Dyade zur Triade einen in der Regel krisenhaft verlaufenden Anpassungsprozess im Hinblick auf die neuen Aufgaben und Anforderungen auslöst. Auch wenn es nicht zwangsläufig zu einer Ehekrise kommen muss (Schneewind 1999; Petzold 1991) und sich zugleich auch neu hinzukommende Glücksmomente ergeben können, ist es doch ein Wendepunkt im Entwicklungsprozess der beteiligten Personen. Das gesamte Leben der Partner hat sich in einer Adaptationsphase – insbesondere natürlich beim ersten Kind – auf die neu hinzukommende Person und deren Bedürfnisse einzustellen, was in der Regel eine umfassende Reorganisation in verschiedenen Bereichen (von der Alltagsorganisation bis zum Partnerschaftsleben im engeren Sinne) erfordert.

Zur Veranschaulichung seien im Folgenden einige Forschungsbefunde dazu genannt. Es zeigte sich in den betreffenden Studien u.a.:

- Konkrete Vorstellungsaktivitäten hinsichtlich der neuen Lebenssituation in der Vorbereitungszeit, also bereits während der

Schwangerschaft, haben einen positiven Effekt auf die Bewältigung der anstehenden Veränderungen. Neben der kognitiven Beschäftigung mit dem bevorstehenden Wandel wirken sich auch konkrete Vorbereitungsaktivitäten, wie zum Beispiel das gemeinsame Besuchen von Schwangerschafts- und Geburtsvorbereitungskursen (unter Einschluss des werdenden Vaters), günstig auf die Stressbewältigung der neuen Eltern aus. Es lassen sich bei diesem Übergangsprozess mehr Phasen als lediglich die Zeit vor und nach der Geburt beschreiben (Gloger-Tippelt 1997, 1988), die von der Nachricht über die bestehende Schwangerschaft, die auf beiden Seiten zunächst Verunsicherungen mit sich bringt, bis hin zur gelungenen Umstellung und Gewöhnung an den neuen Lebensrhythmus einige Monate nach der Geburt reichen.

- Nach der Geburt findet in der Regel eine sog. »Traditionalisierung« in der Rollenaufteilung der beiden Partner statt, d.h. ein – nicht selten entgegen anders lautender Vorsätze – Trend in Richtung klassischer Mutter- und Vaterrolle (Cowan/Cowan 1992). Während in der Zeit des Paarlebens in der Regel ein Trend zu egalitären Rollen im Hinblick auf Beruf und Aufgabenteilung im Haushalt zu verzeichnen ist, wandelt sich dieses Bild mit der Ankunft eines Kindes. Überwiegend werden die Betreuung des Kindes und innerhäusliche Aufgaben von den Frauen übernommen, was interessanterweise auf Seiten beider Partner auch von entsprechenden Einstellungen, die diese Rollenaufteilung befürworten, getragen wird (Endepohls-Ulpe 1997). Im Kontext dieser Traditionalisierung ist die Auseinandersetzung mit den eigenen Herkunftsfamilien als eine weitere Aufgabe im Zuge des Elternwerdens anzusehen. Es spielt sich hier sozusagen ein Perspektivenwechsel vom Kind- zum Elternsein, der mit vielfältigen Identifizierungs- und Abgrenzungsprozessen verbunden ist, ab. Darüber hinaus müssen sich auch die eigenen Eltern in die neue Rolle als Großeltern einfinden, was in der Regel eine Neudefinition der intergenerationalen Beziehungen sowie Abgrenzung der Aufgaben- und Verantwortungsbereiche erfordert. Zugleich sind die eigenen Eltern jedoch nach Untersuchungsergebnissen die bedeutendste Entlastungsressource (etwa im Hinblick auf finanzielle Unterstützung und Kinderbetreuung) im sozialen Netzwerk eines jungen Elternpaares (Ettrich/Ettrich 1995).

- Die Zufriedenheit mit der Partnerschaft nimmt in der neuen Lebenssituation bei Mutter und Vater in der Regel deutlich ab. Dies erstreckt sich über verschiedene Bereiche im Spektrum von einer zunehmenden Konflikthäufigkeit bis zu einem sich reduzierenden Sexualleben. Männer fühlen sich nicht selten aus der neu entstandenen Mutter-Kind-Dyade förmlich hinausgedrängt und beklagen, mit ihren Bedürfnissen nicht mehr ausreichend Beachtung zu finden. Man könnte sagen, das Kind als hinzukommendes drittes Subjekt drängt sich im wörtlichen wie im übertragenen Sinne zwischen die Eltern. Ihre (Paar-)Beziehung ist nun nicht mehr das einzige Strukturelement, sie wird durch die Mutter-Kind- und Vater-Kind-Beziehung als sog. familiäre Subsysteme ergänzt, was bei den Erwachsenen neben der Paarebene ein neues Aufgabenspektrum als Elternsubsystem (»Erziehungsteam«) entstehen lässt. Prädiktoren für das Gelingen des Umstellungsprozesses und die damit verbundene Zufriedenheit der Partner sind neben individuellen Merkmalen der Partner (z.B. Persönlichkeits- und Einstellungsfaktoren) auch die vor der Schwangerschaft bestehende Qualität der Paarbeziehung sowie soziokulturelle Faktoren (Schneewind 1999). So haben sich in kulturvergleichenden Studien Unterschiede gezeigt, ob und wie ausgeprägt eine Abnahme der Partnerschaftszufriedenheit bei der Erst- und Zweitelternschaft zu beobachten ist (Nickel u.a. 1995).

Wie diese exemplarischen Ausführungen zeigen, gehört der Übergang von der Partner- zur (nicht sie ablösenden, sondern hinzukommenden) Elternschaft zu den tiefgreifendsten Veränderungs- und Reifungsprozessen im menschlichen Lebenszyklus (Cowan/ Cowan 1992; Gloger-Tippelt 1997, 1988). Wenn auch die Elternschaft ein unumkehrbarer Entwicklungsschritt auf Lebensdauer ist, so hat der Anteil an Lebenszeit, der mit den eigenen Kindern im gemeinsamen Haushalt verbracht wird, auf Grund der heute gestiegenen Lebenserwartung insgesamt abgenommen. Für manchen Elternteil, insbesondere Väter, vollzieht sich dann im letzten Le-

bensabschnitt – das sei im Hinblick auf den lebenszyklischen As-
pekt noch abschließend erwähnt – eine erneute und bewusstere
Auseinandersetzung mit dieser Thematik nun in der Rolle als
Großeltern.

5.3 Säuglingsalter und frühe Kindheit

Wenn wir uns in diesem wie den folgenden Kapiteln (5.3 bis 5.6)
mit der nachgeburtlichen Entwicklung von Menschen befassen, so
ist dabei stets zu bedenken, dass die beschriebenen Entwicklungsschritte und -phasen eine große interindividuelle Variationsbreite
aufweisen. Dies gilt insbesondere für die zeitliche Abfolge der Ent-
wicklungsabschnitte, die nur eine grobe Orientierung darstellen
kann und somit nicht als eine Norm zu verstehen ist, hinsichtlich
der eine Abweichung gleich Anlass zur Besorgnis sein müsste. Insofern werden im Folgenden eher die Entwicklungsthemen oder
-bereiche, die in bestimmten Lebensaltern relevant werden, angesprochen. Eine Vertiefung zu einigen besonders bedeutsamen Ent-
wicklungsdimensionen – wie u.a. kognitive, sprachliche und soziale
Entwicklung – erfolgt gesondert in Kapitel 4.

Im vorliegenden Kapitel befassen wir uns also zunächst mit dem
Lebensabschnitt zwischen 0 und 2 Jahren. Wie an anderer Stelle beschrieben (Kapitel 2.5), hat ein Kind bei Geburt ja bereits sehr
wichtige und bewegte Entwicklungsphasen hinter sich, die neben
biologisch-genetischen Entwicklungsfaktoren auch schon Umge-
bungseinflüsse mit einschließen. So verfügt das Neugeborene insgesamt bereits über ein erstaunliches Repertoire an Fähigkeiten und
Verhaltensweisen, was heute – gegenüber früheren Vorstellungen
von einem hilflos-abhängigen Wesen – zu einer veränderten Sichtweise, die sich mit Begriffen wie »der kompetente Säugling« (Dornes 1993, s. auch Kapitel 4.1.3) umschreiben lässt, geführt hat. Neben einer allgemeinen Anpassungsfähigkeit an die sich verändernden Umgebungsbedingungen sind hier Basisfähigkeiten im Sinnes-,
motorischen und sozialen Bereich zu nennen.

Wenn auch die Sinneskapazitäten noch begrenzt sind und sich
erst allmählich ausdifferenzieren, so gelingen dem Neugeborenen

doch schon erstaunliche Wahrnehmungsleistungen. Es kann die ihm schon aus der Schwangerschaftszeit vertraut gewordene Stimme der Mutter von der anderer Personen unterscheiden, und das Hörvermögen ist genau im Frequenzbereich der Wortsprache bereits am besten entwickelt. Mit dem Geschmacks- und Geruchssinn kann schon die Milch der eigenen Mutter von der anderer Frauen differenziert werden. Das Sehen ist auf den Nahbereich, wie es beim Körper- und Sozialkontakt (etwa Stillen) relevant ist, sowie auf entsprechende Schlüsselreize (Präferenz für Gesichter oder gesichtsähnliche Dreiecksstrukturen, die durch Augen und den Mund gebildet werden) ausgerichtet.

Die genannten Möglichkeiten der Reizaufnahme über die verschiedenen Sinneskanäle dienen zugleich auch der Verfeinerung von Gehirnstrukturen, weshalb entsprechende Angebote und Anregungen im gesamtem Entwicklungsverlauf von Bedeutung sind. Auch basale Grundmuster wie das Wechselspiel von Aufmerksamkeit (Orientierungsreaktion bei noch unbekannten Stimuli) und Habituation (Gewöhnung an wiederkehrende, konstante Reizmuster), die für den Aufbau von Erfahrungen, d.h. Lernprozesse entscheidend sind, können beim Neugeborenen bereits beobachtet werden.

Im motorischen Bereich dominieren zunächst angeborene Reflexe, von denen etwa 20 verschiedene unterschieden werden können (am bekanntesten sind Saug- und Greifreflex, die durch Berührung des Mundes bzw. der Handinnenfläche ausgelöst werden). In der weiteren Entwicklung werden sie jedoch zunehmend von willkürlich kontrollierten Bewegungsmustern abgelöst. Das Saugen als zentrales Verhaltensmuster in der ersten Lebensphase hat jedoch neben der Nahrungsaufnahme noch weitere Funktionen. Es dient auch der Regulierung des Erregungsniveaus (»Saugen beruhigt«, wie es jedermanns Erfahrung – etwa durch Gabe eines Schnullers – entspricht). Interessanterweise lässt sich feststellen, dass Saugen bereits vom noch ungeborenen Kind im Mutterleib – vermutlich in ebensolchem Sinne – praktiziert wird. Die Mundregion hat aber im Säuglingsalter darüber hinaus noch eine weitere Funktion, indem sie zur Exploration der Umgebung genutzt wird. Das Kind erkundet die Welt sozusagen über den Mund, indem alles in ihn gesteckt (oder dies zumindest versucht) wird. Diese Dominanz des Mundbereichs wird insbesondere in der Entwicklungstheorie Freuds, der dieses Stadium entsprechend orale Phase genannt hat, thematisiert (s. Kapitel 4.1.1). Im weiteren Verlauf werden die genannten Bereiche der Sinneswahrnehmung und Motorik zunehmend koordiniert und integriert, indem der Säugling nun beispielsweise mit visueller Kontrolle gezielt nach etwas zu greifen versucht.

Im sozial-interaktiven Bereich sind dem Säugling allein schon durch sein Äußeres (das sog. Kindchenschema, das für andere Personen als Schlüsselreiz dient, um Fürsorgeverhalten auszulösen) sowie mit der vorhandenen Neigung zum Nachahmen (das für die Eltern in der Interaktion mit dem Kind ein positives Feedback bedeutet) und dem Weinen etc. Grundausstattungen zu Aufbau und Aufrechterhaltung des Kontaktes mit seiner sozialen Umgebung gegeben. Die Entwicklung einer stabilen Beziehung oder Bindung (sog. »attachment«) vom Kind zu seinen Bezugspersonen ist ein auch für die weitere soziale Entwicklung entscheidender Prozess, weshalb weiter unten noch ausführlicher darauf eingegangen wird. Der korrespondierende Aufbau einer stabilen Verbindung von den Eltern zu ihrem Kind wird »bonding« genannt. Die genannten, von Beginn an vorhandenen sog. protosozialen Ausstattungsmerkmale des Kindes unterstützen den Aufbau einer stabilen Beziehung, der für dieses letztlich überlebenssichernd ist, da es – im Sinne der notwendigen Befriedigung vitaler Grundbedürfnisse wie Nahrung, Schutz vor Kälte usw. – auf die Hilfe anderer angewiesen ist. Schon kurz nach der Geburt werden, wie Untersuchungserkenntnisse zeigen (Gomes-Pedro 1989), die ersten Grundlagen für die Eltern-Kind-Bindung gelegt, was auch zu konkreten Veränderungen in der Geburtspraxis mit der Ermöglichung von unmittelbarem Körperkontakt zu Mutter und Vater sowie dem Verbleiben des Kindes im Zimmer der Eltern (»rooming in«) geführt hat. Später –etwa im Alter von 6 Wochen – kommt zu den protosozialen Kapazitäten das Lächeln hinzu, dem aufgrund seines verstärkenden Feedback-Charakters für die Interaktionspartner eine besondere Bedeutung in der Sicherung von Bindungen zukommt (wenn es zunächst wohl eher als ein funktionales Grundverhaltensmuster des Kindes und nicht im engeren Sinne als sozial motiviert anzusehen ist).

Für die Erwachsenen ist der sog. »baby talk« typisch, bei dem verbale Äußerungen in der Interaktion mit dem Kind u.a. durch eine hohe Stimme, ausgeprägte Sprachmelodie und Wortvereinfachungen gekennzeichnet sind («Ei dei dei ...«). Im Alter von etwa einem halben Jahr beginnen die Kinder selbst mit ersten Sprachproduktionen (das »Lallen«, für das Silbenverdopplungen charakteristisch sind). So kann bereits ein interaktives Wechselspiel, etwa mit gegenseitigem Nachahmen, als gemeinsame Aktivität entstehen.

All die genannten sozialen Basisfertigkeiten auf Seiten beider Interaktionspartner können zum Aufbau einer stabilen Bindung zwischen Kind und Eltern beitragen, die zugleich als Urerfahrung für soziale Beziehungen überhaupt angesehen wird (vgl. auch Erik Eriksons erste Entwicklungskrise »Urvertrauen vs. Misstrauen«, s. Kapitel 4.1.1), womit ihnen eine besondere Bedeutung zukommt. Der Bindungsaufbau vollzieht sich phasenhaft – von den ersten Kontaktaufnahmen des Neugeborenen, die noch relativ personenunspezifisch an die Umwelt gerichtet sind, über die Phase der verschiedene Personen differenzierenden Ansprechbarkeit, bis hin zur eigentlichen Bindung, wenn sich das Kind bevorzugt die Nähe einer bestimmten Bezugsperson sucht, diese bei Abwesenheit vermisst (ab ca. 7–8 Monaten) und zugleich das sog. Fremdeln gegenüber anderen unbekannten Personen beginnt (auch als Achtmonatsangst bezeichnet, die dann im zweiten Lebensjahr wieder abnimmt), bis hin zur zielkorrigierten Partnerschaft, bei der gezielt Einfluss auf das Verhalten der Bezugsperson(en) auszuüben versucht wird (im Alter ab drei Jahren). Entscheidend ist bei diesem Entwicklungsprozess der Aufbau eines sog. »internen Arbeitsmodells«, das durch Erfahrungen und Interaktionen mit der Umwelt entsteht und eine mentale Repräsentation von der Welt, speziell von sich und den Bezugspersonen, darstellt. Mit Hilfe dieser Arbeitsmodelle kann es dem Kind gelingen, Situationen adäquat zu interpretieren, das eigene Verhalten danach auszurichten und die Reaktionen der sozialen Umgebung zu antizipieren. Man nimmt an, und es gibt dafür auch empirische Belege, dass diese erworbenen Arbeitsmodelle eine gewisse Kontinuität durch Kindheit und Erwachsenenalter aufweisen und sogar noch einen Zusammenhang mit den eigenen Kindern in der nächsten Generation aufweisen können (Van IJzen-

doorn 1995). Bei Erwachsenen ist die gebräuchlichste Forschungs-
methode zur Kennzeichnung der Bindungsrepräsentationen das
sog. »Adult Attachment Interview« (AAI, George u.a. 2001). Bei
Kindern hat der sog. »Fremde-Situations-Test« (FST) eine gewisse
Berühmtheit erlangt, der von Mary Ainsworth, einer Schülerin des
Begründers der Bindungstheorie, John Bowlby, entwickelt wurde
(1969). Der FST besteht aus einer Abfolge von acht dreiminütigen
Beobachtungssituationen, in denen sich eine fremde Person – in
An- oder Abwesenheit der Mutter – mit dem Kind in einem Spiel-
zimmer aufhält. Anhand der Reaktionen beim Eintreten der fremden Person, beim Abschied von der Mutter und bei ihrer Wiederkehr wird auf die Bindungsqualität der Mutter-Kind-Beziehung geschlossen. Bowlby/Ainsworth (1978) unterscheiden dabei sichere
von unsicheren Bindungen. Sicher gebundene Kinder zeigen beim
Abschied der Mutter zunächst kaum Beunruhigung, da sie darauf
zu vertrauen scheinen, dass sie bald zurückkommt. Mit der Zeit
scheinen sie die Mutter jedoch zu vermissen und können in dieser
Hinsicht auch nicht von einer fremden Person getröstet werden.
Entsprechend erfreut begrüßen sie die wiederkehrende Mutter. Bei
den unsicher gebundenen Kindern werden zwei Typen unterschieden. Vermeidend-unsichere Kinder machen wenig(er) Unterschiede
zwischen der Mutter und einer fremden Person, begrüßen die Mutter nach ihrer Abwesenheit eher beiläufig, wehren sich nicht, wenn
sie wieder vom Arm abgesetzt werden. Ambivalent-unsicher gebundene Kinder zeigen beim Alleingelassenwerden deutliche Reaktionen, verhalten sich jedoch bei der Rückkunft der Bezugsperson
ambivalent, indem sie einerseits Kontakt suchen, andererseits Inter-
aktionsversuchen ausweichen. Später wurde zu diesen drei Bin-
dungsstilen noch eine Ergänzungskategorie für Kinder, die sich in
den Beobachtungssequenzen eher merkwürdig und bizarr verhalten, hinzugefügt als sog. desorganisierter Typ. Unerwähnt sollte
auch nicht bleiben, dass es Kinder gibt, denen es an einem adäquaten Beziehungsangebot für den Bindungsaufbau fehlt. Diese oft
auch in anderer Hinsicht vernachlässigten oder deprivierten Kinder
können ein breites Spektrum von Auffälligkeiten aufweisen, beginnend mit Passivität, über die sog. anaklitische Depression (Spitz
1988) bis hin zu lebenslangen Schwierigkeiten in der Gestaltung

von Beziehungen (z.B. im Hinblick auf die Nähe/Distanzregelung). Wenn auf der anderen Seite die Entwicklung einer stabilen Bindung zu Bezugspersonen in der frühen Kindheit gelingt, ist dies eine Basis für den weiteren Entwicklungsverlauf, auch über den sozial-interaktiven Bereich hinaus. So wird sich das Kind beispielsweise bei der Exploration der »Welt«, die verstärkt im Alter von 8–10 Monaten einsetzt, wenn es mit der Lokomotion (eigener Fortbewegung, zuerst Krabbeln) beginnt, dabei immer auf die Bindungsperson als sog. »home base«, rückbeziehen können, was ihm (Selbst-) Sicherheit für weitere Eroberungen gibt. Damit wird deutlich, dass das Bindungskonzept nicht mit Abhängigkeit in Zusammenhang zu sehen ist, eher im Gegenteil, dass vielmehr eine stabile Bindung zur Entwicklung von Autonomie und Selbstständigkeit beiträgt. Dieser Rückbezug kommt konkret etwa in Phänomenen wie dem sog. »social referencing« (wiederholte Blickversicherungen bei der Bezugsperson während des Explorationsprozesses) oder der sog. »joint attention« (das Kind richtet seinen Aufmerksamkeitsfokus an der Blickrichtung der Mutter aus) zum Ausdruck.

Im etwa selben Alter ab 8 Monaten vollziehen sich auch Veränderungen auf der kognitiven Ebene, unter denen die sog. Objekt-Permanenz als wichtiger Entwicklungsschritt hervorzuheben ist. Das bedeutet, dass das Kind im Unterschied zu vorher erkennt, dass Objekte aus seiner Umgebung weiterhin existieren, auch wenn sie aus dem Blickfeld gerückt sind. Es beginnt die Suche nach versteckten oder verdeckten Objekten, was auf eine innere Repräsentation des betreffenden Objektes hinweist. Zugleich entstehen die ersten vorsprachlichen Begriffe in Form von Prototypen, indem das Kind etwa bei sich fortbewegenden Objekten zwischen Fahrzeugen und Tieren zu unterscheiden beginnt.

Um das Ende des ersten Lebensjahres herum kündigen sich dann weitere Veränderungen an, die wegen ihrer Bedeutsamkeit als richtiggehende »Entwicklungsmeilensteine« bezeichnet werden können (Oerter/Montada 1998). Im motorischen Bereich sind für alle Beteiligten eindrücklich das sich an das Krabbeln anschließende Hochziehen, Aufrichten und schließlich Stehen sowie im – buchstäblich – nächsten Schritt das in der aufrechten Position Fortbewegen als erste Gehversuche.

Nicht weniger beachtenswert ist im kognitiven und sozial-kommunikativen Bereich der Beginn des Sprechens. Oft können sich Eltern noch genau an das erste Wort, besonders wenn es ihnen als »Mama« oder Papa« selber galt, erinnern. Neben der parallelen Differenzierung von gestischen Ausdrucksmöglichkeiten (z.b. Kopfnicken und -schütteln als Zustimmung und Ablehnung) beginnt im Folgenden ein rasanter Ausbau des Wortschatzes, bei dem monatlich bis zu 100 neue Wörter gelernt werden. Während im sog. Einwort-Stadium noch keine Sätze gebildet werden, tauchen dann allmählich auch erste grammatikalische Strukturen auf. Sprache wird hier zugleich als Werkzeug (der Kommunikation, etwa um ein Ziel zu erreichen), sowie als Spielzeug, oft in der Kombination mit Singen, dem beim Spracherwerb wohl eine unterstützende Funktion zukommt, genutzt. Mit der sprachlichen Entwicklung und Begriffsbildung gehen auch weitere kognitive Veränderungen einher, indem das Kind um 18 Monate zunehmend auch vorwegnehmendes Denken als mentales Probehandeln praktiziert und somit zu zielgerichteteren Vorgehensweisen im Stande ist. Zugleich entwickelt sich im Bereich sozialer Kognitionen ein Fremdverständnis (oder »theory of mind«), indem das Kind Emotionen und Intentionen anderer Personen (als von den eigenen zu unterscheidenden) erkennen lernt und sich erste Anzeichen von Versuchen, sich in Interaktionspartner hineinzuversetzen (Empathie), zeigen (beispielsweise in Form von Tröstverhalten gegenüber einer weinenden Person, was in früheren Entwicklungsphasen im Sinne einer Emotionsansteckung lediglich zum Mitweinen des Kindes führt, s. Kapitel 4.3.2).

Eine weitere wichtige Thematik im zweiten Lebensjahr, um die sich auch viel erzieherisches Bemühen rankt, ist die Sauberkeitsentwicklung. Der Zeitrahmen, wann mit einem entsprechenden (Toiletten-)Training begonnen wird, ist allerdings unterschiedlich und insofern in stärkerem Maße kulturell und zeitgeschichtlich definiert als die bisher genannten Entwicklungsschritte. Wie Freud in seiner Beschreibung der »analen« Phase allerdings bereits richtig vermerkte, geht es dabei nicht nur um Reinlichkeit, sondern auch um Themen wie Kontrolle, (Selbst-)Beherrschung, Geltungsbewusstsein (selbst etwas zu produzieren), Geben und Nehmen sowie damit verbundene Macht (Erwartungen anderer entsprechen und ihnen damit eine Freude machen oder verweigern). Entsprechend zeigen sich diese Entwicklungsthemen auch in anderen Bereichen und Verhaltensweisen, indem das Kind immer mehr auszuprobieren geneigt ist, dabei die Hilfe anderer ablehnt, d.h., das Kind will es oft wörtlich »selber machen« oder selber können, was natürlich auch mit viel Frusterleben und Wut über das (im Vergleich zu den Erwachsenen noch bestehende) eigene Unvermögen verbunden ist. Oft ist das für dieses Alter typische Trotzverhalten (ein aus Prinzip mit viel Nachdruck vertretenes »Nein«) in diesem Sinne zu verstehen, hat aber zugleich auch eine ich-abgrenzende Funktion.

Dies lässt zum letzten Entwicklungsthema im Rahmen der ersten beiden Lebensjahre überleiten, das den beginnenden Aufbau einer Identität betrifft. Das Kind entdeckt schrittweise, ein von anderen Personen unterschiedenes Subjekt zu sein, mit eigenen Empfindungen (Berührungen des eigenen Körpers fühlen sich anders an als der Kontakt mit einem anderen Körper), mit einem bestimmten Geschlecht, das das Kind nun bezogen auf sich und andere zu differenzieren lernt. Ob tatsächlich so etwas wie ein Selbst- oder Ich-Bewusstsein vorhanden ist, lässt sich mit dem berühmt gewordenen »Spiegelversuch« nachprüfen, bei dem die Nase des Kindes unauffällig (während des Spielens) mit einem farbigen Punkt versehen wird. Beim anschließenden Blick in den Spiegel greifen sich die Kinder, die schon ein Identitätsempfinden entwickelt haben, aus Neugier an die eigene Nase statt an den Spiegel. Dies ist zugleich ein für menschliche Wesen kennzeichnendes Merkmal, da diese (Selbst-)Erkenntnisleistung in der Tierwelt nur einzelnen Individuen hoch entwickelter Primaten gelingt.

Vertiefende Literatur

Dornes, M.: Die frühe Kindheit. Entwicklungspsychologie der ersten Lebensjahre. Fischer Taschenbuch Verlag, Frankfurt a.M. [4]2000.
Keller, H.: Handbuch der Kleinkindforschung. Huber, Bern [2]1997.

5.4 Kleinkind- und Vorschulalter

Der folgende Abschnitt wird sich auf die Altersperiode zwischen dem zweiten und sechsten Lebensjahr beziehen.

In diesem Zeitraum werden einige, in den ersten beiden Lebensjahren bereits begonnene Entwicklungsstränge weiterverfolgt und ausdifferenziert – wie zum Beispiel im motorischen, kognitiven und Sprachbereich – andere Themen kommen neu hinzu – wie beispielsweise im sozialen Bereich Interaktionserfahrungen in der Gruppe der Gleichaltrigen (im Fachjargon »peer group«). Im Folgenden sollen diese Bereiche – zum Teil unter Einordnung in die an anderer Stelle ausführlicher dargestellten Stufentheorien der Entwicklung – aufgegriffen und summarisch beschrieben werden, um diesen Entwicklungsabschnitt in seinen verschiedenen Facetten zu kennzeichnen.

Im körperlichen Bereich scheint die rasanteste Entwicklungszeit bereits vorüber, denn schon mit 2½ Jahren ist im Durchschnitt die Hälfte der späteren Körpergröße als Erwachsener erreicht. In der motorischen Entwicklung sind neben einem bestaunenswerten Aktivitätspensum mit unerschöpflich scheinenden Energiereserven zunehmende Kontroll- und Steuerungskapazitäten zu erkennen, die sich zum Beispiel im Erlernen des Treppensteigens – aufwärts im Wechselschritt mit ca. 3 und abwärts mit etwa 4 Jahren – zeigen. Mit 6 Jahren sind dann motorisch so anspruchsvolle Bewegungsvorgänge wie Fahrradfahren ohne Stützräder möglich.

Bezugnehmend auf den charakteristischen Bewegungsdrang hat Erikson diese Phase als lokomotorisch-genital (als »Eindringen in die Welt«) gekennzeichnet (s. Kapitel 4.1.1). Für Freud als Urvater der psychoanalytischen Theoriebildung steht in dieser von ihm als phallisch bezeichneten Entwicklungsphase der zu den bekanntesten Anteilen seines Gesamtwerkes gehörende »Ödipus-Konflikt« im Vordergrund. In der triadischen Ödipus-Konstellation tritt, nachdem in der vorausgehenden Entwicklungszeit eher der Mutter-Kind-Beziehung die zentrale Bedeutung beigemessen wird, der Vater als potenzieller Konkurrent (für Jungen) oder Liebhaber (für Mädchen) hinzu, was insbesondere im Hinblick auf die Geschlechtsrollen- und Überich-Entwicklung, in der die äußere sozia-

le Welt und ihre Normen eine innerpsychische Repräsentation erfahren, für relevant erachtet wird (Freud 1924; s. auch Kapitel
4.1.1). Der Aufbau einer Geschlechtsidentität als ein zentrales Entwicklungsthema erfolgt nach der psychoanalytischen Interpretation
durch die »Identifikation mit dem Aggressor« (als Abwehrmechanismus in dieser bedrohlichen Situation), in dem der Junge dem
Vater gleich zu werden anstrebt, um dann ebenfalls eine Frau (wie
die Mutter) zur Partnerin bekommen zu können (für Mädchen ist
dieser Prozess von Freud nicht gleichermaßen ausgearbeitet und
überzeugend beschrieben worden). Andere theoretische Richtungen – wie die (soziale) Lerntheorie – betonen im Hinblick auf die
Geschlechtsrollenentwicklung die zentrale Bedeutung von Verstär-
kungs- und Imitationsmechanismen. In der Tat lässt sich schon
sehr früh nachweisen, dass Mädchen und Jungen von Eltern unterschiedlich behandelt werden (schon im Säuglingsalter lässt sich beispielsweise eine insgesamt längere Stillzeit bei Jungen belegen). Im
weiteren Verlauf werden Kinder für männliche und weibliche Verhaltensmuster differenziell verstärkt, und zwar nicht nur von den
erwachsenen Bezugspersonen, sondern auch in der Gleichaltrigengruppe, in der nicht geschlechtskonformes Verhalten (z.b. mit
Spott) sanktioniert wird. Nicht zuletzt tragen die Medien im Hinblick auf Geschlechtsstereotype sicherlich ihr Übriges dazu bei,
wenn man bedenkt, dass Kinder heute im Durchschnitt bis zum
Schulbeginn bereits mehr als 1.000 Stunden ferngesehen haben
(Charlton/Neumann-Braun 1993). Für Kohlberg sind eher kognitive Prozesse bei der (Geschlechts-)Identitätsentwicklung entscheidend, die er in drei Abschnitten beschreibt. Zunächst erkennt das
Kind, dass in seiner sozialen Umgebung als männlich und weiblich
zu unterscheidende Personen vorzufinden sind. Im nächsten Schritt
nimmt das Kind eine Selbstzuordnung zu diesen Geschlechtskate-
gorien (»Ich selbst bin ein Mädchen bzw. ein Junge«) vor. Der dritte
Entwicklungsschritt ist dadurch gekennzeichnet, dass sich das Kind
nun aktiv die zu ihm passend erscheinenden Umweltangebote aus-
wählt (beispielsweise mit der feststellbaren Bevorzugung gleichge-
schlechtlicher Spielpartner), womit sich die Geschlechtsidentität
allmählich stabilisiert, bis sie schließlich mit 5 bis 6 Jahren als inva-
riantes Merkmal fürs ganze Leben erkannt wird (Geschlechtsper-

manenz). Auch in einem weiter gefassten Sinne spielen diese nach Ähnlichkeiten vorgenommen (Selbst-)Zuordnungs- und Auswahlprozesse, die eine Zugehörigkeit zu einer bestimmten Merkmalskategorie und damit sozialen Gruppe markieren, eine entscheidende Rolle beim in diesem Alter beginnenden Aufbau einer (sozialen) Identität.

Auch der Beginn der moralischen Entwicklung, die im Sinne der Herausbildung eines Überich bei der Lösung des ödipalen Konflikts bei Freud schon angesprochen wurde, lässt sich in diesem Lebensalter beobachten, womit sich ebenfalls Kohlberg eingehend befasst hat (s. Kapitel 4.3.4). Er bezeichnet dieses (Anfangs-)Stadium als präkonventionelle (externe) Moralität, die sich an Konzepten wie Autorität, Strafe und Gehorsam orientiert. Zum Ende der Vorschulzeit finden sich aber auch schon Elemente einer konventionellen Moral, in der ethische (Verhaltens-)Normen und Standards als notwendige soziale Übereinkünfte verstanden werden.

Die Entwicklung moralischer Konzepte ist dabei natürlich in Verbindung zu sehen mit der kognitiven Entwicklung insgesamt, wie Piaget sie aufgezeigt hat. An dieser Stelle soll zur Kennzeichnung dieses Abschnitts des Vorschulalters wiederum nur die Einordnung in sein Stufenkonzept erfolgen, das an anderer Stelle in Kapitel 4.3.4 eingehender dargestellt ist. Die betreffenden Kinder bewegen sich kognitiv auf der sog. präoperationalen Ebene, d.h. (logisch-mathematische) Operationen/Schlussfolgerungen wie Reversibilität, wie sie etwa für das Verständnis eines Erhaltungsgesetzes notwendig sind (dass beispielsweise die Wassermenge auch nach dem Umschütten in ein anderes Gefäß konstant bleibt), sind noch nicht oder nur eingeschränkt möglich. Ohne die Fähigkeit zu Perspektivenwechseln ist der sog. Egozentrismus (vgl. Kapitel 4.3.3) als Erkenntnishaltung noch vorherrschend, allmählich verringert sich jedoch die Wahrnehmungsgebundenheit hin zu einem repräsentationalen Denken. Als interessante Phänomene in diesem Alter sind darüber hinaus der sog. Anthropomorphismus und Animismus (dass auch unbelebten Gegenständen/Objekten menschliche Eigenschaften oder eine »Seele« und damit u.a. Emotionen und Intentionen zugeschrieben werden) beschrieben worden. Im Kontext der kognitiven und sprachlichen (s. Kapitel 4.2) Entwicklung ist auch das sog. Fragealter zu sehen. Zunächst stehen Fragen bzw. entsprechende Spiele mit Erwachsenen zu Bezeichnungen im Vordergrund, die eine Begriffsexplosion im Wortschatz beginnend ab dem fortgeschrittenen zweiten und dritten Lebensjahr mit sich bringen. Am Ende der Vorschulzeit verfügen Kinder im Schnitt dann über einen aktiven Wortschatz von 2.500 und ein Wortverständnis (passiver Wortschatz) von ca. 13.000 Wörtern. Parallel dazu entwickeln sich die Deklination von Substantiven (z.B. Pluralbildung) und Konjugation von Verben (z.b. Bildung verschiedener Zeiten) sowie grammatikalische Strukturen, die sich sukzessive von Zwei- und Dreiwortsätzen zu komplexer werdenden Konstruktionen fortentwickeln. Besonders deutlich – bisweilen auch zermürbend und Verlegenheit(en) hervorrufend – wird die Entwicklungsneugier von Kindern für die Erwachsenenwelt im »Warum«-Fragestadium, in dem Kinder geradezu einen Forschergeist, der alles zu hinterfragen geneigt ist, bei ihrer Eroberung der Welt an den Tag legen.

Als eine Art zusammenfassendes oder integratives Modell der in den vorigen Abschnitten skizzierten Entwicklungsbereiche ist das von Havighurst (1981) stammende Entwicklungsaufgaben-Konzept zu nennen. Demnach stellen sich in den einzelnen Altersperioden – das Modell ist über die Kindheit hinaus für die gesamte Lebensspanne ausformuliert worden – spezifische Entwicklungsaufgaben oder Problemstellungen, die einer Lösung bedürfen, bevor neue Energien für die nächsten Entwicklungsschritt im Lebenslauf mobilisiert werden (können).[1] In der Kindheit und Vorschulzeit kennzeichnet Havighurst als solche Entwicklungsaufgaben die Verfeinerung und zunehmende Kontrolle motorischer Funktionen, den Ausbau der Sprachentwicklung, die Geschlechtsrollenidentifikation, den Beginn einfacher moralischer Urteilsbildung, konkrete kognitive Operationen sowie das Spiel(en), auch in der Gruppe der Gleichaltrigen (Peers). Auf die beiden letztgenannten Aspekte »Spiel« und »peer group« soll in ihrer Funktion als bedeutende Entwicklungsagenten in den folgenden Abschnitten noch ergänzend eingegangen werden.

---

[1] Hinsichtlich einer allgemeinen Kritik an Stufenkonzepten des Entwicklungsverlaufs sei auf Kapitel 4.1.3 verwiesen.

Dem Spiel(en) kommt in der Kindheit, insbesondere im Vorschulalter, eine zentrale Rolle zu, es stellt einen unverzichtbaren Entwicklungs-»Motor« dar. Entsprechend sind auch verschiedene theoretische Konzepte über die Bedeutung und Funktion(en) des Spiels formuliert worden, von denen im Folgenden einige genannt werden sollen.

Neben der Tatsache, dass dem Spielen auch ein gewisser Selbstzweck innewohnt (etwa im Sinne der Zerstreuung und unterhaltsamen Beschäftigung), weshalb es auch in der ein oder anderen Form meist lebenslang als Aktivität erhalten bleibt, bietet es in der Kindheit eine Basis oder Bühne für zahlreiche Entwicklungsthemen und -bedürfnisse. Am naheliegendsten ist dabei die Eigenschaft, dass mit dem Spiel(en) vergangene Erfahrungen verarbeitet werden können, eine Tatsache, die man sich im Hinblick auf problematische Erlebnisse auch in der Spieltherapie zu Nutze macht. In der umgekehrten zeitlichen Richtung nach vorne orientiert, bietet dieses Medium vielfältige Möglichkeiten, zukünftige Entwicklungsschritte und -hürden – im wörtlichen Sinne – spielerisch vorzubereiten und damit zu erleichtern. So können in einem »Als-ob«-Modus – etwa in Form von Rollenspielen – bestimmte Verhaltens- und Erlebensmuster ausprobiert werden, was die spätere Bewältigung anstehender (Entwicklungs-)Aufgaben und Anforderungen fördert. Durch die dem Spiel innewohnende Tendenz zur Wiederholung und Ritualisierung können sich dabei entsprechende Rollen- und Verhaltensmuster in einübender Weise stabilisieren. Das Spielen entfaltet sein Wirkspektrum jedoch nicht nur im Sinne einer Realitätsannäherung oder -anpassung, sondern zugleich auch in der gegenteiligen Richtung, indem es Medium für den Ausdruck von Fantasien und nicht erfüllten/erfüllbaren Wünschen ist. Dies erscheint im Sinne einer psychischen Stabilisierungs- und Ausgleichsfunktion – ähnlich wie sie Freud für das Träumen beschrieben hat – von Relevanz. Nicht zuletzt kommt dem Spielen im Hinblick auf die Entfaltung intellektueller und kreativer Kapazitäten, wie es etwa bei Konstruktionsspielen und beim Zeichnen zu beobachten ist, eine bedeutende Rolle zu. Das Kind kann sich in seinen Fähigkeiten und Fertigkeiten erproben und damit zugleich seine Stärken und Schwächen erkennen und weiterzuentwickeln bzw.

zu kompensieren versuchen. Abschließend ist festzuhalten, dass sich die Entwicklung des Spielens als wichtiges Element der individuellen Entwicklung selbst in Phasen vollzieht. Das zunächst vorherrschende Einzelspiel wird vom sog. Parallelspiel, das zwei neben-, aber nicht miteinander spielende Kinder kennzeichnet, abgelöst, und mündet schließlich in der Bevorzugung des Sozialspiels, d.h. Spielen unter Beteiligung und Einbezug von innerfamiliären Bezugspersonen (Eltern, Geschwister) oder extrafamilialen Sozialpartnern (Peers), was zum nächsten Abschnitt, der sich eingehender mit der Rolle der beginnenden Beziehung(en) zu Gleichaltrigen befasst, überleitet.

Im Vorschulalter beginnen – zumindest in den meisten Fällen – systematischere Kontakte zu anderen Kindern ähnlichen Alters, sei es durch (selbst organisierte) Mutter-Kind-Gruppen, Krippen oder später den Kindergarten. Diese Begegnung mit Gleichaltrigen stellt eine bedeutsame Ergänzung zu den bisherigen (innerfamiliären) Beziehungserfahrungen dar. Während die Eltern-Kind-Beziehung charakteristischerweise asymmetrisch und komplementär angelegt ist, stellen die Interaktionsformen mit Peers einen neuen Beziehungstyp mit eher symmetrischen und reziproken Merkmalen dar, wie er für die spätere Gestaltung von Freundschafts- und auch Partnerbeziehungen von Bedeutung ist. Geschwisterbeziehungen, so sie vorhanden sind – heute wächst in den Industrienationen die Mehrzahl der Kinder ohne Geschwister auf – nehmen mit gemischten und wechselnden Anteilen im Hinblick auf Symmetrie und Reziprozität eine Art Zwischenstellung ein. Der Kontakt mit Gleichaltrigen stellt somit ein wesentliches Lern- und Übungsfeld für die Entwicklung sozialer Kompetenzen und prosozialen Verhaltens dar, indem das Erfahrungsspektrum im Hinblick auf Spiel- (und damit auch Beziehungs-)Regeln in menschlichen Interaktionen erweitert wird. Dementsprechend wird von Harris (1998) die Bedeutung der »peer group«-Erfahrungen für die Gesamtentwicklung eines Individuums insgesamt sogar höher als der Erziehungseinfluss der Eltern eingeschätzt.

Es können auch bereits im Kleinkindalter in der Gruppe der Gleichaltrigen stabile Präferenzen für bestimmte Interaktionspartner beobachtet werden. Es entstehen über Sympathien hinaus bisweilen feste Freundschaften zwischen Kindern, die von entsprechenden Gefühlen begleitet werden, den Übergang in die Schule, sofern keine (räumliche) Trennung damit verbunden ist, überdauern und somit den Einstieg in das Schulleben erleichtern können.

5.5 Schulalter

Im Folgenden befassen wir uns mit dem Entwicklungsabschnitt, der vom Eintritt in die Schule bis zur beginnenden Adoleszenz reicht, also den Zeitraum vom ca. 6. bis 12. Lebensjahr betrifft. Diese Altersperiode wird im Hinblick auf das Entwicklungsgeschehen im Allgemeinen als weniger eindrucksvoll oder spektakulär betrachtet, weshalb sie oft schlicht anhand des äußeren Kriteriums als Schulalter bezeichnet wird. Es handelt sich also – im Unterschied zu den bisher beschriebenen – um einen stärker kulturell bestimmten Entwicklungsabschnitt, wie er für die Industrieländer heutzutage charakteristisch ist, aber keineswegs in ubiquitärer Hinsicht generalisiert werden kann. Interessant erscheint jedoch, dass der Eintritt ins Schulleben, wo er erfolgt, in einem relativ homogenen Altersabschnitt stattfindet, was dafür spricht, dass im Bereich des sechsten Lebensjahrs in der Regel so etwas wie eine (Be-)Schul(ungs)fähigkeit vorhanden ist.[1]

Wenn wir uns wieder an den Beschreibungen der bekanntesten Entwicklungstheoretiker zur überblicksartigen Charakterisierung dieses Entwicklungsabschnitts orientieren, so finden wir bei Freud den Begriff Latenzphase, der diese Zeit, in der keine neuen psychosexuellen Konflikte auftreten, als »Ruhe vor den Stürmen« der Pubertät kennzeichnet. Erikson stellt mit seinem Begriffspaar »Fleiß vs. Minderwertigkeit« die Hauptaufgaben und -gefahren dieses Entwicklungsschritts in den Mittelpunkt. Das betreffende Kind tritt sozusagen aus einem (familiären) Entwicklungsschonraum heraus und in eine gesellschaftlich-kulturelle Sphäre ein. In der Terminologie von Uri Bronfenbrenners ökologischem Entwicklungsmodell

---

1 Auf die breit diskutierte Problematik der Feststellung der Schulreife im Einzelfall kann hier nicht näher eingegangen werden.

(1989) wird sozusagen das Mikrosystem Familie nun um das Mikrosystem Schule ergänzt, wobei Letzteres eine enge Verbindung zum gesellschaftlichen Makrosystem aufweist. Es ist somit der Beginn des öffentlichen Lebens, in dem das Individuum sich im Hinblick auf andere Rollen und Aufgaben zu positionieren und als Gesellschaftsmitglied auch zu bewähren hat. Das kann natürlich auch Versagensängste mit sich bringen, die auf der Basis von entsprechenden Misserfolgserfahrungen in ein Identitätskonzept der Minderwertigkeit statt eines Vertrauens in die eigene Leistungsfähigkeit münden können. Diese Gefahr besteht beispielsweise bei Kindern, die beim Erwerb der zentralen Kulturtechniken wie Lesen und Schreiben, die zu den wesentlichen Aufgaben in diesem Entwicklungsabschnitt gehören, auf Grund einer anlagebedingten Lese-Rechtschreib-Schwäche (Legasthenie) vor erheblichen Hindernissen stehen. Wie leicht vorzustellen ist, stellen diese spezifischen Schwierigkeiten eine dauerhafte Frustrationsquelle dar, die zumeist weit über den ursprünglichen Problembereich hinausreichenden Folgen für die Selbstwertentwicklung – im Sinne eines generalisierten negativen Selbstkonzeptes – mit Konsequenzen im Leistungs- und Sozialverhalten führen können, wenn nicht frühzeitig eine professionelle Unterstützung in Anspruch genommen wird.

Nicht nur im Hinblick auf den Erwerb von Fachwissen und -kompetenzen, sondern auch hinsichtlich des sozialen Verhaltensrepertoires stellt das Schulumfeld einen wichtigen Entwicklungsraum dar. Das Spektrum der Beziehungserfahrungen, das schon zuvor, über die familiären Beziehungen hinaus durch die »peer group« ergänzt wird, erfährt nun eine erneute Erweiterung. In der Schule sind – im Unterschied zum privaten Beziehungsumfeld, in dem die Beziehungen individuell einzigartig (partikularistisch) gestaltet werden – die hinzukommenden Sozialkontakte etwa mit Lehrern eher formaler und typisierter (universalistischer) Natur. Dies kann als wichtige Vorbereitung auf die späteren Beziehungsregeln im beruflichen Umfeld angesehen werden. Überhaupt ist die Schulzeit als prägend im Hinblick auf wesentliche gesellschaftliche Funktionen im Erwachsenenalter zu sehen. Es geht um den Erwerb von Voraussetzungen für das spätere erfolgreiche (Über-)Leben im Gemeinwesen, wie etwa die Entwicklung einer Arbeitshaltung, die als Komponenten sowohl Leistungsmotivationsaspekte als auch Lernstrategien sowie Copingmechanismen hinsichtlich des Umgangs mit Druck/Belastungen und Misserfolgen bis hin zu (Selbst- und Fremd-)Verantwortungsmerkmalen umfasst. Dabei kommt Lehrern nicht nur in ihren Funktionen als Wissensvermittler und die Eltern ergänzende (Autoritäts-)Personen mit einem Erziehungsauftrag, was nicht selten Anlass zu Konflikten zwischen den Beteiligten gibt, sondern auch als Identifikationsfiguren (Vorbild) eine bedeutende Rolle zu.

Havighurst betont in seinem integrativen Konzept der Entwicklungsaufgaben das Schulalter betreffend sowohl die in den vorigen Abschnitten genannten Aufgaben des Erwerbs von Kulturtechniken und den (damit durchaus in Zusammenhang zu sehenden) Aufbau eines (sich seiner Fähigkeiten) Selbst-bewusst-seins, als auch zusätzlich den Aspekt des Erwerbs von sozialen Kompetenzen im Sinne sozialer Kooperation und Teamarbeit. Man könnte sagen, dass ein für die weitere Biografie wesentliches Entwicklungsziel in der Schulzeit darin besteht, eine gelingende Balance zwischen Kooperations- und Wettbewerbsverhalten zu finden. Denn sowohl ein Mangel an Kooperationswillen oder entsprechenden sozialen Fertigkeiten als auch fehlende oder übermäßige Wettbewerbstendenzen, die für dieses Alter charakteristisch sind und einen wesentlichen Motivationsfaktor darstellen (sich etwa für das gegenseitige Messen oder anderen Imponieren in Übungs- und Trainingsaktivitäten vorzubereiten), können der Entfaltung des individuellen Entwicklungspotenzials entgegenstehen. Die dazugehörigen kognitiven Vergleichsprozesse, wie sie von Festinger (1954) beschrieben wurden, können sich dabei sowohl auf ipsative (also auf die eigene Person zum Beispiel im Früher-jetzt-Vergleich) als auch auf soziale oder globale gesellschaftliche Vergleichsnormen (was zum Beispiel die Mitschüler beherrschen oder was allgemein von einem Kind in diesem Alter erwartet werden kann) beziehen.

Um die kognitive Entwicklung, die speziell im Schulalter gefordert und gefördert wird, abschließend aufzugreifen, so lässt sich diese mit Piaget in diesem Entwicklungsabschnitt als die Stufe der konkreten Operationen umschreiben. Es sind nun die mathematischen Operationen (Addition, Subtraktion, Division und Multipli-

kation) sowie die (beispielsweise für den oben beschriebenen Um-
schüttversuch notwendige) Reversibilität (Umkehrung von Vorgän-
gen in der Vorstellung) umsetzbar. Auch eine angemessene Zeitbe-
urteilung, ein realistischer Zeitbegriff, entsteht zunehmend, was
beispielsweise im Hinblick auf die Möglichkeit zu Bedürfnisauf-
schub (verzögerte Fremd- oder Selbstverstärkung) von praktischer
Relevanz ist. Im Bereich logischer Operationen wird das induktive
Schlussfolgern (vom Besonderen zum Allgemeinen, d.h. Generalisieren, charakteristische Gesetzmäßigkeiten finden) zu einem wichtigen Entwicklungselement, während deduktives Schließen (vom
Allgemeinen zum Besonderen, d.h. etwas im Sinne einer Gesetz-
mäßigkeit ableiten und auf einen konkreten Fall anwenden) erst im
nächsten Entwicklungsstadium formaler Operationen (Näheres s.
Kapitel 4.2.1) sicher gelingt. Dennoch sind bereits im Schulalter sog.
Metakognitionen zu erkennen, in denen eigene kognitive Funktionen
oder nicht beobachtbares Verhalten (Gedanken, Gefühle, Intentionen)
anderer zum Gegenstand der Betrachtung werden. Das Entstehen einer solchen »theory of mind« gilt als wichtige Voraussetzung, um
zum einen eigenes Handeln im Sinne individueller Ziele besser steuern als auch das Verhalten von Interaktionspartnern zutreffender ein-
schätzen und voraussagen zu können.

Vertiefende Literatur

Oerter, R./Montada, L.: Entwicklungspsychologie. Beltz PVU, Weinheim [4]1998.
Hoppe-Graff, S.: Entwicklungspsychologie der Kindheit und des Jugendalters.
Kohlhammer, Stuttgart 1997.

5.6 Die Adoleszenzkrise: Auf der Suche nach dem Selbst

5.6.1 Jugendalter, Pubertät, Adoleszenz

Das Jugendalter ist als Begriff zeitlich schwer einzugrenzen und
spielt sich mit unterschiedlichem individuellem Entwicklungsverlauf im Zeitraum des zweiten Lebensjahrzehnt ab. Mit dem Begriff
der Pubertät bezeichnen wir die biologischen, mit Adoleszenz die
Gesamtheit der psychischen und psychosozialen Veränderungs-

und Reifungsprozesse. Für Ausubel (1976) ist die Pubertät als biologischer Reifungsvorgang die Vorbedingung und der auslösende Faktor für die Adoleszenz. Adoleszenz kann so als die Summe aller Anstrengungen gesehen werden, die aufgebracht werden müssen, um sich an das neue biologische Milieu anzupassen (Blos 1978). Die turbulenten Veränderungen, die ein junger Mensch durchlebt, kann man nur begreifen, wenn man sie nicht isoliert als singuläres, phasenspezifisches Ereignis sieht, sondern den gesamten individuellen Lebenslauf, die Herkunftsfamilie und gleichzeitig die aktuell wirksamen sozial-gesellschaftlichen Einflüsse im Auge behält.

5.6.2 Biologische Veränderungen

Mit dem Begriff Pubertät umfasst man die Veränderungen von drei eigenständigen biologischen Systemen, die sich aber gegenseitig stark beeinflussen:

- **Neuroendokrine Veränderungen.** Die Pubertät ist vor allem durch eine vermehrte Hormonproduktion und die damit verbundenen zentral-nervösen Veränderungen, speziell im Hypothalamus, gekennzeichnet. Wesentlich dabei ist ein Anstieg der Produktion von Sexualhormonen. Der Östrogen-Androgen-Spiegel pendelt sich im Laufe der Pubertät auf ein relativ stabiles Niveau des späteren Erwachsenen ein.
- **Morphologische Veränderungen.** Zu Beginn der Pubertät beginnen sich die relativ harmonische Gestalt und die körperlichen Proportionen der späten Kindheit aufzulösen und neu zu ordnen. Ausgelöst durch die erhöhte Produktion der Sexualhormone, bilden sich die sekundären Geschlechtsmerkmale bei Junge und Mädchen aus. Die Jugendliche wird auch rein äußerlich eine erwachsene Frau, der Junge ein Mann.
- **Zeugungs- und Empfängnisfähigkeit.** Mit der ersten Menstruation ist das Mädchen körperlich in der Lage, schwanger zu werden. Mit dem ersten Samenerguss wird der Junge zeugungsfähig. Sexualität und soziale Beziehungen bekommen nun mit der Fortpflanzungsfähigkeit der Geschlechter eine völlig neue Dimension.

5.6.3 Ich, Selbst, Identität

Pubertät ist für die Jugendlichen zum einen geprägt durch ein un-
gestümes, herausfordernd drängendes Verlangen, sich mit der Welt
aktiv auseinander zu setzen, zum anderen gelegentlich aber auch
begleitet von einem unbestimmten Warten auf etwas Unbekanntes,
was viele als unsägliche Langeweile erleben können. Körperliche
Früh- wie auch Spätentwickler geraten unter einen ungeheuren
Druck. Oft kann die psychische Entwicklung mit der körperlichen
Beschleunigung oder Verzögerung nicht mithalten. Die Jugendlichen drohen, aus ihrer Kohorte von Gleichaltrigen herauszufallen.
Das Ringen um die Frage, wer bin ich eigentlich, ist sowohl in
Literatur wie Wissenschaft seit je ein unerschöpfliches Thema.
»Warten« und »Langeweile« ist neben »Fun« und »Abenteuer« ein
für viele erlebtes wesentliches Charakteristikum der Jugendzeit.
Warten auf das Klingeln am Ende einer langweiligen Deutschstun-
de, auf das Ende der Schulzeit überhaupt, darauf, dass man bis
24.00 Uhr ausgehen oder den Führerschein machen darf, dass man
endlich eigenes Geld verdient, und, und, und. Adoleszenz ist sicher
mehr als eine unbestimmbare Übergangszeit zwischen Kindheit
und Erwachsenenalter. Die meisten Jugendlichen empfinden sich
hin- und hergerissen zwischen verschiedenen Gefühlen, Höhen
und Tiefen, himmelhoch jauchzend und zu Tode betrübt. Euphorie
und Depression gehen Hand in Hand. Sie können sich in keine
Rolle richtig hineinfinden. Sie verweigern sich den Angeboten und
Forderungen der Erwachsenen und suchen doch noch nach (erwachsenen) Vorbildern, Männer wie Frauen. In allen Selbstbe-
schreibungen wird die Unsicherheit und die Suche nach dem Selbst
greifbar. Adoleszenz ist eine erzwungene Suche nach einer Antwort
auf die Frage, wer bin ich eigentlich, wer will ich sein, was macht
mich als einzigartige Person aus.

Als Jugendlicher werde ich mir zum ersten Mal der ungeheuren
Dynamik und Vorgänge in seinem Selbst bewusst. Zum ersten Mal in
meinem Leben erfahre ich mich selbst als Quelle und Zentrum innerer Konflikte, Widersprüche und Zweifel. Es tauchen plötzlich
Fragen über Fragen auf: Auf diese muss ich nun selbst Antworten
finden. Ich muss mich damit auseinander setzen, dass mein Verhal-

ten bewertet und verglichen wird, dass es von anderen als konform oder abweichend eingestuft wird. Ich werde konfrontiert mit kulturellen Normen und Zwängen, zu denen ich eine eigene Position zu finden habe. Alles Wissen, das ich in dieser Zeit über mich selbst sammle, ist aber nicht ausschließlich eine Sache des Verstandes, sondern genauso ein Gefühl. Ich erlebe, wie ich auf andere reagiere und diese auf mich, wie ich Beziehungen gestalte.

Die so entstehende Identität, die Gewissheit meiner Selbst als individueller Mensch ist also immer zugleich eine Art Theorie über mich, zugleich auch ein Selbst(wert)gefühl und Selbstbewusstsein.

In Folge der neuen kognitiven und sozialen Fähigkeiten kann die Jugendliche sich zum ersten Mal bewusst mit sich selbst beschäftigen. Diese Beschäftigung kann teilweise lustvoll sein, kann aber auch quälende Ausmaße annehmen. Tagebücher, Gedichte, Kurzgeschichten oder Briefe von Jugendlichen geben ein gutes Zeugnis dieser Umbruchsituation. Adoleszenz ist aber gleichzeitig eine Phase extremer und notwendiger Labilisierung des Selbst. Das Selbst des Jugendlichen muss zwangsläufig so labil und offen, so flexibel sein, um mit den vielfältigen Informationen und Anforderungen aus der Umwelt zurechtzukommen. Jugendliche sind radikal und rigide zur gleichen Zeit, wenn sie eine bestimmte Sache verfolgen.

Die Frage, wer bin ich und wer will ich werden, ist weder für die Jugendlichen noch für die Eltern in unserer westlichen Zivilisation leicht zu beantworten. Jeder/jede will ein eigenes Leben führen, selbst Ehe, Elternschaft, Liebe – kurz die eigene Biografie – gestalten. Was für vorangegangene Generationen sich nur als vage Möglichkeit für eine kleine Gruppe Privilegierter abzeichnete, wird heute für viele eine Realität. Jedoch hat diese scheinbare Freiheit, das eigene Leben in die Hand zu nehmen, auch einige nicht auf den ersten Blick erkennbare Schattenseiten. Viele der scheinbaren Freiheiten entpuppen sich dann doch als Zwänge im neuen Gewande (Beck u.a. 1995). Es besteht nicht nur eine prinzipielle Möglichkeit, sondern durch das Fehlen von verbindlichen Normen und verlässlichen Traditionen zwingt die hochdifferenzierte Gesellschaft einen jeden, sein eigenes Leben zu entwerfen und die eigene Biografie selbst zu schreiben. Damit gehen die Menschen ein sehr hohes Risiko ein. Ihnen wird damit natürlich auch die alleinige Verantwortung für ihr Leben und auch für ihr eigenes Scheitern zugemutet. Die modernen Vorgaben, Selbstorganisation des Lebenslaufes und Selbstthematisierung der Biografie (Beck 1995) überdecken im Grunde unsere Abhängigkeit von der hoch arbeitsteilig und spezialisierten Gesellschaft bzw. ihrer Institutionen. Unser Leben, das wir als eigenes betrachten, ist bei näherem Hinsehen hochindividualisiert, enttraditionalisiert, entsozialisiert und zugleich globalisiert und normiert. Handy und Internet, Last-Minute-Flug und weltweite Automobilisierung, irische Butter und argentinische Äpfel, ceylonesischer Tee und türkische Trauben sind der alltägliche Ausdruck unserer Freiheit und universellen Abhängigkeit.

5.6.4 Emotionale Ablösung von den Eltern

Die bereits mit der Geburt beginnende Abgrenzung eines Kindes von den Eltern findet in der Adoleszenz einen vorläufigen Höhepunkt. Dieser Prozess der emotionalen Trennung wird vorgezeichnet in zwei Richtungen: positiv (als Identifikation: ich möchte so sein wie ...) und negativ (als De-Identifikation: ich möchte mich unterscheiden von ...).

Das Selbstbild eines Kleinkindes ist noch sehr stark mit dem der Eltern verknüpft. Erst der Jugendliche beginnt, sich allmählich zu befreien und seine eigene Identität aufzubauen. Der Rahmen, der das eigene Leben bisher wie selbstverständlich getragen hat, wird nun plötzlich als Grenze erlebt, die den eigenen Entwicklungs- und Erprobungsspielraum einengt. In vielen Familien kommt es zu heftigen Auseinandersetzungen über politische und moralische Einstellungen, über Kleidung und Aussehen, über allgemeinen Lebensstil, über Freunde. Die weitere Entwicklung hängt sehr stark davon ab, wie die gesamte Familie versucht, diesen Konflikt zu lösen. Versuchen alle Beteiligten die offene Auseinandersetzung zu vermeiden, um widersprüchliche Interessen und Bedürfnisse ganz zu umgehen? Oder endet die Auseinandersetzung verantwortungslos in einem Kampf jeder gegen jeden? Können sich die Kontrahenten gegenseitig immer noch respektieren? Bleibt auch in der Auseinandersetzung die liebevolle Bindung spürbar?

Erschwerend für alle Familien kommt hinzu, dass es in unserer Gesellschaft weder über die Dauer noch über den Verlauf der Adoleszenz verbindliche Normen oder Regeln oder wenigstens verlässliche Anhaltspunkte gibt. Adoleszenz wird immer mehr ein ausschließlich individuell zu bewältigender Lebensabschnitt gesehen, der sich bei Studenten z.b. bis an die Schwelle des vierten Lebensjahrzehnt ausgedehnt hat. Da wir keine verbindlichen Übergangs- und Initiationsrituale mehr haben, in denen öffentlich zelebriert oder wenigstens markiert wird, wann der oder die Jugendliche in die Erwachsenenwelt entlassen und von ihr aufgenommen wird, ist es für sie doppelt schwer, diesen Übergang gut zu schaffen. Wie wir Erwachsene sehen sich auch die Jugendlichen mit einer Vielzahl von unauflöslichen gesellschaftlichen Widersprüchen und Anforderungen konfrontiert. Die postmoderne Gesellschaft, die sich in den letzten Jahrzehnten schmerzlich von ihren großen Entwürfen und Wertsystemen verabschiedet hat, bietet wenig Orientierungsmöglichkeit und Halt für die verunsicherten Jugendlichen. Sie müssen mit einer unübersichtlichen Realität zurechtkommen, mit einer hohen Migrationsrate, mit einer Krankheit wie Aids, die nachhaltig das Sexualverhalten der Menschheit verändert hat, mit dem enormen technischen Forschritt und der globalen ökonomischen Vernetzung, die gesellschaftlichen Status, Reichtum, ökonomische Sicherheit auch jenseits individueller Leistungen verteilt.

Erschwerend kommt hinzu, dass das Jugendalter für viele keinen adäquaten Abschluss finden kann. In unserer Gesellschaft ist Jungsein und Jungerscheinen geradezu eine Norm, die für jede Altersgruppe Gültigkeit hat. Alter und Vergänglichkeit sind reparaturbedürftige Unzulänglichkeiten des Lebens. Merkmale und Charakteristika der Jugend werden überbewertet und hochstilisiert, während Erfahrung, Weisheit, Reife, Ruhe, Ausgeglichenheit des Alters eher gering geschätzt werden. Dieses Moment bringt einen nicht zu gering zu veranschlagenden neuen, schweren Konflikt für die Jugendlichen mit sich. Adoleszenz mündet entwicklungslogisch in das Erwachsenenalter. Bei uns aber sieht es für viele Jugendliche zunehmend so aus, dass ihre Eltern versuchen, ihre »Jugendlichkeit« möglichst lange sowohl innerlich wie äußerlich zu bewahren. Jungsein wird immer mehr gleichgesetzt mit Leben an sich. Das

Erwachsenen-Alter (!) ist keine besonders erstrebenswerte Lebensphase. Es erscheint den wenigsten ein Entwicklungsfortschritt.

5.6.5 Familienzyklus: Familien mit pubertierenden Kindern

Mit Blick auf die ungeheuren Umwälzungen körperlicher, psychischer und sozialer Art vergessen viele, dass Adoleszenz nicht nur eine schwere Entwicklungskrise und ein Ablösungsdrama ist, sondern auch eine familiäre Beziehungskrise. Landläufig sieht man die Pubertät nur als (vorübergehendes) Problem des Jungen oder des Mädchens, das gekennzeichnet ist von Intensivierung aggressiver und sexueller Triebe und Wünsche, die Reifung kognitiver Fähigkeiten und Fertigkeiten, Verschiebung von Loyalitätsbindungen und das Aufeinandertreffen individueller und gesellschaftlicher Erwartungen und Werturteilen. Alles Krisenhafte wird als eine Reaktion auf die tief greifenden leib-seelischen Veränderungen interpretiert. Adoleszenz als eine individuelle und familiäre Reifungskrise wird durch folgende Merkmale gekennzeichnet (vgl. Butteberg-Fischer 1988):

Wie bei allen Krisen gibt es einen »point of no return«. Der einer Krise vorangegangene Zustand ist unter keinen Umständen wieder herstellbar. Alle Mitglieder in der Familie müssen auf die Veränderungen reagieren, Stellung beziehen und handeln. Auch Nichthandeln ist eine Stellungnahme und Entscheidung, insofern sie von allen Beteiligten interpretiert und als Anlass für eigenes Handeln genutzt werden kann.

Da das Gewohnte nicht mehr funktioniert, müssen neue Kompromisse gefunden werden, Einschränkungen hingenommen und neue Spielräume genutzt werden. Es ist dem Prozess eigen, dass die Anstrengungen keine wechselseitige unmittelbare Anerkennung nach sich ziehen. Alle brauchen daher einen langen Atem und viel Geduld.

Natürlich geht diese Phase im Familienzyklus selten geräusch- und problemlos über die Bühne.

Viele notwendigen Kämpfe und Konflikte hängen eng damit zusammen, dass Eltern wie Jugendliche nicht wahrhaben wollen, dass ein Lebensabschnitt endgültig zu Ende geht und dass jeder auf seine Weise dies auch betrauern muss. Besonders chaotisch wird der Ablöseprozess, wenn sich mit diesem Gefühl der Trauer, wenn es denn überhaupt zugelassen wird, Kummer, Angst, Zorn, Neid und Schuld mischen. Und es braucht viel souveräne Selbsteinsicht und Ehrlichkeit auf beiden Seiten, um sich in dieser Familienphase all den widersprüchlichen Bestrebungen und Gefühlen, die das Familiensystem durcheinander wirbeln, zu stellen. Vor allem für die Eltern ist es schwierig, mit ihrer Wut und ihrem Ärger darüber, dass diese Kinder, für die sie so viel getan haben, nun einfach weggehen und all das, was sie bisher so fraglos und selbstverständlich benutzt haben, einfach hinter sich lassen. Eltern werden nun auch damit konfrontiert, dass sie ihren Kindern im Laufe ihres Lebens immer auch etwas schuldig geblieben sind. »Hättest du mich doch anders erzogen!« »Mich hat niemand gefragt, ob ich auf diese Welt kommen will!« und ähnliche Vorwürfe müssen sich die Eltern von ihren eigenen Kindern nun anhören. Sie müssen sich damit auseinander setzen, dass einiges in der Erziehung nicht so gelaufen ist, wie sie sich das vorgestellt haben, dass aus Prinz und Prinzessin ganz normale Erwachsene werden. All ihre Idealisierungen und Projektionen fallen nun wieder auf sie zurück.

Jedes Kind weckt in uns gute Seiten und schlechte Seiten: Diese Seiten können nur in der Beziehung zu diesem ganz speziellen Kind belebt werden (vgl. Kast 1990). Damit ist die wichtigste Entwicklungsaufgabe der Eltern im Familienzyklus umschrieben. Sie müssen die Erinnerung an diese beiden Seiten bewahren, sich möglicherweise von einigen verabschieden und/oder die Kraft aufbringen, diese Seiten von sich nun mit anderen Personen und in anderen Lebenszusammenhängen neu zu beleben. All das, was ihnen im Zusammensein mit ihren Kindern über die Jahre wertvoll war, dankbar zu schätzen und nicht über die alltäglichen Auseinandersetzungen und Machtkämpfe zu vergessen. »Erinnern Sie sich und lassen Sie die Trauer zu!« wäre das heilsame Motto, das man allen Eltern in dieser Lebensphase mit auf den Weg geben könnte.

Vielleicht nicht als Erster, aber am nachhaltigsten hat Helm Stierlin (1974) darauf hingewiesen, dass auch die Eltern im mittleren Lebensalter eine vielleicht nicht ganz so dramatisch ins Auge fallende Krise durchleben oder ihnen eine solche unmittelbar bevorsteht. Wenn wir die wesentlichen Merkmale der Pubertätskrise einmal unvoreingenommen betrachten, zeigt sich, dass auch die Eltern Entwicklungsaufgaben zu bewältigen haben, die in einer gewissen Weise den Aufgaben und Problemen ihrer jugendlichen Kinder entsprechen. In der Regel sind die Eltern von Jugendlichen zwischen 40 und 50 Jahre alt und haben ihren Platz in der Gesellschaft gefunden, den ihre Kinder noch suchen müssen oder mehr oder weniger zugewiesen bekommen. Sie können auf die Hälfte ihres Lebens zurückblicken, mit allen Freuden und Enttäuschungen, auf Erfolge und Misserfolge. In der Mitte des Lebens kommen aber auch der Niedergang, der Alterungsprozess und das Ende in den Blick. Auch Eltern werden von existenziellen Fragen bedrängt. Sie erleben vieles wie ihre Kinder, allerdings mit anderen Vorzeichen. Wie die Jugendlichen müssen auch die Eltern sich mit den eigenen Triebwünschen, die allerdings eher schwächer werden, auseinander setzen, aber auch damit, wie sie bisher ihre Sexualität und ihre Liebesbeziehungen gelebt haben. Die Pickel, die das Ärgernis eines jeden Teenagers sind, finden sozusagen eine Entsprechung in der alternden Haut der Eltern. Spuren hinterlässt das Leben in allen Phasen und an vielen Stellen unübersehbar. Eltern wie Kinder müssen ein Verhältnis zu je ihrer eigenen Vitalität finden, ob 18- oder 38-Jährig. Die einen gehen auf den Gipfel zu, den die anderen bereits erklommen haben und sich vielleicht schon auf den Abstieg vorbereiten. Wie kann man sich da begegnen, wie dem anderen nicht in sein Tempo hineinreden, wie überhaupt Verständnis füreinander aufbringen. Eltern wähnen sich dabei scheinbar in einem doppelten Vorteil. Die meisten Jugendlichen sind trotz aller Ablösungsbemühungen emotional noch stark ans Elternhaus gebunden, fast alle finanziell von ihren Eltern abhängig. Die Erwachsenen haben ihre Jugendzeit bereits vor 20 oder mehr Jahren selbst durchlebt und damit einen vermeintlichen Erfahrungsvorsprung. Auch wenn die Jugendlichen ungeduldig oder ungestüm ins Leben oder in die Welt hinausdrängen oder wenn sie ängstlich und zögernd vorsichtig tastend den Versuch wagen, die Grenzen der Familie hinter sich zu lassen, immer werden Eltern in ihren Kindern wesentliche Aspekte ihrer Selbst begegnen. Sie werden zwischen ihren Ängsten und ihren eigenen unerfüllten Sehnsüchten hin- und hergerissen, sie müssen Grenzen und Freiräume neu abstecken. Im Spiegel der Ereignisse werden sie sich selbst wieder erkennen. Verschärft und zugespitzt wird die Familienkrise immer dann, wenn die Eltern nicht bereit sind, offen und ehrlich zu ihrer eigenen Biografie zu stehen, wenn sie sich einer Selbsttäuschung hingeben oder gar den eigenen Lebensweg einfach verdrängen oder umdeuten.

Die Waagschalen der Vitalität, von Optimismus und Skepsis, von Lebenserfahrung und naiver, unverstellter Offenheit sind zwischen den Generationen ungleich gefüllt. Während der Adoleszenz entwickeln sich unsere kognitiven Fähigkeiten in einem rasanten Tempo, unser Wissen von der Welt wächst ungeheuer. Diesem phänomenalen Zuwachs entsprechen bei uns Erwachsenen die ersten erschreckenden Gedächtnislücken. Wir werden konfrontiert mit Vergesslichkeit, Überforderung und den kleinen, hartnäckigen Schwierigkeiten, sich auf Neues einzulassen. Es ist für die Eltern unvergleichlich schwerer, in eine Fremdsprache einzutauchen oder das Spielen auf einem Instrument zu erlernen. Im Computerzeitalter ist die unterschiedliche Lernfähigkeit, Offenheit, Faszination tagtäglich vor jedem Bildschirm erlebbar.

Ist die Schere zwischen tatsächlich gelebtem und erträumtem Lebensentwurf unerträglich groß geworden, werden auch kognitive Fertigkeiten, intellektuelle Neugier bei den Eltern noch deutlicher nachlassen. Auf dem Weg durch die Adoleszenz wandert die Familie auf einem schmalen Grat entlang. Eltern können von ihren eigenen Ängsten, Befürchtungen, von ihren eigenen Enttäuschungen und Stimmungen, von versteckten Zweifeln und Depressionen überrollt werden und damit eine gesunde Entwicklung bei sich und bei ihren Kindern verhindern. Umgekehrt können Jugendliche mit ihrer ungezügelten Vitalität und Aggressivität, in ihrer Grenzenlosigkeit Eltern überfordern, tief greifend verletzen und das familiäre Band sprengen, vor allem dann, wenn Eltern wiederum in ihren eigenen Ängsten und Moralvorstellungen zu sehr gefangen sind und die notwendigen Bewegungs- und Verantwortungsspielräume der Heranwachsenden unverhältnismäßig beschränken.

So wie Jugendliche ihre Grenzen suchen und finden müssen, muss die Erwachsenengeneration ihre Grenzen in Frage stellen können und erweitern. An Wissen und Können überholen uns Ältere die Jugendlichen. Weisheit und Gelassenheit sind das Gebot der Stunde angesichts der Tatsache, dass Lebenserfahrung nicht immer nur reicher, sondern auch ärmer macht.

In der Adoleszenz geraten alle Loyalitätsbindungen innerhalb der Familie in Fluss. Jugendliche müssen sie von ihren Eltern auf Personen außerhalb der Familie übertragen. Eltern wie Jugendliche durchleben in dieser Phase einen sehr dramatischen und schmerzlichen Wandel bestehender und sicher geglaubter Bindungen und Loyalitätsverpflichtungen.

Wenn Eltern im tiefsten Herzen an ihren Erziehungsbemühungen und an den Bindungen ihrer Kinder zweifeln, wenn sie in verzweifelter Aktivität Versäumtes nachholen oder überspielen wollen, wenn Kinder, die nun ihre Stärke und körperliche und intellektuelle Gleichwertigkeit oder sogar Überlegenheit spüren, sich für erlittenes Unrecht rächen, wenn sie sehen und erleben, wie leicht sie ihre Eltern in Angst und Panik versetzen können, kann dieser subtile Prozess scheitern oder in eine Sackgasse geraten. Gelingt es einer Familie nicht, auch hin und wieder versöhnliche und mitfühlende Töne anzuschlagen, werden die Trennungsschmerzen nur vertieft. In der Pubertät tritt die Qualität familiärer Bindung für alle sichtbar offen ans Tageslicht. Ob der Prozess Umstrukturierung aller Beziehungen gelingt, hängt davon ab, ob in der Familie ein genügend großes Konfliktlösepotenzial entwickelt wurde und wie viel Respekt, Achtung, Liebe und Zuneigung vorhanden sind.

Das Gelingen einer gesunden Entwicklung bzw. zur Lösung der Adoleszenzkrise hängt vom richtigen Maß an elterlicher Unterstützung und Loslassen ab. Von Stierlin (1980) wird dies treffend als »Befreiungsarbeit« charakterisiert. Dies ist auch wörtlich als Befreiung der Eltern von ihren eigenen Eltern zu verstehen. Ihre große Chance besteht darin, sich von ihren internalisierten Erfahrungen als Kinder, die durch die Adoleszenz ihrer eigenen Kinder wieder aktiviert werden, frei zu machen und die Beziehung zu ihren eigenen noch lebenden, alt und gebrechlich werdenden Eltern neu zu definieren. Sie müssen sich, ob sie wollen oder nicht, mit dem, was sie von ihren eigenen Eltern erfahren haben, was die ihnen mitgegeben oder angetan haben, auseinander setzen.

In der Adoleszenz wird noch einmal die ganze Solidarität des elterlichen Erziehungsteams gefordert. Gleichzeitig verschiebt sich aber immer stärker der Fokus von der Eltern- hin zur Paarebene. Je mehr sich die Kinder aus der Familie lösen, desto klarer rückt die Beziehung des Paares, so wie sie geworden ist, in den Blickpunkt. Für die Eltern ist es notwendig, einen Neuentwurf ihrer Zweierbeziehung zu formulieren, als älter gewordenes Liebespaar noch einmal einen neuen Anfang zu wagen, oder wenn sie schmerzlich feststellen, dass die Liebe und die Zuneigung erloschen sind, auch einen mutigen Schritt der Trennung ins Auge zu fassen. In jedem Fall besteht ihre Aufgabe darin, die Elternebene langsam loszulassen und die Paarebene, egal wie sie sich realisieren wird, zu intensivieren.

Die zentrale Frage einer Jugendlichen, wie will ich leben, wie will ich mein Leben gestalten, wird bei den Eltern im Grunde nur durch das kleine Wörtchen »weiter« ergänzt.

Vertiefende Literatur

Fend, H.: Entwicklungspsychologie des Jugendalters: ein Lehrbuch für pädagogische und psychologische Berufe. Leske + Budrich, Opladen [2]2001.
Stierlin, H.: Eltern und Kinder. Suhrkamp, Frankfurt a.M. 1974.

6. Klinische Kinder- und Familien- psychologie

6.1 Klinische Entwicklungspsychologie – Entwicklungspsychopathologie

Im Folgenden wollen wir uns – über die in den vorigen Abhandlungen bereits vorhandenen Hinweise hinaus – gezielter mit den Phänomenen psychisch beeinträchtigter oder abweichender Entwicklungsverläufe beschäftigen. Zunächst soll dabei eine allgemeine Einführung zum derzeitigen Stand in diesem Gebiet erfolgen, bevor dann in einem spezielleren Teil einige der wichtigsten psychischen Auffälligkeiten, wie sie in der individuellen Entwicklung vorkommen können, beschrieben werden.

Die Entwicklungspsychopathologie und Klinische Entwicklungspsychologie haben sich als neue Fachgebiete erst in jüngerer Zeit entwickelt (z.B. Oerter u.a. 1999; Petermann 2000; Resch 1999). Gemeinsam ist beiden Konzepten, dass sie sich auf die Grundlagen der (über die gesamte Lebensspanne ausgerichteten) Entwicklungspsychologie beziehen und auf dieser Basis mit psychischen Beeinträchtigungen/Störungen befassen. Dabei werden Entwicklungspsychologie und Klinische Entwicklungspsychologie/Entwicklungspsychopathologie als in einem sich gegenseitig befruchtenden Wechselverhältnis verstanden. Gute Kenntnisse im Hinblick auf »normale« Entwicklungsverläufe können zur Verbesserung der Diagnose, Prognose und Behandlung von psychischen Störungen beitragen, wie umgekehrt eine systematische klinische und wissenschaftliche Befassung mit diesen »abweichenden« Phänomenen zu einem erweiterten Verständnis von gesunder Entwicklung und ihren Bedingungen führen kann (Cicchetti 1999). Während die Entwicklungspsychopathologie konzeptuell stärker auf die Entstehung und den Verlauf psychischer Auffälligkeiten/Störungen fokussiert ist, bezieht die Klinische Entwicklungspsychologie diesbezügliche

Interventionsmaßnahmen mit ein, ist also begrifflich als umfassender anzusehen.

Warum die Betonung des Entwicklungs- oder Prozessaspekts bei psychischen Belastungen/Störungen und der Einbezug von empirisch begründetem Entwicklungswissen von (praktischer) Bedeutung sind, soll anhand zweier Beispiele kurz erläutert werden. Man kann mittlerweile mit mehreren Langzeitstudien belegen, dass eine psychische Beeinträchtigung nicht nur kein statischer Zustand in sich ist, sondern dass es auch Entwicklungsübergänge von einer zu einer anderen (schwerwiegenderen) psychischen Störung/Erkrankung geben kann. Zum Beispiel sind ursprünglich von einer Aufmerksamkeitsdefizit-Hyperaktivitätsproblematik betroffene Kinder im späteren Verlauf als Jugendliche/junge Erwachsene stärker als andere Personen gefährdet, eine manifeste Drogenabhängigkeit und/oder delinquentes Verhalten zu entwickeln. Dies macht zugleich eines der primären Anliegen dieses Denkansatzes, auf einer solchen Wissensgrundlage rechtzeitig mit geeigneten Präventionsmaßnahmen einsetzen zu können, deutlich. Ein zweites Beispiel sollen die in Kapitel 2.5.4 bereits angesprochenen Risiko- und Schutzfaktoren sein, die nämlich ebenfalls einer Entwicklungsdynamik unterliegen und nicht nur altersabhängig unterschiedlich wirksam sind, sondern sogar von der einen zur anderen Kategorie überwechseln können. So ist eine besondere Bindung zwischen Mutter und Kind im Säuglingsalter als protektiver (und auch kompensativer) Faktor zu sehen, sie kann sich aber im späteren Lebensalter als Jugendlicher, wenn sie sich nicht entwicklungsadäquat verändert (hat), zu einem Risikofaktor im Erwachsenenalter wandeln.

Damit wird auch bereits das Forschungsmodell der Klinischen Entwicklungspsychologie/Entwicklungspsychopathologie deutlich: Es kann in diesem Bereich nur zu erweiterten Erkenntnissen kommen, wenn vermehrt (aufwändige) Längsschnittstudien durchgeführt werden, in denen das (u.U. kumulative) Zusammenspiel von disponierenden bzw. Vulnerabilitätsfaktoren (z.B. genetische, perinatale Risiken), auslösenden bzw. Stressfaktoren (z.B. negative familiäre Interaktionen) sowie aufrechterhaltenden Bedingungen (z.B. ungünstige soziale Verhältnisse, niedriger sozioökonomischer Status) in Kombination mit protektiven Faktoren (z.B. kognitive

Fähigkeiten) über einen längeren Zeitraum untersucht werden. Nur
so lassen sich auf empirischer Basis als entwicklungsrelevant erwie-
sene Risiko- und Schutzfaktoren, die jeweils sowohl im Individuum
als auch in der Umwelt lokalisiert sein können, erkennen, die dann
zugleich als Grundlage für die Entscheidung über die Notwendigkeit und im gegebenen Fall auch über die Art und Weise einer möglichst Erfolg versprechenden Präventions- oder Interventionsmaß-
nahme dienen können.

Im Folgenden soll dies nun anhand einiger im berufsprakti-
schen Kontext am häufigsten vorkommenden Problemstellungen
exemplarisch ausgeführt werden. Die Darstellung ist so gewählt,
dass sie mit eher spezifischen Problemstellungen (s. Kapitel 6.2/6.3)
beginnt und sich dann sukzessive erweitert bis hin zu übergreifenden (nicht störungsspezifischen) Themen in der therapeutischen
Arbeit mit Kindern, Jugendlichen und Familien (s. Kapitel 6.4/6.5).
Da die Autoren im gesamten Buch einen besonderen Schwerpunkt
in der Betrachtung des familiären Beziehungskontextes gewählt haben, nehmen auch bei der Darstellung der Behandlungsansätze im
abschließenden Kapitel 7 familienbezogene Verfahren einen größeren Raum ein, ohne dass damit zugleich eine grundsätzlich geringe-
re Wertschätzung gegenüber anderen Zugängen, die zum Teil aus
Platzgründen nicht (stärker) berücksichtigt werden konnten, zum
Ausdruck kommen soll.

6.2 Angststörungen

Angst entwickeln zu können ist eine der wichtigsten Grundeigen-
schaften von Lebewesen, die das Überleben sichern hilft. Sie dient
als Warnsystem und aktiviert die notwendigen physiologischen und
psychologischen Prozesse, um in Gefahren- und Herausforderungs-
situationen bestehen zu können. Insofern hat sie sich in der evolutionären Entwicklung als sinnvoll erwiesen und wird uns als eine
Grundemotion bereits mit »in die Wiege« gelegt. Sie begleitet den
individuellen Entwicklungsverlauf als »normales« Phänomen über
die gesamte Lebensspanne, wenn auch in unterschiedlicher Gestalt
bzw. wechselnden Angstinhalten.

So reagieren Säuglinge mit Angst auf aversive Reize, wie z.b. laute Geräusche, später dann – im Zuge des Aufbaus von Bindungen zu besonderen Bezugspersonen – mit Fremdeln gegenüber unbekannten Personen (dem typischen Alter entsprechend als sog. Achtmonatsangst bezeichnet). Im zweiten bis vierten Lebensjahr stehen Umweltängste (vor Tieren, Dunkelheit), ab dem vierten Lebensjahr Ängste vor imaginären Figuren (Gespenster, Hexen) und Naturereignissen (wie Donner und Blitz) im Vordergrund. Danach, im Schulalter, beziehen sich die Ängste mehr auf die soziale Umgebung (»peer group« und Autoritätspersonen) und werden dann in der Adoleszenz von Befürchtungen und Zweifeln im Hinblick auf die eigene Person und die Zukunft abgelöst.

In jeder dieser hier grob charakterisierten Phasen, die jeweils mit der Lösung bestimmter Entwicklungsaufgaben (Havighurst 1981; s. Kapitel 5.5) verbunden sind, kann es auch zu außerhalb des entwicklungsförderlichen Spektrums liegenden, »pathologischen« Ängsten kommen. Diese u.U. einer Intervention bedürfenden Angstphänomene können sich im Hinblick auf ihre Intensität und Dauer (quantitativer Aspekt), ihre Unangemessenheit (generalisiert im Hinblick auf ungefährliche Angstinhalte, qualitativer Aspekt) sowie damit verbundener Einschränkung des Lebensvollzugs von unauffälligen Ängsten unterscheiden. So kann sich das übliche Fremdeln mit der damit verbundenen Trennungsangst in exzessiver Form auch zu der im internationalen Diagnostiksystem DSM-IV beschriebenen sog. »seperation anxiety disorder« ausweiten. Sie gilt mit einer Vorkommenshäufigkeit (Prävalenz) von 4 Prozent als die in der Kindheit am häufigsten anzutreffende Angststörung.

Später können sich die schulbezogenen Sozial- oder Leistungsängste in Form einer partiellen oder vollständigen Verweigerung des Schulbesuchs ausweiten, die bis zum Ergreifen entsprechender Hilfsmaßnahmen (etwa auf Veranlassung des Jugendamtes) bisweilen bereits monatelang andauert und entsprechend verfestigt ist.

Im Jugendalter können die auf die eigene Person bezogenen Befürchtungen etwa in Richtung einer Dysmorphophobie (der Angst oder bisweilen Überzeugung, äußerlich missgestaltet zu sein) entgleisen und die Zukunftsängste zu Verzweiflungszuständen bis hin zu suizidalen Handlungen führen (s. Kapitel 6.4).

Darüber hinaus finden sich gelegentlich auch Angststörungen bereits im Kindes- und Jugendalter, wie sie vom Erwachsenenalter her bekannt(er) sind. Hierunter fallen spezifische Phobien (z.b. Hundephobie, Klaustrophobie [Angst vor geschlossenen Räumen]) sowie Panikattacken (etwa die Angst, unmittelbar sterben zu müssen). Beide sind meist mit einem zunehmend generalisierenden Vermeidungsverhalten verknüpft, was bis zu extremen Lebenseinschränkungen (etwa das Haus nicht mehr verlassen zu können, als sog. Agoraphobie bezeichnet) führen kann.

Allgemein, und das ist auch für entsprechende Interventionsmaßnahmen zu berücksichtigen, zeigen sich bei Ängsten jeweils Veränderungen auf drei Ebenen: auf der physiologischen Ebene (z.b. schnellerer Puls), auf der subjektiven Erlebensebene (das empfundene Angstgefühl) und entsprechende Befürchtungsgedanken (angstbezogene Kognitionen) sowie auf der Verhaltensebene (z.b. Flucht aus der Angstsituation, aktuelles und zukünftiges Vermeiden solcher Situationen).

Zum Vorkommen von Angststörungen kann gesagt werden, dass sie in allen Lebensaltern zu den häufigsten psychischen Beeinträchtigungen gehören. Ebenfalls durchgängig findet sich der Befund, dass Mädchen/Frauen häufiger als Jungen/Männer davon betroffen sind. Ängste treten darüber hinaus auch häufig in Kombination mit anderen psychischen Belastungen/Störungen auf, manchmal bis hin zu einer Doppeldiagnose (beispielsweise zusammen mit einer depressiven oder Zwangsstörung, was dann als Komorbidität bezeichnet wird). Erwähnenswert erscheint auch der Forschungsbefund, dass beim Vorliegen einer Angststörung auf Elternseite bei ihren Kindern eine deutlich (siebenfach) erhöhte Wahrscheinlichkeit, auch eine solche zu entwickeln, besteht (Turner u.a. 1987), was somit einen eindeutigen Risikofaktor markiert.

Wenn man sich mit Entstehungsbedingungen von Angststörungen befasst, findet man neben möglichen genetischen Dispositionen heute vorwiegend Erklärungsmodelle aus dem Bereich der Lerntheorien (vgl. Kapitel 3.1 bis 3.2). Neben dem klassischen und operanten Konditionierungsmodell als solchem wird hier oft die Kombination beider in Form der sog. Zweifaktorentheorie von Mowrer (1960) angeführt. Demnach wird in einem ersten Schritt eine natürliche, unwillkürliche Angstreaktion auf einen bestimmten Reiz durch die Raum-Zeit-Kopplung mit den Kontextbedingungen an einen anderen (ursprünglich im Hinblick auf diese Reaktion neutralen) Reiz ausgebildet. Dieser neue Reiz vermag nun in der Folge die Angstreaktion ohne die Anwesenheit des ursprünglich angstauslösenden Stimulus auszulösen (klassische Konditionierung und Generalisierung). Beispiel: Ein Hund versucht das mit ihm spielende Kind zu beißen, das darauf mit natürlicher und heftiger Angst reagiert. Diese Angstreaktion kann nun bei jedem Anblick eines Hundes, der ursprünglich für das Kind kein Angst- (vielleicht sogar im Gegenteil ein angenehmer) Stimulus war, ausgelöst werden. Manchmal kann eine solche Lernerfahrung, wenn sie entsprechend traumatisch erlebt wird, ein ganzes Leben bestehen bleiben (sog. »one-trial learning«). Dies insbesondere dann, wenn in Zukunft keine anderen, korrigierenden Erfahrungen (dass nicht alle Hunde gefährlich sind) mehr gemacht werden (können), da die angstauslösenden Reize/Situationen konsequent vermieden werden. Wenn die Vermeidung die Auftretenswahrscheinlichkeit einer erwarteten aversiven Reaktion (Angst) effektiv reduziert, wird das Vermeidungsverhalten im Sinne des operanten Paradigmas als zweitem Lernschritt beständig negativ verstärkt (operante Konditionierung), was diese Angstvermeidungsspirale in dieser (Wirk-) Kombination oft sehr veränderungsresistent werden und häufig sukzessiv auf weitere (Lebens-)Bereiche generalisieren lässt.

Darüber hinaus kann jedoch auch der dritte Hauptansatz innerhalb der Lerntheorien, sog. Modelllernprozesse, bei der Angstentstehung eine Rolle spielen. Es ist nicht schwer vorzustellen, dass ein Kind, das eine im Beisein eines Hundes sehr angstvoll reagierende oder Hunde zu meiden suchende Mutter als Modell hat, dadurch in Zukunft mit hoher Wahrscheinlichkeit auch ein entsprechendes Angst- bzw. Vermeidungsverhalten entwickelt.

Nicht zuletzt können natürlich auch kognitive Ansätze zur Erklärung von Angst(störungen) dienen, nach denen bestimmte Wahrnehmungs- und Informationsverarbeitungsmuster an deren Entstehung beteiligt sind (z.B. selektive Informationsaufnahme, die auf angstbezogene Reize fokussiert und sich somit ebenfalls in Folge mangelnder Korrekturmöglichkeiten stets neu bestätigt).

Auf entsprechende Behandlungsmöglichkeiten, die auf diesen Erklärungstheorien fußen und bei Angststörungen in ihrer Wirksamkeit empirisch gut belegt sind, soll hier nicht noch einmal näher eingegangen werden (vgl. dazu Kapitel 4.3.2).

Vertiefende Literatur

Petermann, F.: Angst und Aggression bei Kindern und Jugendlichen: Ursachen, Förderung und Therapie. Quintessenz. München 1993.
Steinhausen, H.-C./von Aster, M.: Verhaltenstherapie und Verhaltensmedizin bei Kindern und Jugendlichen. Beltz PVU, Weinheim [2]1999.

6.3 Sucht in Familien

6.3.1 Normale Süchtige kommen aus normalen Familien

Das Jahrbuch der Deutschen Hauptstelle gegen Suchtgefahren (2000) informiert jährlich über die wichtigsten Daten zum Suchtgeschehen in unserer Republik. Zunächst einige Zahlen für das Jahr 2000 in Kürze. Damit soll das Ausmaß der Problematik wenigstens zahlenmäßig erfasst werden, auch wenn dabei die vielen Einzelschicksale und das Leiden ganzer Familien zunächst in den Hintergrund rücken. Im Jahr 2000 gab es in der Bundesrepublik Deutschland in der Altersgruppe zwischen 18 und 59 Jahren 7,8 Mio. Menschen, deren Alkoholkonsum insgesamt als riskant bezeichnet werden muss. Abhängig von der Volksdroge Alkohol waren in dieser Zeit 1,5 Mio. Menschen. Nach einer Studie der WHO wird in fast allen europäischen Ländern Alkohol von Jugendlichen auch als »Freizeitdroge« benutzt. Von den befragten deutschen 15-Jährigen gaben 36 v.H. der jungen Männer und 31 v.H. der jungen Frauen an, mindestens zwei alkoholinduzierte Rauscherlebnisse im zurückliegenden Jahr gehabt zu haben (Deutsches Ärzteblatt 2001/98, S. 195). Jährlich sterben ca. 42.000 Personen, deren Tod direkt oder indirekt mit Alkohol in Verbindung steht. Hinzu kommen jährlich 111.000 tabakbedingte Todesfälle in Deutschland. 28 Prozent aller 15-Jährigen sind Raucher (davon 35 Prozent Männer und 22 Prozent Frauen). 1,5 Mio. sind abhängig von Medikamenten, davon ca.

1,2 Mio. von Benzodiazepin-Derivaten. Doping ist längst kein Problem mehr von Spitzensportlern, sondern jeder fünfte Freizeitsportler im Fitnessbereich konsumiert Medikamente zum Muskelaufbau (Deutsches Ärzteblatt 2001/98, S. 170). Zirka 2 Mio. Menschen konsumierten innerhalb der letzten 12 Monate Cannabis, etwa 270.000 davon regelmäßig. 250.000 bis 300.000 gehören zu den Konsumenten harter Drogen, etwa die Hälfte davon sind Abhängige, die hoch riskante Konsumformen praktizieren. Verlässliche Angaben über die Anzahl pathologischer Spieler und Spielerinnen liegen in Deutschland nicht vor. Die Schätzungen differieren zwischen 25.000 und 130.000 Personen.

Dieser kursorische Überblick zeigt eindeutig, dass in unserer Gesellschaft Sucht und Süchtigkeit ein vielgestaltiges Problem ist, dass man diese Probleme nicht nur vom Einzelnen oder bestenfalls der Familiengeschichte her verstehen kann, sie vielmehr im gesellschaftlichen Kontext diskutiert werden müssen. Süchtige sind keine Randgruppe unserer Gesellschaft. Suchtprobleme entstehen nicht nur aus Defiziten und Nöten des Individuums, sondern sind auch in den Strukturen unseres Gesellschaftssystems angelegt, die wir als normal empfinden. Man kann ohne Übertreibung von einer »süchtigen Gesellschaft« (Tiersch 1992) oder vom »Zeitalter der Sucht« (Wilson-Schaef 1989) sprechen. Kinder und Jugendliche sind unmittelbar in diese Lebensweise als Betroffene, Konsumenten oder Leid Tragende, Co-Abhängige eingebunden. Sie sind aktive Mitgestalter oder passive Erdulder des Suchtkarussells.

6.3.2   Was meinen wir eigentlich, wenn wir von Sucht sprechen?

In einer umfassenden Studie hat Harten (1991) den Wandel des Begriffs Sucht untersucht. Historisch gewachsenen ist der Begriff im 8. Jahrhundert und war praktisch äquivalent mit körperlichen Krankheiten. Erst in der Neuzeit wurde der Suchtbegriff eindeutig auf eine Krankheit, die in einem Zusammenhang mit einem Suchtmittel steht, eingeschränkt (Drogensucht, Medikamentensucht, Trunksucht). In der Begriffsgeschichte verbirgt sich eine pikante Pointe. Mit Sucht wurde immer eine komplexe Störung des Gleichgewichts von Körper, Geist und Seele beschrieben, die sich des diagnostischen und analytischen Zugriffs der Medizin und der Naturwissenschaft entzogen hat. Erst durch ein Urteil des Bundessozialgerichts wurde 1968 jede Sucht als Krankheit anerkannt, vor allem dann, wenn sie ohne Behandlung mit Aussicht auf Erfolg nicht geheilt oder gebessert oder vor einer Verschlimmerung bewahrt werden kann. Diese medizinische und rechtliche Konzeption der Sucht hat einerseits für die betroffenen Personen und Familien eine klärende und entlastende Funktion, andererseits hat sie auch eine ganze Reihe unerwünschter Folgen insbesondere für die Prävention mit sich gebracht. Die Frage der Verantwortung ist dabei stillschweigend von der Tagesordnung gestrichen worden. Plötzlich fühlte sich niemand mehr für die Entstehung und Fortschreibung der Sucht verantwortlich, weder der Süchtige, der ja krank ist, noch seine belastete Familie. Weil das Problem immer mehr individualisiert wurde, wurden die Suchtindustrie und die großen Drogenkartelle freigesprochen.

Wir versuchen an eine alte, umfassende Suchtdefinition anzuknüpfen, ohne zugleich die Errungenschaften der modernen Medizin und Wissenschaft zu ignorieren oder die Heil- und Hilfsbedürftigkeit der Betroffenen aus den Augen zu verlieren.

6.3.3 Die Suchtspirale

Sucht hat viele Gesichter. Unter Sucht versteht man heute, »ein bis zur Existenzgefährdung übersteigertes, verstandesmäßig unbeherrschtes und immer wiederkehrendes Verlangen nach einer (sinnlichen, gefühlsmäßigen) Erfahrung, das alle anderen Werte und Aktivitäten des Individuums in den Hintergrund drängt« (Scheerer 1995). Abhängiges Verhalten wird im Kontext von Systemen und als kontinuierlicher, lebenslanger Prozess beschrieben. Vier unterscheidbare Faktorengruppen konstituieren das Suchtsystem. Und sie alle tragen auf unterschiedliche Weise zur Genese und Stabilisierung einer Sucht bei. In zahlreichen empirischen Untersuchungen konnten die folgenden suchtfördernden Faktoren bestätigt werden (vgl. auch Scheerer 1995; Neumann 1997).

- **Der/die Süchtige.** Der Grad der Gefährdung wird bestimmt durch das je eigene, weitgehend genetisch festgelegte, körpereigene Belohnungssystem sowie durch die Lebensentwürfe und Erwartungshaltungen der Person. Wächst sie in einer Suchtfamilie auf, so erhöht sich das Risiko, selbst süchtig zu werden, immens.
- **Die Droge.** Jede Stoffgruppe hat ein spezifisches Wirkungs- und Suchtpotenzial, das sich je nach Dosis und Dauer der Einnahme entfaltet. Hinzu kommt als ganz praktische Determinante der Grad der Verfügbarkeit für eine Person; salopp gesprochen, die Griffnähe einer Flasche oder Tablette.
- **Die Familie.** Zu den wichtigsten risikoerhöhenden familiären Faktoren gehören chronische, »unlösbare« Konflikte, Beziehungsstörungen, insbesondere Partnerschaftsprobleme. Bezüglich des Umgangs mit legalen und illegalen Drogen entwickelt jede Familie ihre eigenen Suchtgewohnheiten und Traditionen.
- **Die Gesellschaft.** Jede Gesellschaft und Kultur entwickelt eine charakteristische Konsumorientierung und eigene Umgangsweisen mit den verfügbaren Suchtmitteln. Eine allgemeine Leistungs- und Konkurrenzorientierung, hohe Anforderungen sowie Belastungen während der Ausbildung, später im Beruf und sogar noch in der Freizeit und mangelnde Zukunftsperspektiven fördern die Bereitschaft Einzelner, die individuelle chemische »Lösung« zu suchen.

6.3.4   Sucht: Ein Mehrgenerationendrama

Nachdem die Forschung in den 30er- und 40er-Jahren erfolglos versucht hat, die Suchtpersönlichkeit zu finden, erweiterte sich das individuumzentrierte Forschungsparadigma in den 50er-Jahren auf die Ehe als interaktionelles System. Schon sehr bald fand man eine negative Korrelation zwischen Alkoholkonsum und der allgemeinen Ehezufriedenheit (vgl. Dunn u.a. 1987). Die Arbeitsgruppe um Steinglass (1971, 1977, 1979, 1981) untersuchte sowohl unter Laborbedingungen als auch im Rahmen von Hausbesuchen ganze Familien. Die Suche nach einem generellen Interaktionsmuster oder Strukturen der typischen Suchtfamilie war allerdings nicht von großem Erfolg gekrönt. Es ließ sich nur ein allgemeiner Stress- oder Irritationsfaktor identifizieren. In Alkoholikerfamilien gibt es eine erhöhte Konfliktbereitschaft und wenig Neigung, in Gesprächen Probleme zu lösen. Belastungs-faktoren des Familienklimas wie Wutausbrüche oder Gewaltbereit-schaft der Eltern werden unter dem Einfluss von Alkohol oder Dro-gen erheblich verstärkt. Insgesamt lässt sich auch eine deutlich ne-gativ abwertende Einstellung zueinander und zur Welt »draußen« finden (vgl. auch Jakob u.a. 1991).

Steinglass hat auf Grund seiner empirischen Befunde ein ent-wicklungsorientiertes Prozessmodell der Suchtfamilie entworfen. Er geht davon aus, dass der Konsum der Droge im Alltagsleben der Betroffenen eine so entscheidende Rolle spielt, dass er zum Organi-sationsprinzip für die Interaktion der Familie insgesamt wird. Das Zusammenleben wird also in wesentlichen Aspekten durch das Konsumverhalten des oder der Süchtigen geprägt. Die Bezeichnung Suchtsystem trifft gerade dann zu, wenn eine Familie trotz der Ab-hängigkeit eines ihrer Mitglieder wirtschaftlich und strukturell weitgehend intakt bleibt. Der Familie gelingt es trotz aller Belastun-gen, sich selbst zu organisieren, ein bestimmtes Maß an Gleichge-wicht, Zufriedenheit und Stabilität zu entwickeln. Die Süchtige wird wie eine chronisch Kranke langfristig in das Zusammenleben integriert. Dabei bekommen die Droge und die süchtige Person je nach Entwicklungsphase der Familie verschiedene Funktionen: Na-türlich generiert ihre Sucht Probleme, sie lenkt aber auch von ande-ren Schwierigkeiten ab. Sucht ist durchaus auch eine kreative Be-wältigungsstrategie, ein von allen gestütztes Lösungsmuster. Der gemeinsame Tanz um das Suchtmittel ist selbstdestruktiv und krea-tiv zugleich. Im Zusammenspiel von trockenen (abstinenten) und nassen Perioden bilden sich höchst stabile Familienstrukturen.

So ist es nicht verwunderlich, dass es auch eine Kontinuität von Sucht gibt, die sich über die Generationen hinweg verfolgen lässt (Bennet/Wollin 1994). So sind 47 Prozent der Söhne diagnostizier-ter Alkoholiker selbst starke Trinker oder alkoholabhängig, jedoch nur 14 Prozent der Töchter. Die Töchter von Alkoholikern heiraten oft Alkoholiker, ohne jedoch selbst abhängig zu werden. Sie scheinen in der Rolle einer Co-Abhängigen verharren zu bleiben. Im Trinkverhalten von Geschwistern, deren Eltern alkoholabhängig sind, zeigen sich große geschlechtsspezifische Unterschiede. Auf der Suche nach Erklärungen der Transmission von Suchtmustern hat man Familienrituale und -kulturen näher untersucht. Rituale kann man in diesem Zusammenhang als besonders verdichtete Form familiärer Interaktion und Kommunikation ansehen, die ganz wesentlich die emotionale Stimmung innerhalb der Familie, die Familienidentität, prägen. In mehreren Studien hat die Autorengruppe um Jacob (1981, 1983, 1987, 1988, 1991, 1992) die Traditionen und Familienrituale unseres Kulturkreises untersucht. Sie hat sich genauer angesehen, wie Familienfeiern, religiöse Feiertage, Hochzeiten, Begräbnisse oder Examensfeiern gestaltet werden, welche Geburtstagsbräuche in der Familie existieren, welchen Stellenwert gemeinsame Essenszeiten oder regelmäßige Freizeitbeschäftigungen haben. Die Ergebnisse bestätigten eindeutig die ursprüngliche Hypothese, dass Kinder die Rituale ihrer Ursprungsfamilie übernehmen und einem großen Risiko der Suchtweitergabe (intergenerationale Transmission) ausgesetzt sind, wenn der Kontakt zur alkoholischen Herkunftsfamilie sehr eng gestaltet wird. Wenn beide Eltern aus alkoholischen Familien stammen, kumuliert sich der Effekt.

6.3.5 Transaktionsmuster: Kinder in Suchtfamilien

Welche Auswirkungen hat der Alkohol- oder Drogenkonsum der Eltern auf ihre Kinder? Auch wenn anfangs die Bedeutung des Suchtmittels überbetont wurde und man inzwischen nachgewiesen hat, dass auch andere Faktoren wie ein erhöhter Stresspegel, das Alter der Mutter oder Armut Gesundheitsschädigungen beim Fötus bedingen können, gilt es dennoch als unbestritten, dass ein extremer Alkohol-, Tabak- oder Kokainkonsum der Mutter das Risiko von Schädigungen beim Ungeborenen wesentlich erhöhen (vgl. Hawio-Manila/Holmiller 1989; Petermann 1995).

Lambrou (1990) hat erwachsene Kinder aus Suchtfamilien interviewt. Ihre Berichte sind eindrückliche Beschreibungen der Nöte und unlösbaren Loyalitätskonflikt von Kindern. An eine gesunde

Entwicklung ist nicht zu denken. Süchtige Eltern behelligen ihre Kinder mit ihren persönlichen und Beziehungsproblemen. Von den Kindern, egal wie alt sie sind, wird erwartet, dass sie sich wie Erwachsene oder sogar wie Partner verhalten. Gewalttätige Übergriffe oder sexueller Missbrauch sind keine Seltenheit. Trotz aller Demütigung und Enttäuschung hören Kinder nicht auf zu hoffen, dass die süchtigen Eltern das Trinken aufgeben, dass er oder sie von der Droge loskommt oder endlich weniger arbeitet. Da dies auch über kurze oder längere Zeit immer wieder geschieht, wird die Hoffnung genährt, dass die Sucht aus dem Familienleben verschwindet. Diese Hoffnung wird allerdings immer wieder zerstört. Bitter enttäuscht, unterdrücken sie ihre Gefühle, ziehen sich resigniert in ihre Welt zurück oder werden selbst auffällig. Kinder aus Suchtfamilien übernehmen oft mehr Verantwortungen zu Hause, als sie verkraften können. Sie versorgen jüngere Geschwister, übernehmen elterliche Pflichten, kochen oder organisieren den ganzen Haushalt. Sie versuchen mit all ihren Kräften das Chaos, das die Sucht in ihren Familien anrichtet, zu verhindern.

Um zu überleben, versuchen Kinder von Süchtigen über ihre Gefühle und ihre Beziehungen die Kontrolle zu erlangen. Sie entwickeln sich zu wachsamen Beobachtern, für die es selbstverständlich ist, Beziehungen zu manipulieren und selbst manipuliert zu werden. In einer solch bedrückenden Familienatmosphäre entwickeln sich Kinder in der Regel nicht zu selbstständigen und selbstbewussten Individuen entsprechend ihren Fähigkeiten und ihrer Interessen. Ein Süchtiger produziert ein eigenartiges paradoxes Kommunikationsmuster. Je weniger er Herr über sein eigenes Leben ist, je weniger er sein eigenes Leben meistern kann, desto mehr Macht, Kontrolle muss er auf seine Mitmenschen ausüben, um den Familienzusammenhalt einigermaßen zu bewahren. Die unausgesprochenen Kommunikations- und Verhaltensregeln sind Ausdruck der Verzweiflung und Hilflosigkeit, in der sich die gesamte Familie verstrickt und gefangen fühlt (vgl. Wegscheider 1992),

Alkohol bzw. die Droge ist das Thema Nummer eins, um das sich in der Familie alles dreht. Aber dies wird keineswegs als die Ursache des gemeinsamen Problems angesehen. Nicht nur der Süchtige, sondern auch seine ganze Familie leugnet die Sucht und die Abhängigkeit voneinander. Schuld an allem sind immer die anderen oder die Umstände. Es gibt immer Sündenböcke außerhalb oder innerhalb der Familie. Diese müssen dafür herhalten, sie allein zeichnen für die Misere und die Krisen verantwortlich. Das kann die Ehefrau oder ein Sorgenkind sein. Es können immer berufliche Schwierigkeiten oder finanzielle Nöte dafür haftbar gemacht werden. Hauptsache, der Status quo bleibt erhalten. Natürlich ist es streng verboten, darüber zu reden, was in der Familie wirklich los ist, schon gar nicht mit jemandem außerhalb der Familie. Niemand darf sagen, was er wirklich fühlt.

Weder die Erwachsenen noch die Kinder können ohne Hilfe aus dem Suchtkarussell aussteigen, sobald es einmal in Gang gekommen ist. Kinder sind oft mehr als nur Zuschauer, Zeugen oder Statisten in diesem süchtigen Familiendrama. Auch sie lernen ihre Rollen, gehorchen den Regeln des Suchtsystems, sind Opfer und Akteure zugleich. Alkoholismus hat die Funktion, allen das zu geben, was sie auf andere Weise im Leben nicht bekommen. Dem Süchtigen gibt die Abhängigkeit die Möglichkeit, unverantwortlich und verschwommen zu sein. Die»gesunden« Familienmitglieder können durch Liebe, besondere Leistungen und Kontrolle für den Zusammenhalt der Familie sorgen (vgl. Welter-Enderlin 1992).

Welche Chancen haben Kinder eigentlich, in einer solchen Familie zu überleben? Die einzig gesunde Reaktion, sich nicht völlig aufzugeben, sich und das System zu öffnen, ehrlich und klar zu sein, über die Verwirrung und das Leiden mit jemand zu sprechen, bleibt aber den meisten Kindern auf Grund ihrer Abhängigkeit von den Eltern verwehrt. So bleiben meistens nur die ungesunden Alternativen übrig, sich anzupassen, sich mit den vorgefundenen, »süchtigen« Mechanismen und Regeln zu arrangieren.

6.3.6 Im Zeitalter der Sucht

Wein war in Europa schon immer wesentlicher Bestandteil religiöser Rituale der mediterran-abendländischen und jüdisch-christlichen Kultur. Suchtmittel wurden aber erst mit Beginn der Industrialisierung durch den Massenkonsum auch ein lukratives Geschäft für Hersteller und Dealer. Bei den legalisierten Drogen verdient auch der Staat über Steuern kräftig mit. Schließlich produzierten die industrielle Konsum- und Leistungsgesellschaft und deren Marktgesetze nicht nur Waren, sondern auch suchtfördernde Lebensbedingungen (vgl. Heckmann 1979).

Kein Wunder also, dass selektive Wahrnehmung immer eine merkwürdige, man könnte meinen, zwangsläufige Begleiterscheinung der Diskussion und Auseinandersetzung mit Sucht ist. Emotionale Überreaktion geht Hand in Hand mit Verharmlosung. Es gibt einen gesellschaftlichen Konsens, Suchtmittel in legale und akzeptierte und in nicht kulturübliche, illegale aufzuteilen. Damit werden einerseits ganze Gruppen Süchtiger ausgegrenzt, andererseits familiäre oder gesamtgesellschaftliche Folgen akzeptierter Süchte verharmlost. Kein Geburtstag, auf den nicht angestoßen wird, keine Siegesfeier ohne knallende Sektkorken, keine Love-Parade ohne Pille, keine Tour de France ohne Dopingverdacht. Schöner, fitter, besser, immer gut drauf! Zwischen den Lebensformen unserer Konsumgesellschaft und Suchtmustern lassen sich ohne große Mühen viele strukturelle Ähnlichkeiten und Gemeinsamkeiten finden (vgl. Neumann 1997).

Jede Form der Arbeitsteilung und Spezialisierung führt zu einer größeren gegenseitigen Abhängigkeit. Individualisierung und Selbstbestimmung als gesellschaftlich gewährter, scheinbarer Freiraum ist zugleich Entscheidungsdruck und -zwang. Zentrale Werte unserer Gesellschaft – Erfolg, Glück und Profit des Einzelnen – können von vielen nur unter größten Anstrengungen erreicht werden. Der alte Hippie-Slogan »no dope no hope« wird bitterste Befindlichkeitsbeschreibung. Fortschritts- und Wissenschaftsgläubigkeit fördern Wunsch und Möglichkeit der Menschen, durch den gezielten Einsatz von Medikamenten eine hohe Leistungsfähigkeit zu erhalten und das Wohlbefinden beliebig zu manipulieren. Alle menschlichen Sehnsüchte werden kommerzialisiert, Werbung auf allen Kanälen suggeriert, das Glück sei für jeden zum Greifen nahe. Man bräuchte nur das richtige Bier oder Mineralwasser trinken, ein schnelles Auto der Marke X fahren, einen durchtrainierten Körper haben, die richtige Pflegespülung benutzen, eine Leitungsposition erklimmen, die richtige Zigarette rauchen und immer gewinnend,

selbstbewusst lächeln. Menschliche Grundgegebenheiten wie
Krankheit und Tod, Schwäche und Behinderung sind kaum noch
der (öffentlichen) Rede wert. Sie kommen höchstens noch auf Bei-
packzetteln und in einer gut aufgemachten Kinoversion vor.

6.3.7 Das Hilfesystem: Beratung, Therapie, Rehabilitation, Prävention

Seit den 70er-Jahren hat sich das Paradigma und Szenario der
Suchttherapie grundlegend gewandelt. Das aus der Tradition der
Alkoholikertherapie stammende Konzept der stationären Absti-
nenzbehandlung mit mehrmonatigen Klinikaufenthalten und einer
Beratungsstrategie, die sich am Leidensdruckparadigma der Psychotherapie orientierte, zeigte keine befriedigenden Ergebnisse.
Ganz abgesehen davon, dass »die Kinder vom Bahnhof Zoo« sich
erst gar nicht an die Therapiekette legen ließen. Die Zahl derer, die
durch das Hilfenetz fielen, stieg im Laufe der Jahre unübersehbar.
An einer hungernden, bettelnden, klauenden, sich prostituierenden
Drogenszene konnten Öffentlichkeit und Politik nicht länger vor-
beisehen. Als auch noch Mitte der 80er-Jahre Aids das gesellschaftliche Selbstverständnis heftig erschütterte, war die Zeit endgültig
reif für einen radikalen Paradigmenwechsel. Abstinenzbereitschaft
und hohe Therapiemotivation konnten nicht länger Vorbedingun-
gen und Eintrittskarte in das therapeutische System bleiben (vgl.
Fohrman 1992). Fachleute und politisch Verantwortliche einigten
sich mühsam auf einen Minimalkonsens: »Drogenhilfe ist die Hilfe
für Drogenabhängige zum Leben und zum Überleben.« (Kinder-
mann 1992) Ein abstinentes Leben ohne Alkohol, ohne Drogen
oder Medikamente mit hohem Suchtpotenzial entspricht nicht
mehr den veränderten gesellschaftlichen Wirklichkeiten und den
Bedürfnissen der Betroffenen.

Heute arbeiten in der Suchttherapie verschiedene Berufsgrup-
pen eng zusammen, und in ihrer Arbeit integrieren sie Elemente
verschiedenster Traditionen. Erfolgreiche Therapie umfasst nach
dem heutigen Stand viele Komponenten (vgl. Beutel/Reck 1995).
Am Beginn steht die Entwöhnungsbehandlung mit einer somati-

schen Therapie der Folgeerkrankungen der Sucht. Regelmäßiger Sport, Bewegung, Massagen und Bäder runden den körperorientierten Bereich ab. Da sich eine prinzipielle Überlegenheit einer der klassischen Psychotherapieformen nicht erwiesen hat, bieten die meisten Kliniken ein integratives Therapiekonzept an (vgl. Baudis 1994). Dazu gehört auch das konkrete Einüben neuer sozialer Verhaltensweisen und Bewältigungsstrategien, ein neuer Umgang mit Enttäuschungen, Frustration, aber auch sozialen Schwierigkeiten, die bei der Wohnungs- und Arbeitsplatzsuche auftauchen können. Das wichtigste Ziel der Arbeitstherapie ist die Wiedereingliederung in das Erwerbsleben. Falls sie nicht ohnehin schon Experten ihrer Sucht sind, werden die Betroffenen über Suchtentstehung, Suchtverlauf und Folgeschäden informiert. Lebensorientierung und Wiedereingliederung werden durch die enge Zusammenarbeit mit den regionalen Selbsthilfegruppen vorbereitet und gefördert. Die lange Zeit bestehende Kluft der Konkurrenz zwischen professioneller Hilfe und Selbsthilfegruppen gehört somit inzwischen auch der Vergangenheit an. Dieses Konzept zeigt erste Erfolge und wird weiterentwickelt und ausdifferenziert. Stiefkind, wen wundert es in einer Suchtgesellschaft, bleibt allerdings nach wie vor der Bereich Prävention. Präventionskonzepte beschränken sich weitgehend auf Aufklärungskampagnen, Broschüren und Alibi-Aufrufe:»Keine Macht den Drogen«. Einem zunehmenden Wissen steht eine wachsende Rat- und Tatenlosigkeit gegenüber. Die Sucht wird einerseits dämonisiert, andererseits verharmlost. Suchtmittel werden willkürlich legalisiert, für diese wird finanzkräftig geworben, andere werden strikt verboten und strafrechtlich sanktioniert. In dieser ungelösten Widersprüchlichkeit müssen wir uns alle bewegen, Süchtige wie Helfer, Jugendliche wie Erwachsene, Lehrer wie Therapeuten.

Vertiefende Literatur

Baudis, R.: Psychotherapie von Sucht und Drogenabhängigkeit oder Der goldene Vogel. Verlag für Psychologie, Sozialarbeit und Sucht, Rudersberg 1994.

Wilson-Schaef, A.: Im Zeitalter der Sucht. Hoffmann & Campe, Hamburg 1989.

6.4 Ihr würdet mich nicht mal vermissen – Suizidale Krisen von Kindern und Jugendlichen

6.4.1 Annäherung

Als Menschen liegt es prinzipiell innerhalb unserer Möglichkeiten, zwischen Leben und Tod zu wählen. Jedem von uns sind Augenblicke vertraut, in denen man nicht mehr weiterweiß, sich existenziell bedroht fühlt, die innere Zerrissenheit unerträglich wird oder man von Trauer und Schmerz überwältigt wird. Ganz besonders in persönlichen Krisen oder Phasen der Neuorientierung wie Pubertät oder Alter werfen sich Fragen nach dem Sinn von Leben und Tod auf. Fantasien und Gedanken über einen selbst gewählten Tod sind gerade während dieser Lebensperioden ganz und gar nicht ungewöhnlich. Wenn sie mit anderen Menschen über das Thema wirklich ins Gespräch kommen, werden sie überrascht sein, wie weit verbreitet Suizidfantasien sind und wie viele Menschen bereits direkte Erfahrungen mit Suizidgefährdeten durchlebt haben. Aber auch wenn man gerade selbst nicht direkt betroffen ist, bleibt die prinzipielle Möglichkeit eines jeden Menschen, Selbstmord zu begehen, seit jeher eine persönliche und gesellschaftliche Herausforderung.

6.4.2 Professionelle Distanz und Nähe

Suizidalität ist eine Realität, mit der wir zu leben haben und die wir allzu gerne verdrängen. Und auch ein flüchtiger Blick auf Suizidstatistiken bestätigt nur, dass es sich hier nicht um ein klinisches Randphänomen oder gar um die Sache einiger weniger handelt. Schon deshalb sollte man einige Zahlen kennen – weil sie in der öffentlichen Diskussion eine wichtige Rolle spielen und weil in der veröffentlichten Meinung das Thema immer wieder merkwürdig zwiespältig behandelt wird. Einerseits vergeht kaum eine Woche, in der wir nicht von einem besonders spektakulären Selbstmord, vom Freitod einer prominenten Persönlichkeit oder eines Verzweifelten irgendwo auf der Welt lesen oder hören. Andererseits werden die

Betroffenen aber immer noch stigmatisiert und das Ausmaß der Suizidproblematik verdrängt. Auch wir Psychologen und Therapeuten neigen dazu, es wie die Öffentlichkeit aus unserem Bewusstsein zu schieben, obwohl die helfenden Berufe – also wir selbst – zu einer besonders gefährdeten Berufsgruppe gehören.

In unserer Arbeit werden wir mit keiner allzu geringen Wahrscheinlichkeit auch direkt damit konfrontiert werden, dass uns eine Jugendliche mit Selbstmord droht oder einer unserer Patienten seine Drohung wahr macht. Eine Befragung amerikanischer Psychologen, die zufällig aus dem »National Register of Health Service Providers in Psychology« ausgewählt wurden, hat ergeben, dass 22 Prozent aller Kollegen in den Vereinigten Staaten mindestens einmal im Lauf ihres Berufslebens mit einem Suizid eines ihrer Patienten konfrontiert worden sind (Chemtob u.a. 1988).

6.4.2.1 Selbstmord ist zugleich ein individuelles und ein kulturelles Phänomen

Ein Selbstmord ist der radikalste Ausdruck der Individualität. Nach einer Phase des Rückzugs und der Isolierung von allen anderen ist es der entschiedenste Abbruch aller Beziehungen, aller Brücken zur Welt und zum Leben. Es ist der Wunsch eines Einzelnen, in einem kritischen Augenblick seines Lebens, in dem alles fragwürdig geworden ist, in dem er für sich die Orientierung und den Boden unter den Füßen verloren hat, eine allumfassende Wandlung zu vollziehen («koste es, was es wolle«).

Daneben, über alle individuellen Beweggründe und Lebensgeschichten hinweg, existiert Selbstmord auch als soziales, gesellschaftliches Faktum. »Jede Gesellschaft hat in jedem Augenblick ihrer Geschichte jeweils eine bestimmte Neigung zum Selbstmord« – so schreibt Emile Durkheim in seinem legendären Buch, das im Original 1897 erschien und heute noch Standardwerk der Suizidologie ist. Die Intensität dieser Tendenz drückt sich in der Selbstmordrate einer Population aus; Das ist die Anzahl der gelungenen Suizide pro 100.000 lebender Einwohner in einem Jahr (vgl. Durkheim 1983).

6.4.2.2 Fieberkurven

Der Tod durch Suizid ist in der Bundesrepublik Deutschland amtlich zu kennzeichnen, also anzeigepflichtig. Allein in den alten Ländern nahmen sich in den letzten Jahrzehnten jährlich zwischen 9.000 und 14.000 Menschen pro Jahr das Leben. Bis zum Jahr 1977 konnte eine Zunahme der Suizide und danach eine kontinuierliche Abnahme beobachtet werden (vgl. Dinkel 1994; Schmidtke/Weinacker 1994). 1992 haben sich insgesamt 13.429 Menschen selbst getötet, darunter etwa 10 Prozent Kinder und Jugendliche. Wobei dieser Anteil stark variieren kann, je nachdem, ob für den Autor statistisch gesehen die Adoleszenz mit 18, 21 oder gar mit 24 endet.

Eigentlich könnte man annehmen, dass die Feststellung des Selbstmordes als Todesursache einfach und eindeutig sei und daher die Selbstmordstatistiken verlässlich sein müssten. Diese Annahme ist nur in sehr begrenztem Sinne berechtigt (vgl. Wedler 1979). Suizide gehören sicherlich zu den Todesursachen, die einer gesellschaftlichen und religiösen Bewertung unterliegen und deshalb bewusst oder unbewusst auch zu falschen Angaben auf dem Totenschein führen können. Gerade bei Kindern werden Selbstmorde von den Angehörigen auch umgedeutet oder verschwiegen. Unfall- und Verkehrstotenzahlen beinhalten ganz sicher eine ganze Reihe nicht erkannter Selbsttötungen von Kindern und Jugendlichen. Schätzungen gehen davon aus, dass 5 Prozent aller Verkehrstoten verdeckte Suizide sind.

Zwischen 20 und 30 Prozent der Drogentodesfälle, so schätzt man, sind nach den vorliegenden Zahlen im Grunde Suizide.

Schließlich ist es wichtig zu wissen, dass Suizidraten und -zahlen sowohl regional wie kulturell stark variieren. Im europäischen Vergleich liegen die Suizidziffern in den alten Bundesländern etwas über dem Mittelwert, in den neuen Bundesländern im oberen Bereich der Verteilung (Schmidtke/Weinacker 1994). Betrachten wir die Bundesrepublik eingehender, so ergeben sich überraschende regionale und landsmannschaftliche Unterschiede der Selbstmordneigung. Sie ist in Sachsen weit höher als im Rheinland. In Berlin nehmen sich etwa doppelt so viel Menschen das Leben wie in Köln (vgl. Möller u.a. 1985).

Betrachtet man die absoluten Zahlen, so steigt die Suizidmortalität für beide Geschlechter mit dem Alter. Suizide bis zum Alter von 10 Jahren sind noch seltene Ereignisse. Todesfantasien und Äußerungen, die uns Erwachsene alarmieren und als suizidal interpretiert werden können, sind in dieser Altersstufe nicht ungewöhnlich. Mit beginnender Pubertät (etwa mit 10–14 Jahren) steigt die Suizidziffer bei männlichen und weiblichen Jugendlichen an. Bei den 15- bis 19-jährigen Jugendlichen macht sie einen dramatischen Sprung auf 9,05 bei jungen Männern und auf 2,81 bei jungen Frauen (vgl. Schmidtke u.a. 1996).

Eine besondere Gruppe jugendlicher Suizidaler stellen heute Drogenabhängige und in den letzten Jahren in zunehmendem Maße auch jugendliche Alkoholiker dar. Die Suizidalität liegt bei den Alkoholikern höher als in der Gesamtbevölkerung. Nach Feuerlein (1971) sterben bis 21 Prozent aller Alkoholiker durch Suizid. Ähnliche Entwicklungen zeigen sich bei Medikamenten- und Drogenabhängigen (Hell u.a. 1976). Bei Jugendlichen und jungen Erwachsenen sind und waren die Suizide nach Unfällen die häufigste Todesursache.

Selbstmordversuche sind in der Bundesrepublik Deutschland nicht mehr meldepflichtig. Der Selbstmordversuch ist keine eigenständige Diagnosekategorie. Und so diagnostizieren viele Ärzte in diesen Fällen Depressionen, Vergiftungen usw. Es ist daher aussichtslos, verlässliche Zahlen über Selbstmordversuche aus Diagnoseregistern ausfindig machen zu wollen. Die meisten Autoren gehen aber davon aus, dass statistisch gesehen bei Kindern und Jugendlichen etwa 10 bis 50 Suizidversuche auf einen gelungenen Selbstmord kommen. Schmidtke (1996) hat mit verschiedenen Methoden versucht, Suizidversuchsraten abzuschätzen. Nach seinen Untersuchungen beträgt die Rate Suizid zu Suizidversuch bei jungen Männern 1:12 und bei weiblichen Jugendlichen 1:39.

Es ist unbestritten, dass das Jugendalter lebensgeschichtlich die Entwicklungsphase mit der höchsten Suizidversuchsrate ist.

6.4.3 Risiko

Mit Hilfe dieser epidemiologischen Daten lassen sich Gruppen mit erhöhtem Suizidrisiko herausarbeiten. Diese Gruppen sind natürlich kulturspezifisch und können sich im Laufe der Zeit verändern und neu zusammenfinden. Das weit verbreitete Vorurteil:»Das sind ja alles Verrückte«, trifft so pauschal nicht zu. Zahlreiche empirische Untersuchungen haben inzwischen gezeigt, dass Suizidgefährdung und psychiatrische Krankheiten nicht zwangsläufig zusammenhängen müssen (vgl. Gundel 1985). Unbestritten ist, dass bestimmte Krankheiten, allen voran die Depression, ein Risikofaktor für Suizidgedanken, -fantasien und -handlungen sind.

Ein deutlich erhöhtes Suizidrisiko besteht bei alten Menschen, Süchtigen (vgl. Feuerlein 1976), aus religiösen oder politischen Gründen Verfolgten, Kriminellen, bei Menschen in schwerer sozialer Not, Menschen in Paar- oder Ehekrisen, bei jungen Menschen und bei solchen, die bereits einen Selbstmordversuch unternommen haben. Schon immer und überall gehören junge Menschen zu den besonders Gefährdeten. Zumindest dort, wo Suizide gut dokumentiert werden, in den Industriegesellschaften, ist die Adoleszenz der lebensgeschichtliche Zeitraum mit der höchsten Suizidversuchsrate. Suizid steht bei jungen Männern als Todesursache an zweiter Stelle hinter Unfällen und bei Mädchen und jungen Frauen zwischen 15 und 25 Jahren an dritter Stelle.

Die Adoleszenz ist eine Krise mit zwei einschneidenden Veränderungen, dem Umbruch von der Kindheit zum Erwachsenenalter und die Ortsverlagerung des Lebensmittelpunkts aus der Herkunftsfamilie in die Gesellschaft. Diese Krise ist allgemein und einzigartig zugleich. Sie ist allgemein menschlich, da jeder in seinem Leben in jeder Kultur die Pubertät durchleben muss, und sie ist einzigartig, weil es für den Jugendlichen ja gerade darum geht, einen je eigenen Weg zu finden. Ganz besonders an Wendepunkten in Phasen der Um- und Neuorientierung drängen die Fragen nach dem Sinn von Leben und Tod auf eine Antwort, steigern sich innere Spannungen und Ambivalenz bis ins Unerträgliche, sind Fantasien und Gedanken über einen selbst gewählten Tod keine Ausnahme.

Es gibt allgemeine soziale Ursachen, ein präsuizidales Verhaltens-syndrom und bestimmte Familienkonstellationen oder -dynami-ken, die einem Suizid oder einem Versuch wahrscheinlich vorausgehen. Aber alle praktischen Erfahrungen zeigen, dass es eine Illusion wäre zu glauben, man könne anhand von Symptomen oder Hinweisen den Grad der Suizidgefährdung abschätzen, ohne jemanden genau zu kennen, oder man könne diese Aufgabe einfach an einen Experten delegieren. Und doch gibt es klare Hinweise und Äußerungen, die jeden »hellhörig« machen sollten. Zu den bekanntesten Alarmzeichen gehören (vgl. Nordmann u.a. 1984; Pöldinger 1968, 1982; Pöldinger/Sonneck 1980):

Familien und Familiengeschichte
- In der Familie des Klienten haben bereits Verwandte einen Suizid gemacht oder es zumindest versucht.
- Die Familienstruktur ist extrem verfestigt oder die Familie ist in Auflösung begriffen oder gerade zerbrochen.
- Das Verhältnis zur Mutter ist ungeheuer ambivalent, der Vater praktisch ungreifbar.
- Die Familie ist kulturell oder sozial entwurzelt.

Momentane Lebenssituation
- Verlust einer geliebten Person.
- Die Gefährdete zieht sich immer mehr von Menschen zurück.
- Sie ist hohen schulischen oder beruflichen Anforderungen und familiärem Stress ausgesetzt.
- Lebensmöglichkeiten sind sehr eingeengt.
- Die Person besitzt ein geringes Konfliktlösepotenzial.

Erleben und Verhalten
- Die Person geht alltäglichen Schwierigkeiten oder Problemen häufig aus dem Weg.
- Sie konsumiert in großen Mengen Alkohol und/oder Drogen.
- Sie hat eine gestörte Beziehung zum eigenen Körper (selbstverletzendes Verhalten).
- Vitale Funktionen sind gestört: z.B. Essen, Schlafen, allgemeines Wohlbefinden, Schmerzen werden chronisch ignoriert.

- Der Jugendliche spricht über seine Selbstmordgedanken und -pläne.
- Die Jugendliche hat bereits einen oder mehrere Suizidversuche gemacht.

Aussagekraft gewinnen diese Hinweise nur im Zusammenhang mit den unmittelbaren Gefühlen, die eine Jugendliche direkt auslöst. Diese Gefühle und die Art und Weise, wie sie im Gespräch die Beziehung gestaltet und wie sie darauf reagiert, wenn man die Suizidabsichten direkt anspricht, sind letztlich ausschlaggebend. Erst dies alles zusammen lässt uns mit einer gewissen Sicherheit zu einer Einschätzung kommen, wie nahe ein Jugendlicher vor einer Suizidhandlung steht.

6.4.4 Warum?

Die Begegnung mit dem Thema Suizid lässt niemanden unberührt – ebenso wenig wie die Konfrontation mit einem gefährdeten Menschen. Warum lebe ich einfach so weiter wie bisher? Was ist an meinem Leben das Lebenswerte? Warum macht eine 16-Jährige an der Schwelle zum Erwachsenwerden Schluss? Warum hat ihre Drohung niemand gehört oder ernst genommen? Warum hat sie keinen Menschen gefunden, der ihr gesagt hat, dass es für ihn wichtig sei, dass sie weiterlebt? Warum hat ihr niemand eine Hand gereicht, an der sie sich hätte festhalten können? Warum hat sie bei denen, die es in ihrem Leben sicherlich auch gab, die ihr Zuneigung und Halt angeboten haben, nicht zugegriffen? Jeder Suizidversuch und erst recht jeder gelungene Suizid einer Jugendlichen ist ein skandalöses Ereignis. Sie hinterlässt bei ihrer Familie und ihren Freunden Spuren, wirft drängende Fragen auf: Einige sind beantwortbar, andere bleiben für immer offen.

Mit einer allgemeinen Theorie oder mit generalisierenden Aussagen ist diesem Thema wohl nicht beizukommen. Sie greifen letztlich immer ins Leere. Wie sollte es auch möglich sein, Menschen wie Sokrates, Cleopatra, Heinrich von Kleist, Adolf Hitler, Ulrike Meinhoff, Bruno Bettelheim, Jean Amery, Primo Levi, Mark Rothko oder die mehr als 10.000 Frauen und Männer – junge wie alte –, die sich jährlich allein in der Bundesrepublik das Leben nehmen, je unter ein allgemein gültiges Erklärungsmuster zu subsumieren? Trotzdem möchten wir aus dem Blickwinkel des Kinder-, Jugendlichen- und Familientherapeuten versuchen, einige vorläufige Antworten zu finden. Das Überraschendste unserer Arbeit mit Gefährdeten war immer wieder, wie leicht es ist, mit den meisten von ihnen ins Gespräch zu kommen.

6.4.5 Therapeutische Begleitung in Krisen

Ein Suizidgefährdeter befindet sich in einer für ihn ausweglosen Lage, fühlt sich allein gelassen, überfordert, erschöpft oder am Ende seiner Kräfte und Möglichkeiten. Er sehnt sich nach Ruhe, Verständnis und Geborgenheit. Er wünscht sich ein Ende seiner Schmerzen, seiner Verzweiflung und Anstrengung. Er erwartet »still« eine Antwort, Mitleid, Entlastung oder er »schreit« nach Soforthilfe, nach Lösungen und zupackendem Handeln.

Der Therapeut wird sich von Anfang an einer paradoxen, sehr gefühlsgeladenen Situation ausgesetzt sehen. Der Patient löst nicht nur heftige Gefühle bei ihm aus, sondern konfrontiert ihn auch mit dem zur Krise gehörigen Lebensthema: elterliche Gewalt, Fragen nach dem Sinn des Lebens – und des Sterbens, chronische Krankheiten, Abschied und Trennung, Sucht. Das sind Themen, die sich nicht so einfach an den Patienten zurückgeben oder spiegeln lassen, weil sie unweigerlich betroffen machen und den Therapeuten persönlich auch angehen als Mann oder Frau, als Ehepartner, als Mitmensch.

Der Patient erfährt sich als Opfer: von einem Partner verlassen, vom Tode bedroht, vom Vater missbraucht, von einer Droge zerstört. Einer gefühlsmäßigen Parteinahme wird man sich auch als Therapeut kaum entziehen können. Oft ist Parteilichkeit sogar notwendig und »therapeutische Abstinenz« völlig unangemessen.

Unter so spannungs- und gefühlsgeladenen Bedingungen in Krisen aufeinander zuzugehen und eine tragfähige, ehrliche Beziehung zu knüpfen ist nicht gerade einfach. Gerade die ersten und entscheidenden Gespräche sind immer eine Gratwanderung zwischen professionellem Verstehen, Begleiten und einer mitmenschlichen Anteilnahme. Das Kunststück besteht darin, aktiv zu sein, ohne zu agieren, zu werben, ohne zu verführen, und mitzufühlen, ohne verstrickt zu werden. In seiner Krise appelliert jeder Klient mehr oder weniger stark an die fantasierte Allmacht seines Gegenübers: Er will von ihm eine schnelle Lösung und versucht, bei ihm seinen Hass, seine Panik loszuwerden. Von diesen Erwartungen nicht erdrückt zu werden und sich von nicht realistischen Wünschen abzugrenzen erfordert eine Menge Klarheit und Sicherheit.

6.4.5.1 Erste Begegnung: Die Choreografie von Nähe und Distanz

Der 12-jährige Mark wird nach einem Suizidversuch zu einem ersten Gespräch überwiesen. Er sieht sich neugierig im Zimmer um, versucht mich zu gewinnen und mich gleichzeitig herausfordernd zu provozieren. Er läuft in meinem Zimmer umher, macht teils abfällige, teils bewundernde Bemerkungen zu den Bildern an der Wand, blättert lässig in meinen Büchern und sieht sich die Steine an, die im Regal liegen. Danach fängt er an, mit Zündhölzern zu zündeln. Erst allmählich kommt er zur Ruhe und fragt dann ganz unvermittelt, was wir denn in der Therapie machen werden. Bereits in den ersten Stunden, der Phase des diagnostischen und freien Spiels und Gestaltens, spiegelt sich bei Mark, wie bei den meisten jungen Suizidgefährdeten, die Grundstörung wider: Urmisstrauen, Gewalterfahrung in der Ursprungsfamilie, chronifizierte Beziehungskrise. Er ist von seinen leiblichen Eltern und seinen Adoptiveltern so schwer im Stich gelassen worden, dass er nicht mehr oder nur sehr bedingt bereit ist, eine enge und liebevolle Beziehung zu einem Menschen einzugehen. Er will sich unter keinen Umständen mehr dem Risiko aussetzen, noch einmal so tief verletzt, enttäuscht und gekränkt zu werden. Fast unvermittelt steht dieser Unfähigkeit, sich auf eine neue Beziehung einzulassen, der Wunsch nach Geborgenheit, Vertrauen und Harmonie gegenüber. Immer wieder wird seine schier unstillbare Sehnsucht nach einer idealen Beziehung, nach unbedingter Liebe und Sicherheit für mich spürbar. Sein Be-

dürfnis nach körperlicher Nähe und Angenommensein ist nur mit
den Absolutheitsansprüchen eines Säuglings an seine Eltern zu vergleichen. Und noch etwas Drittes fällt in der Begegnung mit Mark
ins Auge: seine innere Zerrissenheit. Sich widersprechende Handlungen und Gefühle sind geradezu charakteristisch für ihn und sein
Verhalten. Progressive und regressive Anteile stehen unvereinbar
für ihn nebeneinander, der große starke Mann ist zugleich der kleine verletzbare Junge: Mark ist Rambo und der kleine Prinz
zugleich.

6.4.5.2 Der Krisentherapeut

Ein ganz wesentlicher Bestandteil unserer therapeutischen Arbeit
sind wir selbst, unsere Gefühle, unsere Einfälle, unsere Bereitschaft,
Berührungspunkte mit dem Kind und mit der Familie zu suchen
und sie zu begleiten. Gerade in der Anfangsphase ist es unerlässlich,
uns auf alles einzulassen d.h. uns selbst der Dynamik der Familie
auszusetzen und in der Krise mit ihr auszuharren. In dieser ersten
Phase ist eine gefühlsmäßige Verstrickung nicht nur nicht zu vermeiden, sondern geradezu zwangsläufig. Die mitfühlende Anteilnahme und Verflechtung mit der Familie kann jedoch schnell zur
Fessel für den Therapeuten werden. Die Kunst besteht darin, immer wieder in dem ganzen Gewirr einen Faden zu finden, dessen
Verknüpfungen man weiterverfolgen kann, um zu sehen, wer alles
an ihm hängt. Da aber die Krise ja gerade durch große Ambivalenz,
unaussprechliche und heftige Gefühle, oft durch Verlorenheit und
Beziehungslosigkeit, durch eine Abgrenzung nach außen hin gekennzeichnet ist, kann es sein, dass der einzige klare Anknüpfungs-
punkt, den wir finden, zunächst unsere unmittelbaren Erfahrungen
und Empfindungen sind. Jemand, meist ein Kind, hat uns die Zug-
brücke heruntergelassen, die Festung wird jedoch von anderen immer noch verteidigt. In Krisenfamilien komme ich mir wie ein
»fremder Freund«, wie ein »willkommener Eindringling« vor. Von
einem Teil der Familie wird meine Anwesenheit in Frage gestellt
und von anderen mit unerfüllbaren Forderungen und Hoffnungen
befrachtet. Als Therapeut bewege ich mich auf dem schmalen Grat

zwischen Abgrenzung und Annäherung – die Familie erwartet beides zugleich von mir. Natürlich versuchen Kind und Familie, dem Therapeuten von Anfang an auch fühlbar zu machen, wie es um sie steht. Wie Ertrinkende greifen sie nach ihm und wollen ihn zur eigenen Rettung mit in den Strudel hineinziehen, sie »übertragen« auf ihn Gefühle und Beziehungsdynamik. Sie wollen ihn im doppelten Sinne treffen, wollen sein Mit-Leid(en).

Wenn ein persönliches Gespräch oder gar eine Krisenintervention bei Suizidanten gelingt, dann wird hinter dem Suizidimpuls die eigentliche Krise freigelegt, und die Chance, die in der Krise steckt, kann wahrgenommen werden.

Jeder, der junge Menschen in suizidalen Krise begleitet hat, wird den bedrohlichen Sog dieser Gespräche, aber auch die »Faszination« gespürt haben. Sie sind eben nicht nur belastend, niederdrückend und resignativ. Jede Krise birgt auch die Chance der Wandlung, ist Wendepunkt und Veränderungsmöglichkeit. In jeder Krise meldet sich ungelebtes Leben – oft zunächst als Schmerz, Trauer oder Wut. Aber wenn wir die Patienten damit nicht allein lassen, für sie auch als Mitmensch da sind, wird Krisentherapie gemeinsamer Weg, auf dem neue Lebendigkeit zu entdecken ist; ein Weg, auf dem wir hinter Selbstzerstörung und aller Todessehnsucht oft einen unbändigen Hunger auf Leben entdecken.

Aber, Vorsicht! Einige Suizidkrisen verlaufen unbemerkt, still und können tödlich enden. Es wäre eine maßlose Überschätzung therapeutischer Möglichkeiten zu meinen, es wäre allen diesen Menschen mit einer professionellen Krisenintervention und Psychotherapie allein zu helfen.

Vertiefende Literatur

Ringel, E.: Selbstmordverhütung. Huber, Bern 1969.
Ringel, E.: Das Leben wegwerfen? Reflexionen über Selbstmord. Herder, Wien/ Freiburg 1978.

6.5 Gewalt in Familien

Eines der schwierigsten Themen, das uns Therapeuten und Pädagoginnen mit einem hohen Handlungsdruck konfrontiert, ist das immer wieder anzutreffende, erschreckend hohe Gewaltpotenzial in manchen Familien.

6.5.1 Conditio humana

Als Einstimmung möchten wir eines der berühmtesten Zitate Sigmund Freuds voranstellen. In seinem Essay »Das Unbehagen in der Kultur« schreibt der alt und skeptischer gewordene Analytiker:

»*Das gern verleugnete Stück Wirklichkeit ist, dass der Mensch nicht ein sanftes, liebebedürftiges Wesen ist, das sich höchstens, wenn angegriffen auch zu verteidigen vermag, sondern, dass er zu seinen Triebbegabungen auch einen mächtigen Anteil von Aggressionsneigung rechnen darf. Infolgedessen ist ihm der Nächste nicht nur möglicher Helfer und Sexualobjekt, sondern auch eine Versuchung, seine Aggression an ihm zu befriedigen, seine Arbeitskraft ohne Entschädigung auszunutzen, ihn ohne seine Einwilligung sexuell zu gebrauchen, sich in den Besitz seiner Habe zu setzen, ihn zu demütigen, ihm Schmerzen zu bereiten, zu martern und zu töten. Homo homini lupus; wer hat nach allen Erfahrungen des Lebens und der Geschichte den Mut, diesen Satz zu bestreiten?*«

6.5.2 Alte Mythen

Langsam und mühsam ist in den letzten Jahren ein breiter gesellschaftlicher Diskurs über Gewalt in der Familie in Gang gekommen. Alte Vorurteile haben dies lange Zeit verhindert bzw. erschwert. Da ist zunächst die sorgsam gehütete Idee der heilen Familie. Unsere Gesellschaft braucht immer noch das Bild der Familie als der Ort, in der den Familienmitgliedern Sicherheit, Geborgenheit und Schutz gewährt wird. Von dieser Vorstellung des friedfertigen Miteinanders ist nur schwer Abschied zu nehmen. Die lange Zeit gehegte Gleichsetzung von Gewalt und Armut, von Schichtspezifität menschlicher Gewalttätigkeit, hat den Blickwinkel weiter verengt. Noch immer ist das Erschrecken größer, wenn wir von Gewaltausbrüchen in Familien hoch gebildeter, ökonomisch und/oder politisch einflussreicher Familien erfahren. Den armen und so genannten einfachen Leuten wurde schon immer eine größere Triebnähe attestiert und in einem gewissen Rahmen auch zugebilligt.

Vor allem die Vertreterinnen der Frauen- und der Kinderschutzbewegung haben seit Mitte der 70er-Jahre mit einer engagierten öffentlichen Diskussion begonnen, die bis heute nichts an Aktualität eingebüßt hat. Dabei hat sich sehr schnell gezeigt, dass Gewalt in der Familie keineswegs auf eine bestimmte soziale Schicht begrenzt ist. Gewalthandlungen gibt es unter Geschwistern, zwischen den Ehepartnern, von Eltern gegenüber ihren Kindern, aber umgekehrt auch von Kindern/Jugendlichen gegenüber ihren Eltern, insbesondere wenn diese alt und pflegebedürftig geworden sind.

6.5.3 Ein ganz normales Familiendrama

In den Annalen der schönen alten Stadt Freiburg findet sich folgendes Familiendrama, das aktenkundig geworden ist und von dem Kulturhistoriker Peter Wettmann-Jungblut (1997) ausgegraben wurde: Am Abend des Dreifaltigkeitssonntags 1767 kam es in der Küche der Familie des Badeners Johann Michael Huber zu einer Auseinandersetzung zwischen dem Vater und seiner 16-jährigen Tochter Elisabeth. Er hatte sie auf ihren »sehr verdächtigen Umgang« mit einem Löwensteiner Dragoner angesprochen und ihr diesen »vermög väterlichen Pflichten« mit einem »doppelten Stricklein« austreiben wollen. Das Mädchen setzte sich jedoch verbal und tätlich zur Wehr. Sie belegte ihren Vater mit den »schimpflichsten Injurien«, drückte ihn mit Gewalt in die Herdecke und riss ihn an den Haaren.

Da die Wartezeit für eine professionelle psychologische Krisenintervention damals noch mehr als 200 Jahre betrug, wandte sich der erboste Vater unverzüglich an den Schultheiß Xaver Klumpp und beklagte sich über das ungebührliche Verhalten seiner Tochter Elisabeth. So wurde das Verhalten der aufsässigen Tochter Ausgangspunkt einer mehrjährigen Untersuchung vor dem Freiburger Stadtgericht. Interessanterweise ließ er es aber dabei nicht bewenden, sondern beschwerte sich auch gleich über den Lebenswandel seiner Frau Maria und den daraus erwachsenen ehelichen Unfrieden. Wenige Monate später erstattete er gegen alle Frauen der Familie, auch gegen seine zweite Tochter Viktoria, wegen verdächtigen Umgangs Anzeige. Elisabeth entzog sich einer Vernehmung durch ihre Flucht nach Herbolzheim, wo ihr der Vater schon vorher einen Platz im Pfarrhaus zwecks Abkühlung – ihrer wohlgemerkt, nicht seiner – reserviert hatte. Als sie freiwillig zurückkehrt, wird sie dem Freiburger Stadtgericht überstellt und im Turm inhaftiert. Nach der Entlassung von Mutter und Tochter im Dezember verspricht jene, sich »in allen Stücken ihrem Mann zu unterwerfen«; Elisabeth aber wird bald darauf schwanger und entzieht sich durch Heirat dem selbstzerstörerischen Clinch ihrer Eltern, der auch in einem ökonomischen Desaster endet. Sie dürfen raten, auf welchen Namen die Tochter ihren Erstgeborenen tauft. Was der Dragoner zu einem Sohn namens Johann Michael meinte, ist uns nicht überliefert.

6.5.4 Thesen zur Gewalt

Diese Geschichte zeigt sehr schön die Eskalationsdynamik und enthält alle wesentlichen Aspekte innerfamiliärer Gewalt.

- Gewalttätigkeit nur als Ausdruck eines gesteigerten Aggressionstriebes oder als gelerntes Verhaltensmuster einer Person zu konzeptualisieren greift, wie man sieht, entschieden zu kurz.
- Gewalt ist ein Konfliktlösungsmuster, das immer personale Grenzen sprengt, das immer auch andere, Unbeteiligte über die Generationsgrenzen hinweg in Mitleidenschaft zieht.
- Ein Gewaltausbruch ist kein singuläres Ereignis, sondern eine krisenhafte Etappe, die immer zur Eskalation tendiert. Gewalttätigkeit ist der vorläufige Tiefpunkt einer langen Geschichte und mit langfristigen, oft lebenslangen Folgen für die Opfer.

Gewalt ist immer Beziehungsgeschehen. Gewalt zerstört und generiert gleichzeitig Beziehungen. Paradoxerweise schließen sich – elterliche und kindliche – Liebe und Gewalt nicht aus, sondern im Gegenteil, beide sind oft auf eine verwirrende, jede Diskussion und therapeutische Arbeit erschwerende Weise miteinander verschlungen.

- Gewalt ist leibhaftig, sie ist immer männlich oder weiblich.
- Gewalt ist eher der innerfamiliäre Normalfall und nicht die Ausnahme: Tatort ist die Familie und der soziale Nahraum – damals wie heute.

6.5.5 Tatort Familie

Epidemiologische Untersuchungen zur Prävalenz von Kindheitserfahrungen mit Gewalt belegen dies hinreichend. Dazu nur ein paar Zahlen aus der wohl umfassendsten Gewaltstudie des kriminologischen Instituts Niedersachsen (Wetzels 1997). Befragt wurde eine repräsentative Zufallsstichprobe von 3.289 Befragten im Alter von 16 bis 59 Jahren zur innerfamiliären Gewalterfahrung in der Kindheit:

- Etwa drei Viertel der Befragten haben in ihrer Kindheit körperliche Züchtigung seitens ihrer Eltern erfahren. Ungefähr ein Zehntel war Opfer elterlicher Misshandlungen, Männer häufiger als Frauen.
- Von erfahrener sexueller Gewalt berichten zwischen 2 und 7 Prozent aller Männer und zwischen 6 und 18 Prozent aller Frauen.
- Gewalttätigkeit zwischen den Eltern haben etwa 20 Prozent der Befragten in der Kindheit miterlebt.

Aus Untersuchungen in München und Freiburg wissen wir, dass Kindesmisshandlung eine der häufigsten Diagnosen in den Kinderkliniken ist. Fast übereinstimmend berichten beide Institutionen von einer Rate von 2,6–2,9 Prozent.

Die Beziehung von Eltern und Kindern – von Anfang an durch Abhängigkeit und einseitige Machtverteilung bestimmt – ist in einem besonderen Ausmaße anfällig für gewalttätige Eskalation. Das wissen die meisten aus eigener Erfahrung. Als Mensch ist jeder von uns in die Abhängigkeit von Liebe, Zuneigung und Fürsorge seiner Eltern hineingeboren und ihren Gefühlen, ihrem Willen und Handeln ausgeliefert. Erst in vielen kleinen und manchmal in Riesenschritten können wir uns aus der Abhängigkeit lösen. Dieser Prozess kann an vielen Punkten schief laufen.

Gewalt beginnt mit jedem Versuch, diese Abhängigkeit und Verantwortung zu leugnen oder zu verdrehen; sie beginnt mit dem Missbrauch von Macht durch die Mächtigeren, mit deren Respektlosigkeit, Grenzverletzungen, mit ihrem geballten Misstrauen.

Auch wenn es für viele, natürlich insbesondere für Wissenschaftler, ein Ärgernis ist: Eine allgemein verbindliche Sprachregelung oder Definition von innerfamiliärer Gewalt wird es letztendlich nicht geben und ist auch gar nicht wünschenswert, da gesellschaftliche, wissenschaftliche, juristische und therapeutische Gesichtspunkte gegeneinander abzuwägen sind und immer wieder im Diskurs neu ausgehandelt werden müssen. Gesetze schreiben dann so etwas wie einen gesellschaftlichen Minimalkonsens fest.

Es scheint uns Psychologen auf jeden Fall nützlich zu sein, die juristisch kodifizierten Unterscheidungen von körperlicher Züchtigung, körperlicher Misshandlung und sexuellem Missbrauch auch in der professionellen Diskussion zu übernehmen, auch wenn wir die Formulierung nicht besonders glücklich finden, da der Wortgebrauch, wie subtil auch immer, so etwas wie einen »normalen« Gebrauch von Kindern transportiert. Trotz hoher Überschneidungsbereiche ist aber gerade diese Unterscheidung besonders bedeutsam, weil sie forschungsbezogen und therapeutisch für eine differenzierte Gender-Perspektive sensibilisiert.

6.5.6 Die Sichtweise eines Betroffenen

Tom lerne ich kennen, als er gerade 9 Jahre alt geworden ist. Über seine linke Gesichtshälfte zieht sich eine auffällig lange Narbe von der Schläfe bis zum Kinn. Tom hat es im letzten Schuljahr auf insgesamt 41 Fehltage gebracht und leidet zurzeit an einer chronischen Bronchitis. Er will morgens nicht mehr aus dem Bett und kann nur mit massiven Drohungen dazu gebracht werden, in die Schule zu gehen. Er weigert sich, seine Schuhe selbst zuzubinden und sich ohne Hilfe anzuziehen. Seine Langsamkeit und Trägheit treiben seine Mutter zur Weißglut. Er wäscht sich nicht selbst, ist nicht bereit, mit Messer und Gabel zu essen. Seine Ausdrucksfähigkeiten sind extrem retardiert. Er malt nur Strichmännchen, Haus- oder Baumzeichnungen entsprechen der Fähigkeit eines 5-jährigen Kindes. Er verkrampft sich beim Schreiben und Zeichnen und noch viel mehr beim Sprechen. Sein klonisches Stottern steigert sich zur Weigerung, überhaupt mit jemand ein Wort zu sprechen.

Seine Familie war durch die mehrfach erfolglos behandelte Alkoholabhängigkeit seines Stiefvaters in eine schwere Krise geraten. Gegen ihn liegt bei der Polizei eine Anzeige von Toms Großmutter wegen körperlicher Misshandlung aller drei Kinder vor. Die Weigerung, größer und selbstständiger zu werden, Stottern als Kompromiss zwischen Schweigen und Schreien sind Toms Strategien, um in dieser verstrickten Suchtfamilie zu überleben.

Die Mutter zieht zweimal mit ihren Kindern, aber ohne Tom aus der ehelichen Wohnung aus, weil sie von ihrem betrunkenen Mann immer wieder geprügelt wird. Sie will sich und die Kinder, die ebenfalls brutal verprügelt werden, in Sicherheit bringen, kehrt aber dann nach wenigen Tagen reumütig und kleinlaut zu ihm zurück. Welche unheilvolle Beziehungsdynamik bindet diese Menschen aneinander? Was hält eine Frau bei einem gewalttätigen Alkoholiker?

In der dritten Therapiestunde malt Tom dazu ein beeindruckendes Bild. Mit zwei schwarzen Strichen teilt er ein großes Blatt Papier in etwa vier gleiche Flächen auf. An der einen Linie fügt er links und rechts abwechselnd kleine Vierecke an. Tom vertieft sich dabei so ins Malen, dass er von mir keine Notiz mehr nimmt. Er dreht das Blatt und malt an den unteren Rand ein kleines blaues Männchen mit einer Art Keule. Auch auf der gegenüberliegenden Seite entsteht dann eine kleine menschliche Figur, die ebenfalls etwas in der Hand hält. Mehr zu sich selbst als zu mir sagt er: »Die

spielen Tennis.« Dann zieht er blaue Striche zwischen den beiden
Feldern hin und her, die wohl den Weg des Balles markieren sollen.
Nach jedem Schlag trägt er eine Zahl in das Kästchen an der Mittel-
linie ein. Sein ganzer Kommentar zum fertigen Bild lautet:»Ein
Tennisspiel – puff – 1 – 2 – 3 – tot.«

Das Bild ist eine kindlich geniale Darstellung des Kraft- und
Konfliktfeldes der primären Triade Vater – Mutter – Kind. Tom
charakterisiert das Spiel seiner Familie als ein Tennis-Match: Centre
Court; ein Netz, das den Platz teilt; zwei einander gegenüberste-
hende Personen mit Schlägern; eine kleine Filzkugel:»Puff 1 – 2 – 3
– tot.«

Versetzen Sie sich für einen Moment in den Ball, der mit be-
ängstigender Unausweichlichkeit auf den Schläger zurast. Dieser
wird größer und größer und schließlich gewalttätig. Seine einzige
Idee darin liegt, die kleine runde Kugel zu treffen und zurückzu-
schlagen. Der Spieler selbst, der den Schläger führt, hat das gegneri-
sche Feld und die Mitspielerin bereits im Auge und weder Zeit
noch Verständnis für die kleine Filzkugel.

Ausgeliefert dem Spiel zweier Personen unter den Augen eines
tatenlos zusehenden, faszinierten Publikums, erlebt sich Tom als
geschlagenes Kind in einer aufeinander fest bezogenen Suchtfamilie. Er beschreibt diese Erfahrung als Tennismatch; aus der Perspektive des Balles ein ziemlich absurdes Spiel.

6.5.7 Lösungsmuster

Gewalt verbindet die Menschen auf eine merkwürdig verstrickte
Weise. Täter und Opfer trennen sich nur schwer, meist nur mit Hilfe von außen und oft wieder nur gewaltsam. Es ist ein gewaltiges
(selbst)zerstörerisches Gemeinschaftswerk vieler, jeder ist Gewinner
und Verlierer zugleich.

Das Opfer scheint nicht mehr so ohne weiteres vom Täter los-
zukommen. Es wird auf eine fast grauenhafte Weise abhängig von
ihm. Der erlebte Inzest oder die Misshandlung lässt einen Menschen nie mehr los. Er wirft seinen Schatten auf jede neue Beziehung. In der Therapie beobachten wir bei diesen Kindern oder Ju-

gendlichen einen zunächst unerklärlichen Drang, sich immer wieder mit dem Täter zu beschäftigen oder gar real zu ihm zurückzukehren. Es scheint, als würde immer noch nach ihm gesucht, als wollten sie noch etwas herausfinden, als warteten sie auf ein »erlösendes« oder versöhnendes Wort von ihm oder ihr.

Da Gewalttätigkeit ein Konfliktlösungsmuster ist, das immer auch andere, Unbeteiligte über die Generationsgrenzen hinweg in Mitleidenschaft zieht, sind immer mindestens drei Generationen in den Analyse- und Lösungsprozess mit einzubeziehen. Innerhalb der Familie wird Gewalttätigkeit immer mystifiziert und verschleiert. Dies gilt auch für die Person, die die Rolle des Opfers übernehmen muss. Die Beschämung eines Kindes wird in Mitschuld verdreht, Loyalitätsgefühle zur Ablenkung von der Tat missbraucht, die Liebe der Kinder zu den Eltern ausgebeutet. Die undurchschaubaren Verwicklungen, familiäre Verstrickung, gegenseitige Abhängigkeiten »fesseln« alle Beteiligten. Die in der Krise freiwerdenden Gefühle werden gegenseitig kontrolliert, manipuliert und unterdrückt. Bei gleichzeitiger Einengung des Bewegungsspielraums der Beteiligten werden in jeder Krise Gefühle und Energien mobilisiert. Kindliche, partnerschaftliche und familiäre Loyalitätsgefühle stehen den heftigen Gefühlen im Weg, neutralisieren oder unterdrücken die ganze Wut und den maßlosen Hass. Gegen wen soll sich unter solchen Umständen dann die kindliche Wut richten? Eine solche Situation schreit nach Veränderung, muss verändert werden, koste es, was es wolle. Die erneute gewaltsame Lösung liegt geradezu in der Luft.

Ein Ausstieg aus der Gewaltspirale ist nur gemeinsam, jenseits von Täter-Opfer-Perspektiven zu finden.

Vertiefende Literatur

Rothe, S.: Gewalt in Familien. In: Büchner, P. u.a. (Hrsg.): Kindliche Lebenswelten, Bildung und innerfamiliale Beziehungen. Juventa, München 1994.
Wetzels, P.: Gewalterfahrung in der Kindheit: sexueller Mißbrauch, körperliche Mißhandlung und deren langfristige Folgen. Nomos, Baden-Baden 1997.

7. Therapeutische Begleitung und Behandlung

Kinder, Jugendliche und Eltern, die Hilfe bei psychischen Problemen oder in Konfliktsituationen benötigen, finden in unserer Gesellschaft Unterstützung durch zwei Hilfesysteme, die unterschiedlich strukturiert sind und auch unterschiedlich finanziert werden. Auf der einen Seite hat jeder junge Mensch ein »Recht auf Förderung seiner Entwicklung und auf Erziehung zu einer eigenverantwortlichen und gemeinschaftsfähigen Persönlichkeit« (Kinder- und Jugendhilfe Gesetz, §1 [1], abgekürzt KJHG). Das KJHG ist ein Leistungsgesetz, d.h., es sieht einen Katalog von staatlichen Hilfeleistungen vor, die Kindern und Eltern in Not zugute kommen sollen. Diese Hilfe wird entweder von den Jugendämtern der Städte und Landkreise direkt angeboten, oder sie wird von sog. »freien« Trägern der Jugendhilfe, wie etwa kirchlichen Einrichtungen oder den Wohlfahrtsverbänden, im Auftrag der jeweils zuständigen Jugendämter übernommen. Die Hilfeleistungen, die angeboten werden sollen oder können (sofern es die Mittel der betreffenden Gebietskörperschaft zulassen), bestehen aus Maßnahmen zur Förderung der Erziehung in der Familie (z.B. Familienberatung, Partnerschafts- und Trennungsberatung), aus der Förderung von Kindergärten, Kinderkrippen und Einrichtungen zur Tagespflege sowie aus verschiedenen Hilfen zur Erziehung wie Erziehungsberatung, Sozialpädagogische Familienhilfe, Heimerziehung usw. In den Erziehungsberatungsstellen und in der Heimerziehung arbeiten Psychologen und Sozialarbeiter, häufig auch ergänzt durch einen medizinischen Konsulardienst, mit dem Ziel zusammen, die Erziehungsarbeit der Familie zu unterstützen oder im Notfall auch vorübergehend oder auf Dauer zu ersetzen. Die psychologische Arbeit mit Sandra W. (vgl. Kapitel 1.3ff.) ist ein Beispiel für ein solches Leistungsangebot im Rahmen des KJHG.

Das zweite Hilfesystem ist Teil des Gesundheitswesens und wird im Wesentlichen aus den Beiträgen der Versicherten zu ihrer Krankenkasse finanziert. Kinder und Jugendliche, die an psychischen Störungen leiden, können die Hilfe von psychotherapeutisch ausgebildeten Ärzten oder von Psychologischen Psychotherapeuten in Anspruch nehmen. Zurzeit werden notwendige psychoanalytische, tiefenpsychologisch fundierte und verhaltenstherapeutische Behandlungen durch die Krankenkasse übernommen. Die Prinzipien, die diesen Verfahren zu Grunde liegen, stellen wir im Anschluss kurz dar. Eine weitere psychotherapeutische Behandlungsform, die besonders in der Arbeit mit Familien erfolgreich eingesetzt wird, ist die Systemische Familientherapie. Diese Therapieform wird zurzeit aber (noch) nicht als erstattungsfähige Leistung von den Krankenkassen angeboten.

7.1 Tiefenpsychologisch-psychodynamische Ansätze

Auf der theoretischen Basis der Psychoanalyse S. Freuds (s. Kapitel 4.1.1) wurden im Weiteren auch Therapieansätze für Kinder und Jugendliche entwickelt. Die erste Veröffentlichung von Freud, die auf die (Psycho-)Analyse eines Kindes Bezug nimmt, datiert aus dem Jahre 1909. Der eigentliche Transfer auf die therapeutische Arbeit mit Kindern erfolgte dann durch Freuds Tochter Anna (1927). Als wichtige Vertreter von Weiterentwicklungen dieses Ansatzes sind Melanie Klein (1932), Hans Zulliger (1952), Annemarie Dührssen (1960) und Donald Winnicott (1973) zu nennen. Trotz einiger Unterschiede sind ihnen einige Grundannahmen als Basis tiefenpsychologischen Denkens und Vorgehens (die Begriffe psychoanalytisch und tiefenpsychologisch werden heute eher synonym als unterschiedlich verwendet) gemeinsam:

● Die Annahme eines beträchtlichen unbewussten Anteils psychischer Prozesse, der unser Leben stärker bestimmt als bewusste Vorgänge.
● Die Annahme von dynamischen Triebkräften mit verhaltenssteuernder Relevanz.

• Die Annahme, dass psychische Konflikte in widerstrebenden Triebenergien begründet sind, deren Abwehr/Verdrängung für die Entstehung von (Erkrankungs-)Symptomen (oft als Ausdruck nicht befriedigter/erfolgter Wunscherfüllungen) verantwortlich ist.

• Die Annahme psychischer Entwicklungsphasen, von denen insbesondere die ersten Lebensmonate/-jahre für das gesamte weitere Leben als prägend angesehen werden, weshalb auch in der Therapie auf die Erfahrungen in der frühen Kindheit rekurriert wird.

Das Ziel einer psychoanalytischen Behandlung ist nun, diese Konflikte zwischen widerstrebenden Triebregungen bewusst und damit einer Bearbeitung zugänglich zu machen. Dieser Vorgang wird meist im Zusammenhang mit dem sog. Übertragungsprozess beschrieben. Das heißt, vorherige biografische Erfahrungen werden in der gegenwärtigen Beziehung zum Therapeuten (z.b. eine Wut gegenüber dem Vater) aktualisiert (auf ihn projiziert), sind damit emotional wieder erlebbar und kognitiv bearbeitbar. Auf diese Weise soll im Sinne eines kathartischen Effekts psychisches Leiden auch konkret gelindert werden können. Der Therapeut versucht sich deshalb sehr mit eigenen persönlichen Anteilen zurückzuhalten (Abstinenzregel, Kontrolle seiner eigenen Gefühle [sog. Gegenübertragungen]) und somit eine möglichst gute Projektionsfläche anzubieten. Durch gelegentlich gegebene Deutungen (etwa von [Tag-] Träumen, [Spiel-]Fantasien etc.) will er Einsicht(en) in die dynamischen Zusammenhänge ermöglichen und damit zugleich eine Konfliktlösung zu fördern versuchen (daher sind die tiefenpsychologischen Ansätze auch als einsichtsorientierte Therapieform bezeichnet worden). Am Ende können ein erweitertes Verständnis der eigenen Person, eine bessere Bewältigung von Konflikten sowie bewusstere Entscheidungen (im Sinne einer gewachsenen Ich-Reife) stehen.

Über die Kurzbeschreibung des klassischen psychoanalytischen Ansatzes hinaus sind bei der Behandlung von Kindern und Jugendlichen natürlich altersgemäße Adaptationen erforderlich. Insbesondere Kinder, aber auch Jugendliche noch, sind weniger verbal und introspektiv orientiert als vielmehr nach außen gerichtet und handlungsorientiert. Deshalb ist das typische psychoanalytische Setting mit dem klassischen Liegen auf der Couch ohne Sichtkontakt zum Therapeuten, der den größten Teil der Zeit schweigt, nicht nur wenig geeignet, sondern eher ängstigend und daher dem Therapieprozess mit Kindern und Jugendlichen hinderlich. Vom tiefenpsychologisch orientierten Kinder- und Jugendtherapeuten ist daher eine stärkere aktive Interaktionsbeteiligung erforderlich. In diesem Sinne wird vorwiegend das Spiel als therapeutisches Medium genutzt (sozusagen als Pendant zur freien Assoziation in der Erwachsenenanalyse). Diese Bevorzugung des Spiels als therapeutische Ebene findet sich jedoch auch in anderen therapeutischen Richtungen, beispielsweise im klienten- oder personenzentrierten Ansatz (s. z.b. Axline 1997), der hier aus Platzgründen nicht eigens gesondert dargestellt werden kann. Von Annemarie Dührssen (1960) wurden verschiedene – im wörtlichen Sinne – Spiel-Arten von Therapie unterschieden, bei denen es jeweils mehr um symbolische Ausdrucksformen geht (daher wird wenig strukturiertes Spielmaterial angeboten, z.b. ein Sandkasten) oder mehr um Regeln und Rivalität (Gemeinschaftsspiele). Zusammengefasst kann im therapeutischen Spiel(en) etwas neu erlebt, erprobt und gegebenenfalls eingeübt werden.

Das altersgerechte Eingehen auf die Bedürfnisse des Kindes ist auch deshalb besonders wichtig, da bei Kindern und Jugendlichen in der Regel nicht von einer stabilen eigenen Behandlungsmotivation auszugehen ist. Oft verspüren sie selbst auch wenig oder keinen Leidensdruck, der in diesen Fällen eher auf Seiten der Bezugspersonen (Lehrer, Eltern ...) liegt. Umso wichtiger ist, dass der Therapeut eine eigene Rolle und Beziehung mit dem Kind/Jugendlichen gestaltet und nicht auf Grund des zu ihm bestehenden Generationenunterschieds vorwiegend als »verlängerter Arm« der in der Erziehung mit ihrem Latein ans Ende gekommenen Eltern und Lehrer fungiert, um nicht allzu sehr (Veränderungs-)Widerständen Vorschub zu leisten. Umgekehrt kann es auch passieren, dass sich der Therapeut zu sehr mit dem Kind oder Jugendlichen »identifiziert« und somit in eine schwierige Frontstellung zu den Eltern (etwa als »besserer Vater«) gerät. Manchmal ist aus diesen Gründen auch vorgeschlagen worden, die Eltern zumindest zeitweise ganz aus dem Behandlungsprozess auszuschließen, was zu entsprechender Kritik geführt hat und etwa im familientherapeutisch-systemischen Horizont geradezu konträr gesehen und gehandhabt wird (in der Regel keine Einzel-, sondern gemeinsame Therapiesitzungen).

Allgemein kann festgehalten werden, dass die Behandlung von Kindern und Jugendlichen vom Therapeuten über sein entwicklungspsychologisches Wissen hinaus ein besonderes therapeutisches Gespür und eine große interaktive Flexibilität erfordert. Dies gilt in besonderem Maße auch für die Arbeit mit Jugendlichen, deren psychoanalytische Behandlung sich mit wachsendem Entwicklungsstand der vorwiegend auf verbaler Basis durchgeführten Erwachsenenbehandlung annähert (ggf. kombiniert mit aktionalen Anteilen, wie es etwa Zulliger [1952] mit seinen therapeutischen Spaziergängern vorschlägt). Zur tiefenpsychologisch fundierten Adoleszentenbehandlung sind im Vergleich zur Kinderanalyse jedoch insgesamt weit weniger Arbeiten vorgelegt worden, möglicherweise auf Grund der erhöhten Schwierigkeiten, die mit der durch die entwicklungsbedingte Identitätskrise (Erikson 1998) verbundenen (Ich-)Labilisierung und durch die auf Grund von Autonomiebestrebungen vorliegenden besonderen Widerstände gegeben sind. Aber gerade diese Themenbereiche werden zugleich als besondere Indikation für eine tiefenpsychologisch fundierte Behandlung beansprucht.

Als entscheidend für das Gelingen einer Behandlung sind die Anfangsphase, in der, wie es im psychoanalytischen Sprachgebrauch heißt, ein »Arbeitsbündnis« entstehen muss, sowie die Beendigungsphase, die für das Kind, wenn eine vertrauensvolle Beziehung entstanden ist und von daher für die Entwicklung des Betreffenden oft von nicht geringer Bedeutung ist, als schmerzlich, wenn nicht gar bedrohlich erlebt werden kann.

In der kritischen Würdigung der tiefenpsychologisch orientierten Ansätze bei Kindern und Jugendlichen ist einerseits zu berücksichtigen, dass sie bedeutende Einsichten in die (Beziehungs-)Dynamik der Psychotherapie mit Kindern und Jugendlichen mit all ihren Klippen gefördert haben. Andererseits muss der empirische Wirksamkeitsnachweis dieser Ansätze, inwieweit Kinder, Jugendliche und ihre Familien von (allein) auf dieser Basis durchgeführten Behandlungen – auch im Vergleich zu anderen heutzutage zugänglichen Therapieformen (s. die folgenden Kapitel 7.2 und 7.3) – tatsächlich profitieren, als insgesamt »dürftig« (Remschmidt 1997) bzw. noch ausstehend bezeichnet werden.

Vertiefende Literatur

Dührssen, A.: Psychotherapie bei Kindern und Jugendlichen: ein Lehrbuch für Familien- und Kindertherapie. Vandenhoeck & Ruprecht, Göttingen ^{6}1980.
Seiffge-Krenke, I.: Psychoanalytische Therapie Jugendlicher. Kohlhammer, Stuttgart 1986.

7.2 Verhaltenstherapeutische Ansätze

Bereits im ausgehenden letzten Jahrhundert (1896) gründete der Psychologe Lightner-Witmer als Schüler von Wilhelm Wundt in Pennsylvania eine Klinik für Kinder und Jugendliche, deren Konzept sich an der empirisch-experimentellen Psychologie orientierte. Mehr als ein Jahrhundert später ist die Anwendung empirisch begründeten psychologischen Wissens zur Behandlung und Besserung psychischer Beeinträchtigungen/Störungen noch das verbindende Grundanliegen eines mittlerweile beträchtlichen (Indikations-)Spektrums verhaltenstherapeutisch-kognitiver Interventionsansätze.

Bis heute haben sich dieses Wissen und die entsprechenden Behandlungskonzepte jedoch so weit – je nach Alter und Problematik (störungsspezifisch) – ausdifferenziert, dass es unmöglich erscheint, hier in diesem Rahmen auch nur einen einigermaßen vollständigen Überblick für die Behandlung im Kinder- und Jugendbereich geben zu wollen. In unterschiedlicher Weise ist dies jedoch an anderen Stellen (z.B. Steinhausen/von Aster 1999; Petermann 1997; Remschmidt 1997) erfolgt. Gemeinsame theoretische Grundlage dieser Konzepte sind die Lern- und kognitiven Theorien. Indem auch die Entwicklung einer psychischen Problematik/Störung in einem Lernzusammenhang verstanden und erklärt wird, beruhen die Interventi-

onsansätze im Grundsatz auf der Ermöglichung neuer (Um-)Lern-
erfahrungen, die entweder bisher nie gemacht wurden, durch Vermeidung im Weiteren umgangen oder fehlgeleitet verlaufen sind (z.b.
durch übermäßige Generalisierung, Erlernen sozial-inadäquater Verhaltensweisen, etwa Gewaltanwendung als Konfliktlösungsstrategie).
Insofern werden durch verhaltenstherapeutisch-kognitive Behand-
lungsstrategien bisher bestehende Denk- und Handlungsmuster um
die alternativen Möglichkeiten erweitert, mit denen das betreffende
Individuum in der Therapie auch konkrete neue Erfahrungen sammeln kann, mit dem Ziel, sich in Zukunft flexibler und angemessener
in seinem jeweiligen Lebens- und Entwicklungskontext zurechtfinden
zu können.

Im Folgenden sollen dafür einige Vorgehensweisen anhand der
wichtigsten Lernprinzipen exemplarisch für Angststörungen (vgl.
Kapitel 6.2) dargestellt werden.

Auf der Ebene der Klassischen Konditionierung geht es sozusagen darum, die Kopplung einer Angstreaktion an einen ursprünglich neutralen, nicht Angst auslösenden Reiz wieder aufzuheben.
Dieser Löschungsprozess erfordert die Konfrontation mit dem
(nun) Angst auslösenden Stimulus und basiert auf dem natürlichen
(biologisch verankerten) Mechanismus der Habituation. Das heißt,
wenn eine Person dem Angstreiz ausgesetzt wird und in dieser Situation eine ausreichende Zeit verweilt, so klingt die Angstreaktion
allmählich ab, bis sie zuletzt gar nicht mehr vorhanden ist und bei
mehrmaligen Habituationsdurchgängen in Zukunft auch nicht
mehr neu ausgelöst wird. Die Konfrontation mit der Angst auslösenden Situation kann dabei unter verschiedenen Modalitäten erfolgen, einmal in der Vorstellung (sich z.B. die Angst machende Situation vor Augen führen) oder »in vivo«, also in Wirklichkeit. Die
Auseinandersetzung mit der Angst kann sowohl sukzessive abge-
stuft, d.h. graduiert erfolgen (sich etwa dem Angst auslösenden
Stimulus langsam annähern) oder ohne schrittweises Vorgehen,
d.h. massiert (sozusagen direkt mit der am stärksten angstbesetzten
Situation konfrontierend). Letzteres hat den Vorteil, dass die Habituation schneller einsetzt und der ganze Prozess und damit oft
auch das Leiden insgesamt verkürzt wird. Nachteile sind bei Kindern im ethischen Bereich zu sehen, da sie sich nicht wie Erwach-

sene/ihre Eltern im gleichen Maße mit diesem Vorgehen freiwillig einverstanden erklären können.

Durch die Unterbrechung des Vermeidungsverhaltens wird zugleich auf der Ebene des Lernens am Erfolg (operantes Lernparadigma) die negative Verstärkungsspirale aufgehoben (ein aversiver Reiz wird vermieden). Empfehlenswert ist es – nach einer sorgfältigen Verhaltens- und Motivationsanalyse – zugleich auch das erwünschte Alternativverhalten zu bekräftigen (positive Verstärkung, beispielsweise durch soziale Anerkennung). Dies kann auch in aufeinander abgestuften Lernschritten, die sukzessiv verstärkt werden, erfolgen (sog.»shaping«).

Es können – und da wird der Übergang zum dritten wichtigen Lernprinzip, dem Modelllernen deutlich – dabei auch Verhaltenshilfen (etwa durch Vormachen) gegeben werden (sog.»prompting«), die dann schrittweise wieder abgebaut werden (sog.»fading«). Da gerade Modelllernprozesse im Kindes- und Jugendalter von besonderer Bedeutung sind, die zum großen Teil auch in der Gleichaltrigengruppe (»peers«) stattfinden, empfehlen sich für viele Interventionen (zumindest ergänzende) Gruppen-Settings, wie es in vielen bewährten Behandlungsprogrammen auch vorgesehen ist (z.B. Petermann/Petermann 2000).

Auf kognitiven Modellen beruhende Vorgehensweisen eignen sich – aufgrund der parallel einhergehenden fortschreitenden kognitiven Entwicklung – mit zunehmendem Alter des Kindes oder Jugendlichen. Hier werden eingeschränkte und akzentuierte Wahrnehmungs- und Verarbeitungsmuster zu erweitern versucht sowie konkrete Problemlösefertigkeiten vermittelt (von der Problemanalyse bis zur [Selbst-]Evaluation des Lösungsverhaltens). Oft werden hierzu auch Strategien wie »lautes Denken«, die das eigene Handeln im Sinne von Selbstinstruktionen strukturieren helfen sollen, angeboten.

Die hier nur knapp skizzierten kognitiv-verhaltenstherapeutischen Vorgehensweisen konnten in ihrer Wirksamkeit durch mehrere zusammenfassende (sog. Meta-)Analysen vieler Forschungsstudien (u.a. Weisz u.a. 1987; Weisz/Weiss 1993; Durlak u.a. 1991) gut belegt werden. Ihr Erfolg lässt sich möglicherweise damit erklären, dass diese Interventionsformen besonders gut mit dem das

Kindes- und Jugendalter kennzeichnenden Aufbau von Erfahrungen und Bewältigungskompetenzen korrespondieren. Ein weiterer Gesichtspunkt, der für verhaltensorientierte Interventionsformen spricht, ist, dass sie sich nicht nur auf die wortsprachliche Ebene, die je nach Alter und Entwicklungsstand des Kindes nicht das primäre Kontaktmedium sein kann, beziehen. Darüber hinaus bieten diese Ansätze in der konkreten klinischen Arbeit gute Kooperationsmöglichkeiten mit den (elterlichen) Bezugspersonen und Pädagogen/Lehrern. Es bedarf dabei eigentlich keiner besonderen Erwähnung, dass die beschriebenen therapeutischen Vorgehensweisen mit Kindern und Jugendlichen stets nur unter Einbezug des Beziehungsumfeldes möglich und sinnvoll sind, und in der Regel von eigens auf die Bezugspersonen bezogenen – etwa system-/familientherapeutischen – Maßnahmen begleitet werden sollten, will man dem komplexen Entwicklungsgeschehen und den daran beteiligten Personen gerecht werden.

Vertiefende Literatur

Steinhausen, H.-C./von Aster, M.: Verhaltenstherapie und Verhaltensmedizin bei Kindern und Jugendlichen. Beltz PVU, Weinheim [2]1999.
Lauth, G.W./Brack U.B./Linderkamp, F. (Hrsg.): Verhaltenstherapie mit Kindern und Jugendlichen: Praxishandbuch. Beltz PVU, Weinheim 2001.

7.3 Familientherapie: Eine kurze Einführung

7.3.1 Zur Geschichte der Familientherapie

Familientherapie ist der Versuch, konsequent in Beziehungen und Kontexten zu denken. Sie entwickelte sich weitgehend außerhalb traditioneller akademischer Institutionen. Obwohl die Gründermütter und -väter alle in unterschiedlichen Therapietraditionen verwurzelt und ausgebildet waren, gab es keine allzu heftigen Grabenkämpfe zwischen ihnen. Sie bezogen sich aufeinander, besuchten sich, sprachen miteinander und lernten voneinander. Die schnell größer werdende Therapeutenfamilie nahm sich die Freiheit, andere Epistemologien, auch solche, die sich jenseits der Psychologie und Psychiatrie entwickelten, in ihre Diskussion mit aufzunehmen. Auf verschiedenen Umwegen assimilierte sie Gedanken und Theorien aus der Biologie, der Physik und schließlich der Soziologie. Besonders einflussreich und prägend waren Mitte der 40er-Jahre die Erkenntnisse der Informatik, der Kybernetik und insbesondere der Computerwissenschaften (Norbert Wiener). In den 50er- und 60er-Jahren waren es die Biologen Gregory Bateson (1981) und Ludwig van Bertalanffy (1970, 1972), die sich beide explizit mit Fragen der Psychologie, Psychotherapie und Psychopathologie auseinander gesetzt haben. Über einen Umweg über die Naturwissenschaft und Naturphilosophie gelang es der Familientherapie, auch wieder an die, durch die Nazizeit abgebrochene Tradition der Gestalttheorie und der Phänomenologie Husserls und Heideggers anzuknüpfen. Dass dies zunächst nur im angloamerikanischen Sprachraum und nicht in Mitteleuropa gelingen konnte, versteht sich von selbst. Ein weiterer entscheidender Impuls wurde in den 70er-Jahren von den beiden südamerikanischen Biologen Umberto Maturana und Fransisco Varela (vgl. Varela 1994, 1995, 1999), die sich mit Fragen der Wahrnehmung und der Erkenntnistheorie beschäftigt haben, gegeben. Und schließlich wurde im letzten Jahrzehnt vor allem in Europa die Systemtheorie von Niklas Luhmann diskutiert und in systemisch-familientherapeutisches Denken integriert.

Wir möchten die Beiträge einiger herausragender Frauen und Männer dieser »Familie« skizzieren und die wichtigsten Wendepunkte ihrer »Geschichte« nachzeichnen.

7.3.2   Spiel-Räume für neue Erfahrungen schaffen und nutzen: Virginia Satir

Virginia Satir ist eine der großen Gründerpersönlichkeiten der Familientherapie. Wie kaum eine andere hat sie mit ihrem therapeutischen Genie die Familientherapie in den Jahren des Aufbaus geprägt. Mit folgender Kernaussage charakterisiert sie ihren familientherapeutischen Ansatz: »Ich kenne nur einen Faktor, der Psychotherapie effektiv macht: wenn eine Person ein ausreichendes Gefühl ihres eigenen Wertes hat, sodass sie das Risiko auf sich nehmen kann, etwas Neues zu versuchen.« In einer unnachahmlichen Weise gelingt es ihr, Beziehungen für die Familien erlebbar werden zu lassen (vgl. Satir 1992).

Familien mit Problemen missverstehen sich häufig oder reden aneinander vorbei. Meist glauben alle, über dieselben Sachen zu reden, meinen aber unterschiedliche Dinge. Satir versucht, die Menschen zusammenzubringen, indem sie zwischen ihren unterschiedlichen Wahrnehmungen vermittelt. Dabei achtet sie immer sehr darauf, dass sie ihre Ideen in der Sprache formuliert, die auch die Familie in ihrem Alltag verwendet.

7.3.3 Patient: Familie

Die hauptsächlich von Salvatore Minuchin entwickelte strukturelle Familientherapie ermöglicht es den Familien, ihre Probleme im Beisein des Therapeuten zu inszenieren (vgl. Minuchin 1977, 1994): »Es ist besser, die Familie aufzufordern, selbst zu tanzen, als über das Tanzen zu sprechen.« So bittet er z.b. eine Familie mit einem anorektischen Mädchen gemeinsam zu einem Mittagessen in die Klinik. Eine Familie mit einem hyperaktiven Jungen fordert er auf, gemeinsam mit ihm Mensch-ärgere-dich-nicht zu spielen. Er selbst ist dabei Regisseur, Mitspieler und Beobachter zugleich. Er beobachtet und entschlüsselt die Strukturen und Verhaltensmuster der Familien. Er mischt sich aber auch selbst unmittelbar durch seine Fragen und Anregungen strukturierend und strukturbildend in das Geschehen ein. Er nimmt mit allen Mitgliedern Kontakt auf und versucht, das Problem jeweils mit ihrer Brille zu betrachten. Dazu lässt er sich das oder die Probleme der Familie schildern. Er achtet darauf, wer was zum Problem erklärt und wer die Meinungsführerschaft bzw. die Definitionsmacht in der Familie besitzt. Bereits in der Art, wie eine Familie sich im Therapieraum platziert, inszeniert sie sich selbst. Wie teilt sie untereinander die Redezeit auf, wer unterbricht wen bzw. ergänzt oder kommentiert wen, wer ersucht wen um Erlaubnis oder erbittet Einverständnis, wer leiht wem seine Stimme, wer lässt wen zu Wort bzw. nicht zu Wort kommen, und schließlich, wer spricht direkt mit wem? Über wen wird gesprochen? Die Antworten auf diese Fragen, erlauben es für den Therapeuten, erste Hypothesen über die Familienstruktur und deren Kommunikationsmuster aufzustellen. Der Therapeut beobachtet quasi von außen die Familieninteraktion, analysiert und rekonstruiert so die wahrgenommenen Familienmuster mit ihren Grenzen und Untergruppen. Er erlebt hautnah wie die Familie mit Nähe und Distanz umgeht, welche Hierarchien sich herausgebildet haben und wie die Macht verteilt ist.

7.3.4 Was wird hier eigentlich gespielt? Oder die Kybernetik zweiter Ordnung

7.3.4.1 Von der Psychotherapie zur Familientherapie (Kybernetik I. Ordnung)

Die Familientherapie der frühen Jahre, wie sie Satir oder Minuchin vertreten, definiert die Familie als ein soziales System, das Probleme schafft, bewältigt oder daran scheitert. Die Familie wird zum »Patienten« erklärt und als solcher behandelt. Es stellte sich aber sehr schnell heraus, dass diese Sichtweise zu kurz greift. Nach einer euphorischen Aufbauphase kam auch die Familientherapie nicht umhin, sich mit chronischen Misserfolgen auseinander zu setzen – wie auch all die anderen therapeutischen Verfahren vor ihr.

7.3.4.2 Systeme II. Ordnung

Mitte der 60er-Jahre begann man das systemische Denken, das man bisher nur im Hinblick auf die Familie angewandt hatte, auch auf die gesamte therapeutische Situation, einschließlich aller professionellen Helfer und Institutionen zu übertragen. Der Therapeut, der Beobachter der Familie, wird nun selbst in die Beobachtung mit einbezogen. Man betrachtete nun das therapeutische System, das aus all jenen Personen besteht, die hinsichtlich eines Problems miteinander sprechen und interagieren. Miteinander über ein Problem sprechen heißt somit, ein System bilden. Die radikale Umkehr besteht darin, dass es nun keine Systeme wie Familien mehr gibt, die Probleme produzieren und die therapiert werden müssen, sondern dass das gemeinsame Sprechen selbst das System produziert, das dann Probleme organisiert und Probleme auflöst (vgl. Andersen/Goolishian 1990). Hierbei werden folgende Fragen geklärt: Wer spricht mit dem Therapeuten, welche Rolle wird ihm wie zugewiesen, wie findet er sich selbst in diese Familie ein, wem hört er zu, mit wem redet er, was erlebt und spürt er selbst in dieser Sitzung, was geschieht mit ihm während der Sitzung? Das Familiensystem kann im Grunde gar nicht durch gezielte Interventionen, wie es Perspektive erster Ordnung suggeriert, verändert werden. Da jeder Therapeut selbst Teil des sozialen Systems »Therapie« ist, das sich nur selbst re-konstrukturieren kann, kann er die Familie nur anregen oder »verstören«. Der Therapeut bewegt sich mit seinen Fragen innerhalb des Problemraumes, den die Familienmitglieder beschreiben.

7.3.5 Therapeutische Rhetorik

Jeder Therapeut bedarf einer kooperativen und anschlussfähigen Sprechweise. Er muss die Sprache seiner Klienten erlernen und verstehen, sowie mit seinen professionellen Fragen, Sichtweisen und seinen Erfahrung daran anschließen können. Vor allem Familientherapeutinnen aus Mailand haben eine besonders geschickte Form des zirkulären Fragens entwickelt (Penn 1983; Selvini-Palazzoli u.a. 1981; Simon/Simon-Rech 1999). Die Idee dabei ist es, zu einer doppelten (oder gar mehrperspektivischen) Beschreibung der Wirklichkeit zu kommen. Dazu kann man die Sichtweise von Person A mit der Sichtweise von Person B vergleichen, oder man lässt sich eine aktuelle Sichtweise schildern und vergleicht diese mit den verschiedenen, auch denkbaren Möglichkeiten. Schließlich kann man auch die Stationen eines Entwicklungsprozesses nachzeichnen und die Problemdefinition heute mit der Sichtweise von gestern oder vorgestern in Beziehung setzen.

Im Grunde kann eine Therapeutin nur Fragen stellen oder Antworten geben, die weitere Fragen nach sich ziehen:

- Wer in der Familie ist außer Franka noch häufig sehr traurig?
- Was glauben Sie, würde Tante Maria dazu sagen, wenn sie dazu um ihre Meinung gefragt werden würde?
- Wollen Sie Simon einmal direkt fragen? Er ist ja dabei gewesen und hat alles mit angesehen. Sie bräuchten dann nicht weiter spekulieren.
- Mögen Sie ihn fragen, warum er gezündelt hat?
- Mir fällt auf, dass nur die beiden Männer reden, während Ruth und ihre Mutter in den letzten Minuten geschwiegen haben.
- Stimmen Sie meinem Eindruck zu, dass Franziska sehr schüchtern ist?
- Was meinst du, wird dein Bruder es schaffen, seinen Vater zu fragen?
- Wenn Sie einmal Ihrem schweigenden Mann eine Stimme leihen, was würde er denn sagen?
- Am besten sprechen Sie jetzt mit Paula darüber, ich werde mich hinter die Scheibe setzen und zuschauen.
- Wer kümmert sich in Ihrer Familie am meisten um Fanni, wenn sie weint? Wer lässt sich davon am wenigsten berühren?

Die Therapeutin ist nicht »Verhaltens- oder Kommunikationsmanagerin«, sondern eine Fragende, eine respektvolle Zuhörerin und Mitgestalterin des therapeutischen, dialogischen Gesprächs. Therapie besteht vor allem darin, dass gemeinsam ein Problemsystem aufgelöst wird.

Die Idee einer unabhängigen Therapeutin oder eines neutralen Beobachters wird vollständig aufgegeben zu Gunsten einer konstruktivistischen Sicht, die Therapeut und Familie zu einem gemeinsamen Therapiesystem verbindet, das selbst wieder beobachtet und reflektiert werden kann. Der Therapeut bezieht sich selbst in die Konstruktion dessen, was während des therapeutischen Prozesses passiert, mit ein. Er beschreibt nicht die Muster der Familie, sondern deren Interaktionsverhalten, Kommunikation, Information in Bezug auf sich selbst. In diesem Zusammenhang unterscheidet er zwischen dem Patientenstatus, d.h. einer Person mit Beschwerden und dem »Kundenstatus«, d.h. einer Person, die etwas gegen ihre Beschwerden tun will und sich an einen Therapeuten wendet. Er arbeitet vor allem lösungs- und ressourcenorientiert und versucht nur diejenigen in die Therapie mit einzubeziehen, die zum bestehenden, festgefahrenen Muster etwas Neues beitragen können, oder die, die bereit sind, etwas anderes als bisher zu machen. Da die Veränderung eines Teils des Familiensystems alle anderen Teile beeinflusst, wird das bisherige Problemsystem »aufgelöst« (vgl. de Shazer 1992).

7.3.6 Narrative Familientherapie: Aus der Sprache gibt es kein Entrinnen

Noch ein Schritt weiter geht die Narrative Familientherapie, das jüngste Kind der »Familie«. Die neue Prämisse lautet: Menschliche Systeme sind immer sprachliche und Sinnsysteme (vgl. Tomm 1994). Diese Systeme organisieren sich durch Konversation, Gespräche, Dialoge und Konventionen. Im Gespräch wird wechselseitig Verständnis und individueller bzw. gemeinschaftlicher Sinn konstruiert und rekonstruiert. Die Rolle des Therapeuten bzw. der Therapeutin besteht darin, eine Expertin in Gesprächsführung und -kunst zu sein, die einen Raum für Gespräche öffnet, die Familie zum gemeinsamen Gespräch anregt, diesen Prozess erleichtert und strukturiert. Die Eckpunkte eines narrativen, therapeutischen Kontextes sind:

a) Eine emotionale Rahmung, in der Begegnung möglich ist.
b) Das Erzählen von Geschichten wird gefördert und erleichtert. Es werden alle verschiedenen Arten, Geschichten zu erzählen, zugelassen.
c) Jede Person erhält den Raum, den sie braucht, um die eigene Geschichte zu erzählen.
d) Alle verschiedenen Sicht- und Erzählweisen, alle angesprochenen Themen werden als gleichwertig angesehen.
e) Gemeinsam werden alternative Erzählstränge und neue Handlungsmöglichkeiten gesucht.

f) Es wird die Möglichkeit für einen Konsens ausgelotet.

g) Eine gemeinsame, »neue« Geschichte für eine heilsamere Reorganisation und Rekonstruktion des Vorgefallenen und Erlebten wird erfunden.

h) Als »Zutaten« bietet die Therapeutin Metaphern, Anregungen und Verschreibungen an, die die erzählte Situation fundieren, bestätigen und festigen.

Die Veränderung durch und im Gespräch geschieht nicht nur auf kognitiver Ebene, sondern Worte und Sätze sind durch ihre Mehrdeutigkeit und Unbestimmtheit immer in der Lage, bei den Zuhörern, aber auch bei den Sprechern emotionale Zustände hervorzurufen. Die Aufgabe der Therapeutin ist, die Problemdarstellung und -sichtweise der Familienmitglieder allmählich zu verändern, die beherrschenden Geschichten zu transformieren (Coulehan u.a. 1999). Dies schließt immer auch neue Erfahrungen, Bedeutungen, Aktionen und Gefühle mit ein. Die Macht und Kraft alter Geschichten, die symptomatisches und problematisches Verhalten mit produziert haben, wird geringer. Die Familienmitglieder müssen sich nicht mehr nur an ihre alten Geschichten klammern. Es öffnen sich die Möglichkeiten, alles in einem anderen oder neuen Licht zu sehen. Den entscheidenden Hinweis für die Entwicklung einer veränderten Geschichte liefern diejenigen Äußerungen der Familie, die ein Bedürfnis oder eine grundsätzliche Bereitschaft zur Veränderung benennen oder andeuten.

Problemauflösende Konstruktionen oder Geschichten betonen die Verantwortlichkeit der Personen, versuchen jedem Problem in seiner relationalen und kontextbezogenen Dimension gerecht zu werden und somit auch der Familie eine systemische Sichtweise zu ermöglichen.

Gefördert und erleichtert werden solche Transformationen im Wesentlichen durch die folgenden Methoden:

- durch zirkuläres Fragen mit jedem Familienmitglied,
- durch die interpersonale (dyadische oder triadische) Sichtweise und Betonung einer zwischenmenschlichen Dynamik des Problems,

- indem man auf sog. Ausnahmen, das sind Situationen, in denen kein Problemverhalten auftritt, hinweist,
- indem beiläufig angedeutete, vorhersehbare oder ahnbare Lösungen aufgegriffen und ausformuliert werden,
- indem ein Problem in einen ganz anderen, erweiterten Kontext gestellt wird
- und durch die berühmte Wunderfrage von Steve de Shazer: Stellen wir uns einmal vor, dass eines Nachts ein Wunder geschieht, und während Sie schlafen, löst sich Ihr Problem von selbst. Was würde am nächsten Morgen geschehen?

Zwei Beispiele des berühmten Mailänder Teams illustrieren diesen Ansatz sehr schön (Boscolo u.a. 1993). Die Therapeutinnen fragen eine Familie mit einer magersüchtigen Jugendlichen nicht nach Hintergünden der Störung, sondern: »Ist das der erste Streik dieser Art in Ihrer Familie? Wie lange dauert bei Ihnen so ein Streik normalerweise? Handelt es sich eigentlich um einen Generalstreik, oder zielt er auf jemand ganz bestimmten ab? Was sollten die anderen Familienmitglieder, die noch nicht in Streik getreten sind, angesichts Paolas Demonstration der Stärke tun?« In einer »Sucht«-Familie benutzen sie das Wort Sklaverei an Stelle von Abhängigkeit. Sie versuchen so den Drogenkonsum von der problemstabilisierenden Krankheitsmetapher oder gar der moralischen Bewertung zu befreien. Das Sprachspiel bleibt so grundsätzlich offen und somit immer wieder revidier- und erneuerbar.

7.4 Ein Blick nach vorne

Die Systemische Familientherapie ist vor kurzem wie die Gesprächspsychotherapie durch ein Gremium von hochkarätigen Wissenschaftlern ausgegrenzt worden. Im Rahmen des Psychotherapeutengesetzes sind nur zwei Verfahren als wissenschaftlich begründet zugelassen: Die Verhaltenstherapie als Vertreterin der empirisch-naturwissenschaftlich orientierten Psychologie und die Psychoanalyse, bzw. die tiefenpsychologisch fundierte Psychotherapie als eine verstehend-hermeneutisch orientierte Methode.

Menschliche Lebenszusammenhänge werden zunehmend ökonomisiert. Der Blickwinkel und die Handlungsspielräume engen sich sehr schnell auf die Verteilung Macht und Geld, respektive Marktanteile ein. Proportional zur allgemeinen Verunsicherung und neuer Unübersichtlichkeit wächst der Glaube an die »Unfehlbarkeit« von Wissenschaft und die Hoffnung auf technologische Lösungsstrategien. Diese Entwicklung hat auch vor unserer Profession nicht halt gemacht.

In solchen Zeiten ist es kein Wunder, dass eine Sichtweise, die eingefahrene oder vorherrschende Denkmuster in Frage stellt, bei manchen nicht gerade hoch im Kurs steht. Trotzdem ist die Faszination dieses Ansatzes ungebrochen. Der Bedarf an systemischer Aus- und Weiterbildung, an Familientherapie und Organisationsberatung kann trotz vielfältiger Angebote nicht gedeckt werden.

Literatur zur Vertiefung

Buchholz, M.: Die unbewußte Familie. Pfeifer, München 1995.
Schlippe, A. von/Schweitzer, J.: Lehrbuch der systemischen Therapie und Beratung. Vandenhoeck & Ruprecht, Göttingen 1996.

Literaturverzeichnis

Abelin, E.L.: Die Theorie der frühkindlichen Triangulation. Von der Psychologie zur Psychoanalyse. In: Stork, J. (Hrsg.): Das Vaterbild in Kontinuität und Wandel. Frommann-Holzbog, Stuttgart 1986, S. 45–72.

Ainsworth, M.D.S./Blehar, M.C./Waters, E./Wall, S.N.: Patterns of attachment: A psychological study of the strange situation. Erlbaum, Hillsdale 1978.

Anderson, H./Goolishian, H.A.: Menschliche Systeme als sprachliche Systeme. In: Familiendynamik 15/1990, S. 212–243.

Asendorpf, J.: Entwicklungsgenetik. In: Keller, H. (Hrsg.): Lehrbuch Entwicklungspsychologie, 3. Kapitel. Huber, Bern/Göttingen 1998.

Ausubel, D.P.: Das Jugendalter. Juventa, München 1976.

Axline, V.M.: Kinder-Spieltherapie im nicht-direktiven Verfahren. Reinhardt, München/Basel [9]1997.

Balhorn, H.: Was bedeutet (Sprach-)Handeln in projektorientierten Lehr-Lernsituationen? Unterrichtswissenschaft 5/1977, S. 222–236.

Baraldi, C. u.a.: GLU – Glossar zu Nikolas Luhmanns Theorie sozialer Systeme. Suhrkamp, Frankfurt a.M. 1997.

Bateson, G.: Ökologie des Geistes. Suhrkamp, Frankfurt a.M. [4]1992.

Baudis, R.: Psychotherapie von Sucht und Drogenabhängigkeit oder Der goldene Vogel. Verlag für Psychologie, Sozialarbeit und Sucht, Rudersberg 1994.

Bauriedl, T.: Die Triangularität menschlicher Beziehungen und der Fortschrittsglaube in der psychoanalytischen Entwicklungstheorie. In: Bürgin, D. (Hrsg.): Triangulierung: der Übergang zur Elternschaft. Schattauer, Stuttgart 1998.

Beauvoir, S. de: Das andere Geschlecht. Rowohlt, Reinbek 1992, Original 1949.

Beck, U./Beck-Gernsheim, E.: Das ganz normale Chaos der Liebe. Suhrkamp, Frankfurt a.M. 1990.

Beck, U. u.a.: Eigenes Leben: Skizzen zu einer biographischen Gesellschaftsanalyse. Beck, München 1995.

Belsky, J. u.a.: Childhood Experience, Interpersonal Development and Reproductive Strategy: An Evolutionary Theory of Socialization. In: Child Development 62/1991, S. 682–685.

Bender, D./Lösl, F.: Protektive Faktoren der psychisch gesunden Entwicklung junger Menschen. Ein Beitrag zur Kontroverse um saluto- versus pathogenetische Ansätze. In: Margraf, J. u.a. (Hrsg.): Gesundheits- oder Krankheitstheorie? Springer, Berlin 1998, S. 117–145.

Bennett, L.A./Wollin, S.J.: Familienkultur und Alkoholismus – Weitergabe. In: Appel, C. (Hrsg.): Kinder alkoholabhängiger Eltern. Lambertus, Freiburg 1994, S. 15–44.

Berger-Sallawitz, F. (1998). Der Einfluß des diagnostischen Vorgehens auf die Diagnose Kindesmißhandlungen in Kinderkliniken. Vortrag gehalten vor der Landesärztekammer, Stuttgart 21.3.1998, (unveröffentlicht).

Bertalanffy, L. von: ... aber vom Menschen wissen wir nichts. Econ, Düsseldorf 1970.

Bertalanffy, L. von: Systemtheorie. Colloquium, Berlin 1972.

Beutel, M./Reeck, U.H.: Rehabilitation von Alkoholabhängigen. In: Seitz, H./Lieber, C./Simanowski, U. (Hrsg.): Handbuch Alkohol, Alkoholismus, alkoholbedingte Organschäden. Barth, Leipzig/Heidelberg 1995.

Bickerton, D.: Creole languages, the language bioprogram hypothesis, and language acquisition. In: Ritchie, W.C./Bhatia, T.K. (eds.): Handbook of child language acquisition. Academic Press, San Diego 1999, pp. 195–220.

Bischof-Köhler, D.: Spiegelbild und Empathie. Huber, Bern 1988.

Blos, P.: On Adolescence: A Psychoanalytic Interpretation. Free Press, New York 1978.

Boscolo, L. u.a.: Sprache und Veränderung. Die Verwendung von Schlüsselwörtern in der Therapie. In: Familiendynamik 18/1993, S. 107–124.

Bowlby, J.: Mutterliebe und kindliche Entwicklung. Reinhardt, München 1995, Original 1953.

Bowlby, J.: Attachment and Loss. Band I: Attachment. Basic Books, New York 1969.

Brezinka, W.: Über Erziehungsbegriffe. Eine kritische Analyse und ein Explikationsvorschlag. In: Zeitschrift für Pädagogik 17/1971, S. 567–615.

Bronfenbrenner, U.: Die Ökologie der menschlichen Entwicklung: natürliche und geplante Experimente. Fischer, Frankfurt a.M. 1989.

Bruner, J.: Wie das Kind sprechen lernt. Huber, Bern 1983.

Buchholz, M.B.: Dreiecksgeschichten: eine klinische Theorie psychoanalytischer Familientherapie. Vandenhoeck & Ruprecht, Göttingen 1993.

Buchholz, M.: Die unbewußte Familie. Pfeifer, München 1995.

Bühler, K.: Die Axiomatik der Sprachwissenschaften. Klostermann, Frankfurt a.M. 1969.

Bundesministerium für Familie und Senioren: Familien und Familienpolitik im geeinten Deutschland – Zukunft des Humanvermögens. Fünfter Familienbericht. Universitätsdruckerei, Bonn 1994.

Bürgin, D./Simoni, H./von Klitzing, K./Amsler, F.: Prä- und postnatale Triangulierung. In: Hildebrand, B./Welter-Enderlin, R. (Hrsg.): Gefühle und Systeme. Auer, Heidelberg 1998, S. 145–154.

Butteberg-Fischer, B.: Die Adoleszenz als familiäre Reifungskrise. In: Bürgin, D. u.a. (Hrsg.): Beziehungskrisen in der Adoleszenz: Diagnostische und psychotherapeutische Aspekte. Huber, Bern 1988, S. 109–116.

Caspi, A./Moffitt, T.E.: Individual Differences are Accentuated During Periods of Social Change: The Sample Case of Girls at Puberty. In: Journal of Personality and Social Psychology 61/1991, pp. 157–168.

Caspi, A. u.a.: Unraveling Girls' Delinquency: Biological, Dispositional, and Contextual Contributions to Adolescent Misbehavior. Developmental Psychology 29/1993, pp. 19–30.

Charlton, M./Neumann-Braun, K. u.a.: Medienrezeption und Identitätsbildung. Kulturpsychologische und kultursoziologische Befunde zum Gebrauch von Massenmedien im Vorschulalter. Schriftenreihe: SkriptOralia, Band 28. Narr, Tübingen 1990.

Charlton, M./Neumann-Braun, K.: Medienkindheit – Medienjugend: eine Einführung in die aktuelle kommunikationswissenschaftliche Forschung. Quintessenz, München 1992.

Chasiotis, A./Keller, H.: Die menschliche Kindheit und die Kindheit der Menschen. In: Voland, E. (Hrsg.): Evolution und Anpassung. Warum die Vergangenheit die Gegenwart erklärt. Hirzel, Stuttgart 1993.

Chasiotis, A.: Kindheit und Lebenslauf: Untersuchungen zur evolutionären Psychologie der Lebensspanne. Huber, Bern 1999.

Chemtob, C.M. u.a.: Patient suicide: Frenquency and imnpact on psychologists. In: Professional Psychology: Research and Practice 19/1988, pp. 416–420.

Chomsky, N.: Die formale Natur der Sprache. Anhang A in Lenneberg, E.H. (Hrsg.): Biologische Grundlagen der Sprache. stw, Frankfurt 1977.

Cicchetti, D.: Entwicklungspsychopathologie: Historische Grundlagen, konzeptuelle und methodische Fragen, Implikationen für Prävention und Intervention. In: Oerter, R./von Hagen, C./Röper, G./Noam, G.G. (Hrsg.): Klinische Entwicklungspsychologie: ein Lehrbuch. Beltz PVU, Weinheim 1999, S. 11–44.

Clark, E.: What's in a word? On the child's acquisition of semantics in his first language. In: Moore, T. (eds.): Cognitive development and the acquisition of language. Academic Press, New York 1973, pp. 65–110.

Clark, E.: Meanings and concepts. In: Mussen, P. (eds.): Handbook of Child Psychology. Band III. Wiley, New York ⁴1983, pp. 787–840.

Cole, M./Cole, S.R.: The development of children. Freeman, New York ³1996.

Coulehan, R. u.a.: Transformation narrativer Konstruktionen. In: Familiendynamik 24/1999, S. 51–79.

Cowan, C.P./Cowan, P.A.: When partners become parents: The big life change for couples. Basic Books, New York 1992.

Damasio, A.: Descartes' Irrtum. Deutscher Taschenbuch Verlag, München 1997.

Darwin, C.: Über die Entstehung der Arten durch natürliche Zuchtwahl oder die Erhaltung der begünstigten Rassen im Kampf um's Dasein. Parkland Verlag, Köln 2000, Original 1859.

Dawkins, R.: Das egoistische Gen. Rowohlt, Reinbek 1996.

Dennett, D.C.: Intentionale Systeme. In: Bieri, P. (Hrsg.): Analytische Philosophie des Geistes. Hain, Königstein/Ts. [2]1993, S. 162–183.

Deutsche Hauptstelle gegen die Suchtgefahren (Hrsg.): Jahrbuch: Sucht 2001. Neuland, Geesthacht 2000.

Deutsches Ärzteblatt 2001/98. S. 170

Dinkel,. R.: Die Suizidsterblichkeit in den beiden deutschen Staaten in langfristiger Perspektive. In: Psychomed 6/1994, S. 103–106.

Dornes, M.: Die frühe Kindheit. Entwicklungspsychologie der ersten Lebensjahre. Fischer Taschenbuch, Frankfurt a.M. 1997.

Drews, S./Brecht, K.: Psychoanalytische Ich-Psychologie. Grundlagen und Entwicklung. Suhrkamp, Frankfurt a.M.1982.

Dührssen, A.: Psychotherapie bei Kindern und Jugendlichen: biographische Anamnese und therapeutische Verfahren. Verlag für Medizinische Psychologie, Göttingen 1960.

Dunn, M./Jacob, T/Hummon, N./Seilhammer, R.: Marital stability in alcoholic-spouse relationships as a function of drinking pattern and location. In: Journal of Abnormal Psychology, 96/1987, 99–107.

Durkheim, E.: Der Selbstmord. Luchterhand, Neuwied 1983, Erstausgabe 1897.

Eckensberger, U.S./Reinshagen, H./Eckensberger, L.H.: Kohlbergs Interview zum Moralischen Urteil. Teil III: Auswertungsmanual. Form A. Schriftenreihe der Fachrichtung Psychologie an der Universität des Saarlandes. Nr. 33, 1975.

Endepohls-Ulpe, M.: Antizipierte Konsequenzen verschiedener Formen der Aufgabenverteilung zwischen den Partnern bei Paaren vor der Geburt ihres ersten Kindes. In: Zeitschrift für Familienforschung 9/1997 (1), S. 7–27.

Epstein, S.: Entwurf einer integrativen Persönlichkeitstheorie. In: Filipp, S.H. (Hrsg.): Selbstkonzeptforschung. Klett-Cotta, Stuttgart 1979, S. 15–46.

Erdheim, M.: Adoleszenz und Destruktivität. Vortag, gehalten auf der Jahrestagung der Deutschen Gesellschaft für Selbstmordverhütung in Berlin (unveröffentlicht) 1986.

Erikson, E.H.: Kindheit und Gesellschaft. Klett-Cotta, Stuttgart [11]1992, Original 1950.

Erikson, E.H.: Identität und Lebenszyklus: drei Aufsätze. Suhrkamp, Frankfurt a.M. [17]1998.

Ettrich, C./Ettrich, K.U.: Die Bedeutung sozialer Netzwerke und erlebter sozialer Unterstützung beim Übergang zur Elternschaft. Ergebnisse einer Längsschnittstudie. In: Psychologie in Erziehung und Unterricht 42/1995 (1), S. 29–39.

Eveleth, P.: Assessment of age at menarche. In: Ulijazek, S. u.a. (eds.): The Cambridge Encyclopedia of Human Growth and Development. Cambridge University Press, Cambridge 1998.

Festinger, L.: A theory of social comparison processes. In: Human Relations 7/1954, pp. 117–140.

Fetscher, R.: Das Selbst und das Ich. In: Psyche 35/1981, S. 616–641.

Fetscher, R.: Selbst und Identität. In: Psyche 37/1983, Nr. 5, S. 385–411.

Fetscher, R.: Der Aufbau des Selbst. In: Psyche 39/1985, Nr. 8, S. 673–707.

Feuerlein, W.: Sucht und Selbstmordhandlungen. In: Ringel, E. u.a. (Hrsg.): Sucht und Suizid. Lambertus, Freiburg 1976.

Filipp, S. (Hrsg.): Selbstkonzeptforschung. Probleme, Befunde, Perspektiven. Klett-Cotta, Stuttgart 1979.

Fivaz-Depeursinge, E./Corboz-Warnery, A.: The primary triangle. A developmental systems view of mothers, fathers, and infants. Basic Book, New York 1999.

Freud, A.: Einführung in die Technik der Kinderanalyse. Kindler, München [3]1980, Original 1927.

Freud, A.: Das Ich und die Abwehrmechanismen. Kindler, München 1975, Original 1936.

Freud, S.: Trauer und Melancholie. In: Gesammelte Werke (Bd. X, S. 427–446). Imago Publishing Co. London 1940, Original 1917.

Freud, S.: Jenseits des Lustprinzips. In: Gesammelte Werke (Band XIII, S. 1–69). Fischer, Frankfurt a.M. [3]1955, Original 1920.

Freud, S.: Das Ich und das Es. In: Gesammelte Werke (Band XIII, S. 235–289). Fischer, Frankfurt a.M. [3]1955, Original 1923.

Freud, S.: Analyse der Phobie eines 5jährigen Knaben. In: Gesammelte Werke (Band VII, S. 241–377). Fischer, Frankfurt a.M. [4]1966, Original 1909.

Freud, S.: Neue Folge der Vorlesung zur Einführung ein die Psychoanalyse. In: Gesammelte Werke (Band XV). Fischer, Frankfurt a.M. [5]1969, Original 1933

Freud, S.: Abriß der Psychoanalyse. In: Gesammelte Werke (Bd. XVII, S. 63–138). Fischer, Frankfurt a.M. [5]1972, Original 1938.

George, C./Kaplan, N./Main, M.: Adult Attachment Interview. In: Gloger-Tippelt, G. (Hrsg.): Bindung im Erwachsenenalter. Ein Handbuch für Forschung und Praxis. Huber, Bern 2001, S. 364–387.

Gilligan, C.: Die andere Stimme: Lebenskonflikte und Moral der Frau. Piper, München 1984.

Glasersfeld, E.U.: Wissen, Sprache, Wirklichkeit. Vieweg, Braunschweig 1987.

Gloger-Tippelt, G.: Mutter-Vater-Kind: Schwierige Dreisamkeit. Veränderungen der Partnerschaft durch die Geburt des ersten Kindes. In: Schuchard, M./Speck, A. (Hrsg.): Mutterbilder – Ansichtssache: Beiträge aus sozialwissenschaftlicher und psychoanalytischer, juristischer, historischer und literaturwissenschaftlicher, verhaltensbiologischer und medizinischer Perspektive. Mattes, Heidelberg 1997, S. 67–91.

Gloger-Tippelt, G.: Schwangerschaft und erste Geburt: psychologische Veränderungen der Eltern. Kohlhammer, Stuttgart 1988.

Gomes-Pedro, J.: The effect of extended contact in the neonatal period on the behavior mothers and infants. In: Nugent, J.K./Lester, B.M./Brazelton, T.B.

(eds.): The cultural context of infancy. Vol.1: Biology, culture, and infant development. Ablex, Norwood/NJ, 1989, pp. 209–235.

Granzow, St.: Das autobiographische Gedächtnis: kognitionspsychologische und psychoanalytische Perspektiven. Quintessenz, München 1994.

Gray, J.: Männer sind anders, Frauen auch. Goldmann, München 1992.

Gray, J.: Men Are from Mars, Women Are from Venus. Harper, New York 1995.

Gundel, K.: Psychopathologie und Suizid. Zusammenhänge im Lichte einer neuen Theorie. In: Suicidprophylaxe 12/1985, S. 33–55.

Haaivo-Mannila, E./Holmila, H.: Familie und Alkoholismus. In: Marefka, M./ Nave-Herz, R. (Hrsg.): Handbuch der Jugend- und Familienforschung, Band 1. Luchterhand, Neuwied 1989.

Habermas, J.: Moralentwicklung und Ich-Identität. In: Ders.: Zur Rekonstruktion des historischen Materialismus. Suhrkamp, Frankfurt a.M. 1976, S. 63–91.

Habermas, J.: Moralbewußtsein und kommunikatives Handeln. In: Ders.: Moralbewußtsein und kommunikatives Handeln. Suhrkamp, Frankfurt a.M. 1983, S. 127–206.

Habermas, J.: Notizen zur Entwicklung der Interaktionskompetenz. In: Ders.: Vorstudien und Ergänzungen zur Theorie des kommunikativen Handelns. Suhrkamp, Frankfurt a.M. 1984, S. 187–225.

Halliday, M.A.K.: Learning how to mean: Explorations in the development of language. Arnold, London 1975.

Harris, J.R.: The nurture assumption: why children turn out the way they do. Free Press, New York 1998.

Harten, R.: Sucht, Begierde, Leidenschaft: Annäherung an ein Phänomen. Ehrenwirth, München 1991.

Hartmann, H.: Ich-Psychologie und Anpassungsproblem. Klett, Stuttgart 1972.

Havighurst, R.J.: Developmental tasks and education. Longman, New York 1981.

Heckmann, W.: Was haben Kinder mit der Sucht zu tun? In: Neue Gesellschaft für bildende Kunst (Hrsg.): Die gesellschaftliche Wirklichkeit der Kinder in der bildenden Kunst. Elefanten Press, Berlin 1979.

Herzka, H.S.: Kindheit – wozu? Einige Folgerungen aus ihrer Geschichte. In: Praxis der Kinderpsychologie und Kinderpsychiatrie 33/1984, S. 3–8.

Hoffman, M.L.: Development of concern for others. In: Developmental Psychology 28/1987, pp. 126–136.

Hoffmann, J./Knopf, M.: Der Erwerb formaler Schluesselqualifikationen. In: Weinert, F.E. (Hrsg.): Psychologie des Lernens und der Instruktion. Enzyklopaedie der Psychologie, Themenbereich D, Praxisgebiete, Serie I, Paedagogische Psychologie, Band 2. Hogrefe, Göttingen 1996, S. 49–87.

Jacob, T.: Family studies of alcoholism. In: Journal of Family Psychology 5/1992, pp. 319–338.

Jacob, T./Favorini, A./Meisel, S./Anderson, C.: The alcoholics spouse, children and family interactions: Substantive findings and methodological issues. In: Journal of Studies on Alcohol 39/1978, pp. 1231–1251.

Jacob, T./Ritchey, D./Cvitkovic, J./Blane, H.: Communication styles of alcoholic and nonalcoholic families when drinking and not drinking. In: Journal of Studies on Alcohol 42/1981, pp. 466–482.

Jacob, T./Dunn, N./Leonard, K.: Patterns of alcohol abuse and family stability. In: Alcoholism: Clinical and Experimental Research 7/1983, pp. 382–385.

Jacob, T.,/Krahn, G.L.: Marital interactions of alcoholic couples: comparison with depressed and nondistressed couples. In: Journal of Consulting and Clinical Psychology 56/1988, Heft 1, pp. 73–79.

Jacob, T./Leonard, K.E.: Alcoholic-spouse interaction as a function of alcoholism subtype and alcohol consumption interaction. In: Journal of Abnormal Psychology 97/1988 (2), pp. 231–237.

Jacob, T./Seilhammer, R.: Alcoholism and family interaction. In: Jacob, T. (eds.): Family Interaction and Psychopathology: Theories, Methods and Findings. Plenum Press, New York 1987, pp. 535–580.

Jacob, T./Krahn, G.L./Leonard, K.: Parent-child interactions in families with alcoholic fathers. In: Journal of Consulting and Clinical Psychology 59/1991 (1), pp. 176–181.

Johansen, D./Blake, E.: Lucy und ihre Kinder. Spektrum, Heidelberg 1998.

Jones, D.F.: Aufstieg und Niedergang weiblicher Macht. Biologische Faktoren. In: König, M.E. u.a. (Hrsg.): Weib und Macht: Fünf Millionen Jahre Urgeschichte der Frau. Fischer, Frankfurt a.M. 1990.

Kant, I.: Über Pädagogik. In: Kant, I. (Hrsg.): Schriften zur Anthropologie, Geschichtsphilosophie, Politik und Pädagogik, Band 2. (Bd. XII der Werkausgabe). Suhrkamp Taschenbuch Wissenschaft, Suhrkamp Frankfurt a.M. 1984, Original 1803.

Kast, V.: Vatertöchter – Muttersöhne. Kreuz, Stuttgart 1990.

Klein, M.: Die Psychoanalyse des Kindes. Internationaler psychoanalytischer Verlag, Wien 1932.

Kohlberg, L.: Zur kognitiven Entwicklung des Kindes. Suhrkamp, Frankfurt a.M. 1974.

Kohlberg, L.: Die Psychologie der Moralentwicklung. Suhrkamp, Frankfurt a.M. 1995.

Kuhlen, V.: Verhaltenstherapie im Kindesalter: Grundlage, Methoden und Forschungsergebnisse. Juventa, München ²1973.

Lambrou, U.: Familienkrankheit Alkoholismus – Im Sog der Abhängigkeit. Rowohlt, Reinbek 1990.

Lang, H.: Das Konzept der »strukturalen Triade«. In: Buchheim, P./Cierpka, M./Seifert, T. (Hrsg.): Lindauer Texte. Springer, Berlin/Heidelberg 1995.

Langbein, K. u.a.: Bittere Pillen. Kiepenheuer & Witsch, Köln 1983.

Laucht, M./Esser, G./Schmidt, M.H.: Risiko- und Schutzfaktoren der frühkindlichen Entwicklung: Empirische Befunde. In: Zeitschrift für Kinder- und Jugendpsychiatrie 26/1998. S. 6–21.

Laucht, M./Esser, G./Schmidt, M.H.: Was wird aus Risikokindern? Ergebnisse der Mannheimer Längsschnittstudie im Überblick. In: Opp, G./Fingerle, M./Freytag, A. (Hrsg.): Was Kinder stärkt. Erziehung zwischen Risiko und Resilienz. Reinhardt, München 1999, S. 71–93.

Loch, W.: Über die Zusammenhänge zwischen Partnerschaft, Struktur und Mythos. In: Psyche 23/1969, S. 481–506.

Luhmann, N.: Sozialsystem Familie. In: System Familie 1/1988, S. 75–91.

Luhmann, N.: Glück und Unglück in der Kommunikation in Familien. In: Königswieser, R./Lutz, C. (Hrsg.): Das systemische evolutionäre Management. Der neue Horizont für Unternehmer. Orac, Wien 1990, S. 299–307.

Mahler, M.: Symbiose und Individuation. Klett, Stuttgart 1972.

Mahler, M.: Studien über die drei ersten Lebensjahre. Klett-Cotta, Stuttgart 1985.

Mahler, M.S.: Symbiose und Individuation. Die psychische Geburt des Menschenkindes. In: Psyche 7/1975, S. 609–625.

Mahler, M./Pine, D./Bergman, A.: Die psychische Geburt des Menschen: Symbiose und Individuation. Fischer, Frankfurt a.M. 1980.

Marcia J.E./Waterman, A.S./Matteson, D.R./Archer, S.L. /Orlofsky, J.L. (eds.): Ego Identity: A Handbook for Psychosocial Research. Springer, New York 1993.

McCartney, K./Harris, M. J./Bernieri, F.: Growing up and growing apart: A developmental meta-analysis of twin studies. In: Psychological Bulletin 107/1990, pp. 226–237.

McGoldrick, M./Gerson, R.: Genogramme in der Familienberatung. Huber, Bern 1990.

Mead, G.H.: Soziales Bewusstsein und das Bewusstsein von Bedeutungen. In: Gesammelte Aufsätze, S. 210–221. Hrsg. von H. Joas. Suhrkamp, Frankfurt a.M. 1987, Original 1910.

Mead, G.H.: Geist, Identität und Gesellschaft. Suhrkamp, Frankfurt a.M. 1968, Original 1934.

Miller, A.: Das Drama des begabten Kindes und die Suche nach dem wahren Selbst: eine Um- und Fortschreibung. Suhrkamp, Frankfurt a.M. 1997.

Minuchin, S.: Familie und Familientherapie. Lambertus, Freiburg 1977.

Minuchin, S.: Familienszenen: Problemmuster und Therapie. Rowohlt, Reinbek 1994.

Moeller, M.L.: Die Liebe ist ein Kind der Freiheit. Rowohlt, Reinbek 1986.

Moeller, M.L.: Die Wahrheit beginnt zu zweit. Rowohlt, Reinbek 1992.

Moffitt, T. u.a.: Childhood Experience and the Onset of Menarche: A Test of a Sociobiological Model. In: Child Development 63/1992, pp. 47–58.

Mollenhauer, K.: Theorien zum Erziehungsprozess. Juventa, München 1972.

Möller, H.J. u.a.: Entwicklung der Suizidraten in 25 Städten der BRD. In: Suizidprophylaxe 12/1985, S. 264–279.

Mowrer, O.H.: Learning theory and behavior. Wiley, New York 1960.

Müller, B.: Das Glück der Tiere. Einspruch gegen die Evolutionstheorie. Alexander Fest, Berlin 2000.

Nelson, K.: Concept, word, and sentence: Interrelations in acquisition and development. In: Psychological Review 81/1974, pp. 267–285.

Neumann, J.: Sucht als gesellschaftliches Phänomen. In: Längle, G./Mann, K./Buchkrämer, G. (Hrsg.): Sucht. Die Lebenswelten Abhängiger. Atempto, Tübingen 1997, S. 14–36.

Neumann, K.: Der Beginn der Kommunikation zwischen Mutter und Kind. Strukturanalyse der Mutter-Kind-Interaktion. Klinkhardt, Bad Heilbrunn 1983.

Nickel, H./Quaiser-Pohl, C./Rollet, B./Vetter, J./Werneck, H.: Veränderung der partnerschaftlichen Zufriedenheit während des Übergangs zur Elternschaft. In: Psychologie in Erziehung und Unterricht 42/1995, Heft 1, S. 40–53.

Nordmann, E. u.a.: Familien suizidaler Jugendlicher. Probleme und Ergebnisse der Familieninteraktionsforschung. In: Suizidprophylaxe 11/1984, S. 237–253.

Oerter, R./Montada, L.: Entwicklungspsychologie. Beltz PVU, Weinheim [4]1998.

Oerter, R./von Hagen, C./Röper, G./Noam, G.G. (Hrsg.): Klinische Entwicklungspsychologie: ein Lehrbuch. Beltz PVU, Weinheim 1999.

Oevermann, U. u.a.: Die Methodologie einer objektiven Hermeneutik und ihre allgemeine forschungslogische Bedeutung in den Sozialwissenschaften. In: Soeffner, H.G. (Hrsg.): Interpretative Verfahren in den Sozial- und Textwissenschaften. Klett-Cotta, Stuttgart 1979.

Opwis, K.: Kognitive Modellierung. Zur Verwendung wissensbasierter Systeme in der psychologischen Theoriebildung. Huber, Bern 1992.

Oser, F./Gmünder, P.: Der Mensch – Stufen seiner religiösen Entwicklung. Benziger, Zürich 1984.

Parin, P./Morgenthaler, F./Parin-Matthèy, G.: Die Weissen denken zuviel: psychoanalytische Untersuchungen bei den Dogon in Westafrika. Fischer, Frankfurt a.M. [3]1989.

Pekrun, R./Schiefele, U.: Emotions- und motivationspsychologische Bedingungen der Lernleistung. In: Weinert, F.E. (Hrsg.): Psychologie des Lernens und der Instruktion. Enzyklopaedie der Psychologie, Themenbereich D, Praxisgebiete, Serie I, Paedagogische Psychologie, Band 2. Hogrefe, Göttingen 1996, S. 153–180.

Penn, P.: Zirkuläres Fragen. In: Familiendynamik 8/1983, S. 198–220.

Pesso, A./Boyden-Pesso, D.: Movement in Psychotherapy. University Press, New York 1969.

Pesso, A.: Introduction to Pesso Boyden System Psychomotor. PS Press, Franklin 1994.

Pesso, A.: Memory and Conciousness: In the Mind's Eye, in the Mind's Body. Vortrag, gehalten am Ersten Congress of the Netherlands Vereniging voor Pesso-Psychotherapie (unveröffentlicht) 1999.

Petermann, F.: Kinder aus Alkohol- und Drogenfamilien. In: Zeitschrift für Klinische Psychologie, Psychopathologie und Psychotherapie 44/1995, S. 4–17.

Petermann, F. (Hrsg.): Lehrbuch der Klinischen Kinderpsychologie und -psychotherapie. Hogrefe, Göttingen [4]2000.

Petermann, F. (Hrsg.): Kinderverhaltenstherapie: Grundlagen und Anwendungen. Schneider, Baltmannsweiler 1997.

Petermann, U./Petermann, F.: Training mit sozial unsicheren Kindern: Einzeltraining, Kindergruppen, Elternberatung. Beltz PVU, Weinheim [7]2000.

Petermann, F./Petermann, U.: Training mit aggressiven Kindern: Einzeltraining, Kindergruppe, Elternberatung. Beltz PVU, Weinheim [9]2000.

Petzold, M.: Paare werden Eltern: eine familienentwicklungspsychologische Längsschnittstudie. Quintessenz, München 1991.

Piaget, J.: Das moralische Urteil beim Kinde. Suhrkamp Taschenbuch, Frankfurt a.M. [2]1976, Original 1932.

Pinker, St.: Der Sprachinstinkt. Kindler, München 1996.

Plessner, H.: Die Frage nach der Conditio humana: Aufsätze zur philosophischen Anthropologie. Suhrkamp Taschenbuch, Frankfurt a.M. 1976.

Plomin, R./De Fries, J.C.: Origins of individual differences in infancy. The Colorado adoption project. Academic Press, Orlando 1985.

Polanyi, M.: Life's irreducible structure. In: Science 160/1968, pp. 1308–1312.

Pöldinger, W./Sonneck, G.: Die Abschätzung der Suizidalität. In: Nervenarzt 51/1980, S. 147–151.

Pöldinger, W.: Die Abschätzung der Suizidalität. Huber, Bern 1968.

Pöldinger, W.: Die Erkennung und Beurteilung der Suizidalität. In: Reimer, C. (Hrsg.): Suizid. Ergebnisse und Therapie. Springer, Berlin/Heidelberg/New York 1982, S. 12–23.

Reimann, B.: Die frühe Kindersprache. Luchterhand, Neuwied 1996.

Report Psychologie 16/1996, S. 28–33.

Riesbeck, Ch.K./Schank, R.C.: Inside case-based reasoning. Erlbaum, Hillsdale 1989.

Rinne, O.: Der neue Entwurf der Welt. Ursprungsmythen, Band I. Luchterhand, Darmstadt 1985.

Rinne, O.: Der verlorene Himmel. Ursprungsmythen, Band II. Luchterhand, Darmstadt 1985.

Rogers, C.: Entwicklung der Persönlichkeit: Psychotherapie aus der Sicht eines Therapeuten. Klett-Cotta, Stuttgart [12]1998.

Rose, S.: Darwins gefährliche Erben. München, Beck 2000.

Roth, G.: Das Gehirn und seine Wirklichkeit. Kognitive Neurobiologie und ihre philosophischen Konsequenzen. Suhrkamp, Frankfurt a.M. 1994, S. 251–277.

Rotmann, M.: Über die Bedeutung des Vaters in der »Wiederannäherungsphase«. In: Psyche 32/1978, S. 1105–1147.

Rutter, M./Quinton, D.: Psychiatric disorder – ecological factors and concepts of causation. In: McGurck, M. (eds.): Ecological factors in human development. North-Holland, Amsterdam 1977.

Rutter, M.: Continuities, Transitions and Turning Points in Development. In: Rutter, M./Hayle, D.F. (eds.): Development Through Life: A Handbook for Clinicians. Blackwell Scientific Publications, Oxford 1994, pp. 11–25.

Ryle, G.: Der Begriff des Geistes. Reclam, Stuttgart 1979.

Satir, V.: Kommunikation, Selbstwert, Kongruenz. Junfermann, Paderborn 1992.

Schafer, R.: Eine neue Sprache für die Psychoanalyse. Klett-Cotta, Stuttgart 1982.

Scheerer, S.: Sucht. Rowohlt, Reinbek 1995.

Schiffer, E.: Warum Huckleberry Finn nicht süchtig wurde. Beltz, Weinheim 1993.

Schlink, B.: Der Vorleser. Diogenes, Zürich 1995.

Schmidtke, A./Weinacker, B.: Suizidalität in der Bundesrepublik und den einzelnen Bundesländern: Situation und Trends. In: Suizidprophylaxe 21/1994, S. 4–16.

Schmidtke, A. u.a.: Suizid- und Suizidversuchsraten bei Kindern und Jugendlichen in den alten Ländern der Bundesrepublik und in der ehemaligen DDR. In: Der Kinderarzt 27/1996, S. 151–162.

Schneewind, K.A./Beckmann, M./Engfer, A.: Eltern und Kinder. Umwelteinflüsse auf das familiäre Verhalten. Kohlhammer, Stuttgart 1983.

Schneewind, K.A.: Familienpsychologie. Kohlhammer, Stuttgart 1999.

Selvini Palazzoli, M. u.a.: Hypothetisieren – Zirkularität – Neutralität. Familiendynamik 6/1981, S. 123–139.

Selman, R.L.: Die Entwicklung des sozialen Verstehens. Entwicklungspsychologische und klinische Untersuchungen. Suhrkamp, Frankfurt a.M. 1984.

Shazer, S. de: Aus der Sprache gibt es kein Entrinnen. In: Schweitzer, J./Retzer, A./Fischer, H.R. (Hrsg.): Systemische Praxis und Postmoderne. Suhrkamp, Frankfurt a.M. 1992, S. 64–77.

Simon, F.B./Simon-Rech, C.: Zirkuläres Fragen. Auer, Heidelberg 1999.

Sommer, V.: Lob der Lüge: Täuschung und Selbstbetrug bei Tier und Mensch. Beck, München 1992.

Sperling, E.: Suizid und Familie. In: Gruppenpsychotherapie und Gruppendynamik 16/1980, S. 24–32.

Spitz, R.A.: Nein und Ja: die Ursprünge der menschlichen Kommunikation. Klett-Cotta, Stuttgart [3]1978.

Spitz, R.A.: Die Entstehung der ersten Objektbeziehungen. Klett-Cotta, Stuttgart ⁴1988.

Stattin, H./Magnusson, D.: Pubertal Maturation in Female Development. Erlbaum, Hillsdale/New Jersey 1990.

Steffens, W./Kächele, H.: Abwehr und Bewältigung – Mechanismen und Strategien. Wie ist eine Integration möglich? In: Kächele, H./Steffens, W. (Hrsg.): Bewältigung und Abwehr. Springer, Berlin 1988, S. 1–50.

Steinglass, P.: Experimenting with family treatment approaches to alkoholism, 1950–1975: A Review. In: Family Process, 97–1, 1976.

Steinglass, P.: Family therapy in aleoholism. In: Kissin, B./Begleiter, H. (eds.): The Biology of Alkoholism, Band V. Plenum Press, New York 1977, pp. 259–296.

Steinglass, P.: The alcoholic family in the interaction laboratory. In: Journal of Nervous and Mental Diseases 167/1979, pp. 428–436.

Steinglass, P.: The alcoholic family at home: Patterns of interaction in dry, wet, and transitional stages of aleoholism. In: Archives of General Psychiatry 38/1981, pp. 478–584.

Steinglass, P.: Ein lebensgeschichtliches Modell der Alkoholismusfamilie. In: Familiendynamik 1/1983, S. 61–91.

Steinglass, P.: Familientherapie mit Alkoholabhängigen. Ein Überblick. In: Kaufman, E./Kaufmann, P.N. (Hrsg.): Familientherapie bei Alkohol- und Drogenabhängigkeit. Lambertus, Freiburg 1983a, S. 165–199.

Stern, D.: Die Lebenserfahrung des Säuglings. Klett-Cotta, Stuttgart 1992.

Stern, D.N.: Die imaginierten Dreiecke des intersubjektiv bezogenen Kleinkindes. In: Hildebrand, B./Welter-Enderlin, R. (Hrsg.): Gefühle und Systeme. Auer, Heidelberg 1998.

Stierlin, H.: Eltern und Kinder. Suhrkamp, Frankfurt a.M. 1974.

Stierlin, H. u.a.: Das erste Familiengespräch. Klett-Cotta, Stuttgart 1980.

Tannen, N.: Der Anteil der Frau an der Entstehung des Menschen. Deutscher Taschenbuch Verlag, München 1997.

Thomas, A./Chess, S.: Temperament and development. Brunner/Mazel, New York 1977.

Toman, L.: Die andere Hälfte des Himmels – von der Entmachtung des Weiblichen in Mythos und Realität. Edition S, Wien S. 1987.

Tomm, W.: Über »Familienmodelle« hinaus: Die Familie als Prozess des Dialogs in einem kulturellen Haus der Sprache. In: System Familie 7/1994, S. 197–211.

Trevarthen, C.: Communication and cooperation in early infants: a description of primary intersubjectivity. In: Bullowa, M. (eds.): Before speech. Cambridge University Press, Cambridge 1979, pp. 321–347.

Trömmel-Plötz, S.: Gewalt durch Sprache: Die Vergewaltigung von Frauen in Gesprächen. Fischer, Frankfurt a.M. 1994.

Trömmel-Plötz, S.: Frauensprache: Sprache der Veränderung. Fischer, Frankfurt a.M. 1996.

Tugendhat, E.: The role of identity in the constitution of morality. In: Noam, G.G./Wren, T.E. (eds.): The Moral self. MIT Press, New Baskerville 1992, pp. 3–15.

Turner, S.M., Beidel, D.C./Costello, A.: Psychopathology in the offspring of anxiety disorder patients. In: Journal of Consulting and Clinical Psychology 55/1987, pp. 229–235.

Tyson, P./Tyson, R.L.: Lehrbuch der psychoanalytischen Entwicklungspsychologie. Kohlhammer, Stuttgart 1997.

Van IJzendoorn, M.H.: Adult attachment representations, parental responsiveness, and infant attachment: A meta-analysis on the predictive validity of the adult attachment interview. In: Psychological Bulletin 117/1995, pp. 387–403.

Varela, F.J.: Ethisches Können. Campus, Frankfurt a.M. 1994.

Varela, F.J.: Der mittlere Weg der Erkenntnis: der Brückenschlag zwischen wissenschaftlicher Theorie und menschlicher Erfahrung. Goldmann, München 1995.

Varela, F.J.: The view from within: first-person approaches to the study of consciousness. Imprint Academic, Thorverton 1999.

Voland, E.: Evolution und Anpassung. Warum die Vergangenheit die Gegenwart erklärt. Hirzel, Stuttgart 1993.

Wallerstein, J./Blakeslee, S.: The Good Marriage. How and Why Love Lasts. Houghton, Boston 1996.

Walters, M. u.a.: Unsichtbare Schlingen. Die Bedeutung der Geschlechterrolle in der Familientherapie. Klett-Cotta, Stuttgart 1991.

Weber, M.: Wirtschaft und Gesellschaft. Grundriß der verstehenden Soziologie. Hrsg.: Johannes Winckelmann, Band 1. Mohr, Tübingen [5]1972.

Wedler, H.: Das aktuelle Thema: Suizidstatistik. Über Zahlen. In: Suizidprophylaxe 6/1979, S. 177–185.

Wedler, H.: Zum Rückgang der Suizidhäufigkeit in Deutschland. In: Suizidprophylaxe 20/1993, S. 223–231.

Wegscheider, S.: Es gibt doch eine Chance: Hoffnung nach Heilung für die Alkoholiker Familie. Bogner-Kaufmann, Wildberg 1988.

Welter-Enderlin, R.: Deine Liebe ist nicht meine Liebe. Herder, Freiburg 1996.

Welter-Enderlin, R.: Alkoholismus und Familie. In: Osterhold, G./Molter, H. (Hrsg.): Systemische Suchttherapie. Asanger, Heidelberg 1992.

Wettmann-Jungblut, P.: Vater-Mutter-Kind: Gefühlswelt und Moral einer Freiburger Familie im 18. Jahrhundert. In: Labouvie, E. (Hrsg.): Ungleiche Paare: zur Kulturgeschichte menschlicher Beziehungen. Beck, München 1997.

Wetzels, P.: Gewalterfahrung in der Kindheit: sexueller Mißbrauch, körperliche Mißhandlung und deren langfristige Folgen. Nomos, Baden-Baden 1997.

Wilson-Schaef, A.: Co-Abhängigkeit. Bogner-Kaufmann, Wildberg 1986.

Wilson-Schaef, A.: Im Zeitalter der Sucht. Hoffmann & Campe, Hamburg 1989.

Wimmer, H./Perner, J.: Beliefs about beliefs: Representation and constraining function of wrong beliefs in young children's understanding of deception. In: Cognition 13/1983, pp. 103–128.

Wyss, D.: Die tiefenpsychologischen Schulen von den Anfängen bis zur Gegenwart: Entwicklung, Probleme, Krisen. Vandenhoeck & Ruprecht, Göttingen ⁵1977.

Zulliger, H.: Heilende Kräfte im kindlichen Spiel. Klett, Stuttgart 1952.